미국 주식이 답이다 2026

차근차근 부자 되는 미국 주식투자 입문서

미국 주식이 답이다 2026

장우석·이항영 지음

P page2

· 저자의 말 ·

여전히, 미국 주식이 답이다!

『미국 주식이 답이다』라는 책을 준비하기 시작한 것은 2015년 가을이었다. 당시 미국 주식은 국내 투자자들에게 생소한 영역이었고 대부분의 대형 증권사들도 미국 주식에 큰 관심을 두지 않았다. 현재 해외 주식투자자가 천만 명에 육박하는 것으로 알려져 있지만 당시에는 5만 명에 불과했다.

책을 준비하면서 가장 고민했던 것은 "책을 내도 과연 읽을 사람이 있을까?"였다. 당시 여러 대형 출판사를 만나며 출간을 논의했는데 대부분 완곡하게 출판을 사양했다. 그러나 우여곡절 끝에 책이 발간되었고, 독자들의 반응은 폭발적이었다.

독자들은 새로운 시장, 새로운 기회를 제시하는 책에 열광했다. 특히 국내 주식에 지친 투자자들에게 미국 주식은 새로운 가능성을 열어주는 선택지였다. 실적이 주가에 충실히 반영되고, 수급이나 외부 요인에 흔들리지 않으며, 무엇보다 주주 친화적인 기업 문화는 많은 이들에게 신선한 충격이었다.

미국 주식, 지금도 반복되는 고민

처음 초판이 출간되고 10년의 시간이 흘렀다. 그 사이 미국 주식은 투자자들에게 익숙한 선택지가 되었고, 투자자 수는 폭발적으로 늘어났다. 하지만 그때나 지금이나 투자자늘이 던지는 질문은 크게 다르지 않다.

미국 주식이 좋은 건 알겠는데, 이미 너무 많이 오른 것이 아닌가?
환율이 높은데 지금 들어가도 괜찮을까?
양도세 부담이 커서 수익을 내도 남는 게 없지 않을까?
영어를 잘하지 못해노 미국 주식에 투자할 수 있을까?
시차 때문에 일상생활이 힘들어지지 않을까?

이와 같은 고민은 10년 전이나 지금이나 반복되고 있다. 앞으로 1년, 5년 후에도 비슷한 질문은 계속될 것이다. 하지만 중요한 것은 이런 고민이 투자이 본뤨을 가리시 않도록 하는 것이다. 시장의 불확실성은 어느 시대나 존재하지만, 정보와 판단이 뒷받침된다면 기회는 항상 열린다.

미국 기업의 압도적 지위를 확인하라

미국 주식시장은 여전히 혁신의 중심에서 지배적 역할을 하고 있다. 2025년 기준, 전 세계 아이폰 사용자는 14억 명이고 활성화된 애플 기기는 22억 대를 넘어선다. 애플이 전 세계를 무대로 실질적인 성장 기반을 가지고 있다는 증표다.

남녀노소 누구나 유튜브를 시청하는 것이 일상이 되었고, 전 세계 대부분의 MZ세대가 인스타그램을 통해 소통하고 있다. 이러한 SNS 플랫폼들은 사람들의 라이프스타일 깊숙이 스며들었으며, 기업들은 이를 디지털 광고와 마케팅의 중심으로 활용하고 있다. 현재 글로벌 디지털 광고 시장은 미국 대표 기업들인 구글, 메타(페이스북), 아마존이 주도하고 있으며 이들의 영향력은 계속 확장되고 있다.

특히 디지털 광고는 기업의 매출 성장뿐만 아니라 소비자 행동을 주도하는 핵심 도구로 자리 잡았으며, 이 시장을 장악한 미국 기업들의 경쟁력은 전 세계를 압도하고 있다. 이는 단순히 주식 가치 상승의 이유를 넘어 미래의 소비시장에서 지속적인 성장 가능성을 보장한다.

주주친화정책과 장기 투자 매력이 있는 곳

애플을 포함한 많은 미국 기업들은 주주친화적인 정책으로 유명하다. 적극적인 배당 성장과 자사주 매입으로 주식의 가치를 꾸준히 높이고 있다. 특히 자사주 매입은 시장에 상장된 주식 수를 줄여 기존 주식의 가치를 높이는 긍정적인 효과를 낳는다. 이는 미국 주식이 장기 투자자들에게 안정성과 성장을 동시에 제공하는 매력적인 투자처로 평가받는 이유다.

이 책이 당신의 투자에 첫걸음이 되기를

이 책을 끝까지 읽은 독자라면 미국 주식에 대한 기본적인 이해를 넘어 자신감 있는 투자 판단을 할 수 있게 될 것이다. 미국 주식을 처음 시작하는 독자라면 바로 도전해 보길 권한다. 이미 미국 주식에 투자하고 있는 독자라면 이 책이 포트폴리오를 다각화하고 비중을 조정하는 데 좋은 길잡이가 될 것이다.

미국 주식은 단순한 투자의 대상이 아니다. 혁신과 성장이 끊임없이 이어지는 시장이며, 이를 이해하는 것은 곧 미래를 준비하는 일이다. 이 책이 그 첫걸음이 되기를 바란다.

마지막으로 2026년판 『미국 주식이 답이다』가 출판될 때까지 많은 도움을 주신 분들께 감사의 말씀을 전하고 싶다. 2021년부터 『미국 주식이 답이다』 시리즈를 출판해주고 있는 페이지2 출판사의 김선준 대표와 처한 솔 팀장, 그리고 첫 번째 책이 세상에 태어날 수 있도록 큰 도움을 주었던 예문의 김유진 팀장에게 감사를 전한다. 그리고 이번 2026년판 자료 수집부터 원고 작성까지 시간과 노력을 함께 해준 '미국 주식에 미치다 TV'의 성정모, 김준형 두 연구원께도 감사의 말씀을 전한다.

이항영, 장우석

역사가 입증한 부의 추월차선,
역시 미국 주식이 답이다!

　　미국 주식투자에 관한 정보 외에 독자분들께 꼭 전하고픈 이야기가 있어 몇 자 적어본다.

　　첫째, 주식은 앞으로 30년 당신의 재테크 동반자이다. 그러므로 절대 코뿔소의 시선으로 투자를 바라봐서는 안 된다. 코뿔소가 보는 세상의 가운데에는 항상 '삼각형의 물체'가 존재한다. 바로 자신의 코다. 코뿔소는 그 코로 인하여 자신이 보는 모든 사물과 풍경의 중심에 삼각형의 물체가 있다고 믿게 된다. 세상 본연의 모습을 보지 못하게 되는 것이다.

　　주식투자자도 마찬가지다. 코뿔소처럼 자신의 코에 시선이 가로막혀 있으면 주식시장의 본질을 보지 못하고 오해하게 된다. 기업의 실적을 근거로 장기투자하면 꾸준히 수익을 창출할 수 있는 것, 그것이 바로 주식투자이고 주식시장 본연의 모습이다. 그런데 많은 이들이 자신도 모르게 코뿔소의 시선을 가지게 된 결과, 기업의 실적이 아닌 차트에, 정확한 분석과 판단이 아닌 루머와 의미 없는 잦은 매매에 몰두하면서 '제대로 투자하고 있다'는 착각에 빠진다. 결국 판단이 흐려지고, 시장의 본질과는 동떨어진 선택을 하기에 이른다.

이것은 투자자들만의 잘못이 아니다. 투자자들은 주식시장에 들어옴과 동시에 수없이 많은 성보와 마주하게 된다. 기관이나 외국인이 어떤 종목을 몇 주, 얼마에 샀는지 등의 수급 정보, 어느 증권사를 통해서 거래가 되고 있는지를 보여주는 거래 증권사 정보, 5호가 혹은 10호가를 통해서 이뤄지는 매수와 매도 현황, 수많은 지표를 담은 차트 툴, 더 나아가 매매 신호까지 실로 복잡하고 다양한 정보가 증권사들로부터 제공된다. 범람하는 정보는 투자자들에게 코뿔소의 코와 같은 역할을 한다. 다시 말해 투자자의 눈앞에 가상의 커다란 코를 얹어주는 것이다. 투자자들은 자신의 의지와는 상관없이, 주식시장 본연의 모습을 놓치고 왜곡된 시야를 가지게 된다.

이처럼 주식시장에서 일상화된 정보 중 현명한 투자 활동에 도움이 될 민한 정보는 많지 않다. 언뜻 생각하면 더 많은 정보를 얻을수록 심층적인 분석이 가능하지 않을까 싶을 것이다. 그러나 실제로는 과다 정보가 오류를 만들어내고, 또 지엽적인 분석에 치중함으로써 큰 시장을 바라보는 통찰력을 상실하게 만든다. 정작 투자자들이 가장 고려해야 할 부분, 즉 그 기업의 실적과 비전은 투자자들을 현혹하는 숫자의 향연에 가려지기 일쑤다. 주식투자의 기본은 그 기업을 알고 또 믿고 투자하는 것일진대, 이 같은 모습은 찾아보기 어렵다.

세계 최고의 선진 시장인 미국 주식시장에서는 이러한 '코뿔소의 코'를 없애기 위한 많은 노력이 있어 왔다. 그 결과 오늘날 미국의 주식투자자가

HTS에서 얻을 수 있는 정보라고는 실적과 뉴스가 대부분이며, 그 외 기능은 없어지거나 더 단순해지고 있다.

주식투자의 핵심은 통찰이다. 투자자에게는 세상과 시장을 꿰뚫어 보는 눈이 있어야 한다. 미국이 세계 최고의 인공지능^AI^ 기술을 가지고 있음에도 주식에 있어 인공지능 기술을 적용하지 않는 데는 이유가 있다.

코뿔소의 뿔은 주식투자자로 하여금 미래를 예상할 수 있다는 착각에 빠지게 한다. 온갖 정보를 분석함으로써 주가 방향을 예측할 수 있으리란 헛된 망상을 품게 되는 것이다. 그러나 "주식시장은 신도 모르는, 예측이 불가능한 영역이다"라는 말에 동의한다면, 이러한 어리석음을 범해서는 안 된다.

스스로의 노력과 냉철함을 바탕으로, 시야에 어떠한 장애물이나 가림막 없이 주식시장 본연의 모습을 보는 연습을 해보자. 투자자가 봐야 할 정보는 기업의 실적과 가치value가 전부다. 기업의 본질만을 보는 습관을 들이면 코뿔소처럼 어리석은 투자자가 되지는 않을 것이다.

둘째, 끊임없는 변화야말로 120년 미국 주식시장의 상승 원동력임을 인지하자. 주식시장이란 많은 기업의 경쟁 가운데 성장하며, 우리는 그 성장에 투자함으로써 이익을 얻는다. 그런 의미에서 지금도 변화가 계속 일어나는 미국 주식시장은 앞으로도 상승이 가능할 것이다.

미국 주식시장은 금융위기 이후 꾸준한 상승세를 보여왔는데, S&P500 지수를 기준으로 현재까지 약 577%의 상승을 보였다. 지금이 다소 침체된 경제상황임을 고려해도 실로 대단한 상승세다. 그 근본적인 배경에는 미국 주식시장의 다양성과 변화가 있다고 생각한다.

미국의 시가총액 순위를 보라. 2012년부터 애플이 줄곧 시가총액 1위를 점하고 있으나 그 이전인 2006~2011년에는 에너지 기업인 엑손모빌이 1위였다. 그보다 앞선 과거 10년간은 GE와 마이크로소프트가 1, 2위를 다퉜으며 더 이전에는 IBM과 통신기업인 AT&T가 번갈아 시가총액 1위를 차지했다.

그렇다면 앞으로 5년 후에도 애플이 시총 1위를 지키고 있을까? 혁신 기업의 대표주자로 꼽히는 테슬라와 아마존, 구글 등이 1위에 오르리라 점치는 사람이 많다. 최근 AI 기술 혁명을 등에 업고 패권을 차지한 엔비디아도 언제든 1위를 차지할 준비를 하고 있다. 아예 새로운 기업이 나타나리라는 의견도 있다. 결론은 누구도 모른다는 것이다.

빠르게 변화하는 세상에서 기업들은 공정한 경쟁을 통해 자신을 차별화하며 성장하고 있다. 비디오 대여점에서 출발한 동영상 스트리밍 업체 넷플릭스는 유료가입자 3억 명을 넘어서며 기존의 영화 산업을 흔들 정도로 위상이 커졌다.

엔비디아는 30년이 넘는 역사를 가진 회사다. 게임 회사로 시작했지만 이후 인공지능 회사로 변모했고, GPU 및 인공지능 솔루션의 선도적인 공급업체로 시가총액 1위를 넘보고 있다. 엔비디아의 GPU는 자율 주행 자동차, 안면 인식, 언어 처리 등 다양한 AI 애플리케이션에 사용된다. 2023년 연초를 기준으로 현재까지 10배 가까이 상승하며 시가총액은 3조 3000억 달러에 달했다. 이러한 주가 급등은 게임, 데이터센터 및 AI 애플리케이션용 GPU 수요 증가 등 여러 요인에 기인한다. 또한, 클라우드 컴퓨팅의 채택이 증가하면서 AI 솔루션에 대한 수요가 증가하고 있는 것도 엔비디아의 성장에 도움이 되고 있다.

엔비디아의 성공은 오랜 세월에 걸쳐 이루어졌다. 엔비디아의 AI 여정은 2006년, GPU에 쿠다CUDA라는 것을 추가하면서 시작되었다. 쿠다는 엔비디아의 모든 GPU에 통합된 컴퓨팅 아키텍처로 이를 통해 소프트웨어 개발자가 하드웨어를 손볼 수 있게 되었고, 칩이 구현할 수 있는 가능성에 혁명을 일으켰다. 오늘날 전 세계 GPU의 90%를 엔비디아가 점유하고 있다.

엔비디아의 AI칩은 AMD와 인텔과의 경쟁에서도 완승을 했으며 2010년에 엔비디아는 GPU를 사용하여 유튜브 동영상에서 고양이를 식별하는 기계 학습 모델을 훈련하는 데 성공하면서 획기적인 성과를 거두었다. 이는 중요한 이정표였으며, 전 세계에 AI용 GPU의 잠재력을 보여주는 계기가 되었다.

엔비디아의 성공 스토리는 오픈AIOpenAI의 혁신적인 언어 모델을 뒷받침하는 슈퍼컴퓨터 챗GPTChatGPT로 유명해졌는데, 이 사례는 AI 애플리케이션 개발에서 엔비디아 그래픽 카드의 성능을 조명하고 엔비디아의 성공을 위한 전환점이 되었다. 2023년 1분기에 엔비디아의 AI칩 사업은 14% 성장한 반면, AMD는 성장하지 못했고 인텔의 사업 부문은 39% 감소했다. 이러한 성장은 다양한 산업에서 AI 애플리케이션에 대한 수요 증가에 힘입어 이루어지고 있다.

그러나 엔비디아가 AI칩 시장에서 90%의 점유율을 차지하고 있지만 자체 칩을 생산하기 시작한 경쟁자가 많다는 점을 고려하면 엔비디아가 완전히 무적이라고 할 수는 없다. 딥시크DeepSeek의 등장도 같은 맥락이다. 또한 바이든 행정부가 엔비디아의 중국, 이란, 러시아 AI칩 수출을 중단하도록 계속 압력을 가하면서 회사가 직면하고 있는 지정학적 장애물도 있다.

엔비디아의 성공 여부는 필연적으로 AI의 상업적 실행 가능성과 이를 둘러싼 법률에 따라 달라질 것인데, 현재로서는 AI 발전에 모든 것을 걸고 있다. 이에 엔비디아는 2026년에 더 나은 AI 인프라를 위한 길을 열거나 완전히 무너뜨릴 루빈 아키텍처를 공개할 계획이다. 엔비디아의 승패는 시간이 지나야 알 수 있을 것 같다.

2019년부터 이익을 내며 주가와 실적 면에서 기염을 토하고 있는 테슬라의 시가총액은 무려 1조 달러 수준(2025년 2월 기준)으로, 전 세계 모든 자동차 회사 가운데 가장 크다. 테슬라가 2010년에 상장한 회사라는 점을 감안하면 그보다 100년이나 역사가 깊은 포드의 시가총액을 넘어섰다는 점에서 더욱 놀랍다. 수익과 혁신 중 투자자들이 어떤 것을 더 선호하는지를 보여주는 예이다.

그뿐인가? 아마존과 월마트도 흥미진진한 경쟁의 한 획을 가르고 있다. 유통주의 대장 격인 월마트가 인터넷 서점으로 출발한 전자상거래 기업 아마존에게 시가총액 2500억 달러 부근에서 역전당한 시점이 2015년 7월 7일이었다. 그 뒤로 월마트의 시가총액은 8700억 달러 정도로 증가한 반면, 아마존은 무려 2.5조 달러 수준의 시가총액을 보여주면서 크게 성장했다(2025년 2월 기준). 뿐만 아니라 최근 2024년 4분기 실적에서 사상 처음으로 아마존의 분기 매출이 1878억 달러로 월마트의 분기 매출 1805억 달러를 넘어섰다.

이런 와중에 월마트는 제트닷컴JET.COM이라는 기업을 인수하며 온라인 쇼핑에 집중했고, 200억 달러 규모의 자사주 매입을 공식 발표했다. 월가의 예상으로는 2020년 이후로 월마트의 전체 매출 중 온라인 판매 비중이 40%를 넘어설 것이라고 한다. 한국의 이마트가 물건을 매장에서 반, 온라인에서 반을 판다고 가정하면 이해가 빠를 것이다.

한편, 아마존은 소매 매출에 대한 추격을 예상하기라도 한 듯 사업을 다각화하고 있다. AWS Amazon Web Service를 통해 클라우드 부문에 집중한 결과, 전체 매출의 13.5%를 차지할 정도로 크게 성장했다. 또한 큰 약점이 었던 신선식품의 약세를 홀푸드마켓 Whole Foods Market을 인수함으로써 보완 했는데, 이로써 유통주 간의 경쟁은 나날이 격렬하고 치열해지고 있다.

지금까지의 이야기는 상장한 기존 업체들의 이야기일 뿐 거래소 밖의 비상장업체들까지 감안하면 미국 시장의 경쟁과 이를 통한 변화와 성장은 더 가파를 것이다. 특히 사상 초유의 팬데믹 사태를 겪으며 파괴적 혁신은 더욱 가속화되고 있다. 얼마 지나면 전혀 들어보지도 못한 기업이 새로운 사업 아이템으로 주식시장을 떠들썩하게 할 수도 있으니 이 글을 읽는 순 간에도 주식시장은 변화하고 성장한다는 점을 꼭 기억하기 바란다.

바로 이 점이 우리가 미국 주식시장에 투자해야 하는 또 다른 이유 이다.

셋째, 미국 주식투자는 영어의 문제, 시차의 문제가 아니다. 핑계는 버 리고 투자의 기본으로 돌아가라.

미국 주식투자 관련 세미나를 진행하면 가장 많이 나오는 이야기 중 하 나가 영어를 몰라서 투자를 하지 못했다는 것이다. 물론 알파벳 하나 읽을 줄 모른다면 투자가 불가능할 것이다. 외국 기업 이름도 읽지 못할 테니 말 이다. 그럼 반대로 물어보겠다.

국내 주식시장에서 활약하는 외국인 투자자들은 한국말을 잘할까? 그 들이 과연 한국어에 능통해서 대한민국 주식시장에서 수익을 내고 있는 걸까?

　나는 이미 이 단락 상단에서부터 영어를 못하므로 투자를 못한다는 건 핑계라고 결론 내리고 글을 쓰고 있다. 영어는 부수적인 요소에 불과하며, 설사 필요하다 해도 높은 실력이 요구되는 것은 아니다. 아니, 투자에 있어서 필요한 영어 실력은 기초 수준에 지나지 않는다. 중학교만 졸업하면 누구라도 가능한 수준이다.

　필자가 국내에서 해외 주식투자를 시작한 지 22년째다. 그동안 많은 성장을 이룩했지만 대한민국 코스피와 코스닥의 전체 시가총액 2132조 원 중 22년이 지난 지금, 한국 내 미국 주식투자 보유 주식 잔고가 173조 원을 기록하면서 나름 괄목할 만한 성장을 보였지만 미국 주식 전문가의 한 사람으로 다소 아쉬움을 느낀다

　그도 그럴 것이 애플의 아이폰은 2024년 기준 전 세계 누적 판매량 23억 대를 달성하며 생태계를 넓혀가고 있다 하지만 국내 투자자가 보유한 애플 주식은 총 47억 달러로 애플의 시가총액 3조 7000억 달러에 비하면 미미한 수준이다. 만약 2007년에 아이폰을 접하면서 주식을 샀더라면 그로부터 18년 후인 지금 약 8000%의 수익률을 얻을 수 있었을 것이다.

　스타벅스는 미국과 중국 다음으로 한국에 매장을 많이 보유하고 있다. 대한민국에 존재하는 스타벅스 매장은 무려 2009개로 전 세계 3위 규모다 (2025년 2월 기준). 그만큼 많은 사람이 일상적으로 스타벅스를 이용하지만, 스타벅스의 주식을 살 생각은 하지 않는다. 국내 스타벅스 주식 보유자 역시 숫자가 너무 미미하여 집계에서 빠졌다. 그나마 아마존과 구글, 알리바바 등이 한국인이 많이 보유한 해외 주식들이다.

　지금까지 언급된 기업 중 당신이 못 들어본 기업, 사업 내용을 모르는

기업이 있는가? 실적은 어차피 숫자로 기록되니 확인하는 데 무리가 없을 것이고, 기타 뉴스는 구글 번역기가 70% 이상의 번역률을 보여준다. 영어를 몰라서 미국 1등 기업, 유망 종목에 투자하지 못하는 게 아니다.

이외에 맥도날드, 버거킹, 파파존스, 나이키, 던킨도너츠, 크리스피크림, 엑스(트위터) 등 우리 주변에서 흔히 볼 수 있는 해외 기업이 수없이 많다.

결국 영어를 못해서, 미국 기업을 몰라서 투자를 못한다는 것은 핑계에 불과하다. 투자하지 않은 데에는 아마 다른 이유가 있을 것이다. 즉, 너도나도 아는 이런 유명 글로벌 기업에 투자하여 무슨 수익이 나겠는가 하는 의문이 있었을 것이다. 아무도 모르는 비밀의 주식, 테마주니 작전주니 무슨 관련주니 하는 것에 투자해야 큰돈을 벌 수 있는 것 아닌가 생각할지 모른다.

만약 그렇다면 되묻고 싶다. 그런 주식으로 정말 돈을 번 적이 있는가? 뻔한 시장의 최근 10년간 수익률을 보라. S&P500 지수는 약 295% 상승했고, 아마존이 1111%, 넷플릭스가 1428%, 구글이 560%, 애플은 905% 가량의 적지 않은 수익률을 기록했다(2022년 9월 기준). 지금의 경제 침체를 감안하더라도 어마어마한 수준이다.

이렇게 훌륭한 투자가 또 있는가? 이처럼 확실한 투자처가 있는데 단지 영어를 못한다는 이유만으로 포기한다면, 그야말로 안타까운 일이 아닌가?

아직 늦지 않았다. 시장은 광대하고 추가 상승의 가능성 또한 크다. 위와 같은 세 가지 이유를 명심하고, 더욱 적극적으로 미국 주식투자에 관심을 가져보자. 또한 미국뿐 아니라 중국과 일본 그리고 유럽까지 조금씩이라도 공부하길 바란다. 가까이 있는 기업, 익숙한 브랜드부터 관심을 가져보자. 그래서 2025년은 진정한 글로벌 분산투자를 실행에 옮기는 의미 있는 한 해가 되길 기원한다.

PART 01

주식투자, 왜 미국 주식이 답인가?
변화에 대응하는 가장 강력한 시장

PART 02

세상에서 가장 쉬운 미국 주식 시작하기
영어 한마디 몰라도 문제 없다

PART 03

생초보도 돈 버는 글로벌 유망 종목
지금 주목해야 할 직접 투자 종목 & ETF

PART 04

ETF 투자 가이드 & 주요 테마별 ETF
전 세계 ETF를 한 권에! ETF 백과사전

PART

01

주식투자, 왜 미국 주식이 답인가?

01

미국 주식투자,
왜 지금 당장 시작해야 할까?

**안정적으로 오르는 세계 최대 시장,
미국 주식에 투자하라**

　　미국 주식시장은 시가총액이 약 8.9경 원의 시장으로 전 세계에서 가장 큰 시장이다(2025년 2월 기준). 약 2만여 개의 세계적인 기업, 즉 애플, 구글, 아마존 등과 같은 개별 종목과 다양한 ETF/ETP에 투자가 가능하며 전 세계 36개국을 대표하는 ADR(미국에서 발행한 증권) 투자를 통해 글로벌 분산투자가 가능하다.

　　미국 주식시장은 규모가 큰 시장일 뿐 아니라 매우 합리적인 시장이기도 하다. 한국보다 2배 이상 높은 기관투자의 비중은 시장의 안전판 역할을 하고 있으며, 상하한가 제도가 없는 시장임에도 불구하고 일평균 ±2~3%의 비교적 안정적인 주가 흐름을 보인다.

　　안전자산을 확보할 수 있다는 점 또한 미국 주식시장에 투자해야 할 이유이다. 기축통화인 달러는 국내외 경제의 변동성과 불안이 강해질수록 보유해야 할 이유가 특히 큰 자산이다. 미국 주식에 투자한다는 것은 곧 달러를 보유하는 것과 같은 의미다.

또 안전자산이라는 의미 외에 한국 시장에 대한 헤지 개념에서도 달러는 중요하다. 역사적으로 달러와 코스피 지수는 반대의 모습을 보여왔다. 달러가 강해지면 외국인의 돈이 미국으로 빠져나가는데, 이는 국내 주식시장의 입장에서 보면 외국인 투자자의 이탈로 풀이될 수 있기 때문이다.

「금융분석저널Financial Analysts Journal」의 설문조사에 따르면 글로벌 분산투자를 잘하는 것이 성공적인 포트폴리오 구성에 가장 중요한 요소라고 한다(아래 표 참조). 대한민국의 개인 투자자 대부분은 종목 선택과 매매 타이밍을 잘 선택하는 것이 중요하다고 생각하는 데 비해 실제 그렇다고 대답한 펀드 매니저는 각각 4.6%와 1.8%에 불과했음을 알 수 있다.

성공적인 포트폴리오에서 중요한 요인은?
자료: Financial Analysts Journal

자산배분	종목 선정	기타 요인	매매 타이밍
91.5%	4.6%	2.1%	1.8%

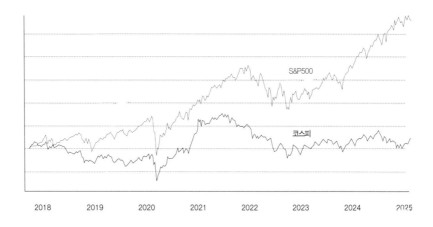

최근 7년간 한국과 미국 주식시장의 흐름도 마찬가지다. 위의 그림처럼 미국 140%, 한국 11%의 상승 움직임을 보였다. 결과적으로 보아 미국 시장은 꾸준히 상승한 반면 한국은 최근에 소폭 상승을 했지만 상당히 부진했다. 본서의 세 번째 판을 냈던 2022년 이후의 추이를 보아도 마찬가지다. 당시 '미국 주식이 이미 너무 많이 올랐다'며 포기했던 투자자들 중에는 '그때라도 미국에 투자할걸' 하고 후회하는 경우가 적지 않을 것이다.

02

단 한 주라도 매수해야 하는 이유

주식은 확률의 게임,
이길 확률이 높은 곳에 하루라도 빨리 투자하라

미국 주식, 이렇게 많이 올랐는데 지금이라도 투자해야 할까?

미국 주식시장이 지속적으로 상승하면서 많은 투자자들이 고민에 빠져 있다. 이미 너무 많이 오른 것은 아닐까? 지금이라도 투자해야 할까? 아니면 조금 기다렸다가 조정을 거친 후에 들어가는 것이 좋을까? 반대로, 지금이라도 더 적극적으로 투자해야 하는 것은 아닐까? 특히, 이러한 고민은 한국 주식시장과 비교할 때 더욱 깊어진다. 지난 10년 동안 미국 주식은 꾸준히 상승한 반면, 한국 주식시장은 제자리걸음을 하고 있기 때문이다. 하지만 단순한 가격 변동만이 아니라, 미국 주식에 집중해야 하는 더 근본적인 이유가 있다.

S&P500 vs. 코스피 10년 차트

자료: www.barchart.com

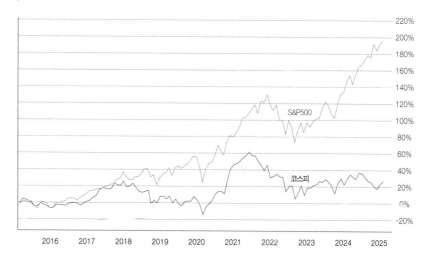

S&P500 vs. 코스피 5년 차트

자료: www.barchart.com

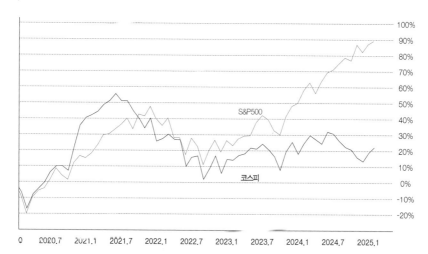

첫째, 미국과 한국 기업의 이익 증가 여부에 주목해야 한다

주식시장이 장기적으로 상승하기 위해 가장 중요한 요소는 기업의 이익의 증가 여부다. 주가는 단기적으로는 시장 심리에 의해 움직일 수 있지만, 결국은 기업의 실적이 주가를 결정한다. 미국과 한국 주식시장의 가장 큰 차이는 바로 기업의 이익 증가율에서 나타난다.

미국의 대표 지수인 S&P500 기업들의 이익은 최근 30년 동안에도 꾸준히 증가해왔다. 글로벌 경제 위기가 있더라도 이익이 회복되었고, 장기적으로 보면 지속적인 성장 곡선을 그려왔다.

아래의 그림은 S&P500 지수와 12개월 예상 이익의 추이다. 주가가 오르는 것은 이익이 증가하기 때문이고 이익이 내려가면 주가도 내려가는 모습이다.

S&P500 12개월 예상 이익과 주가 추이
자료: yardeni.com

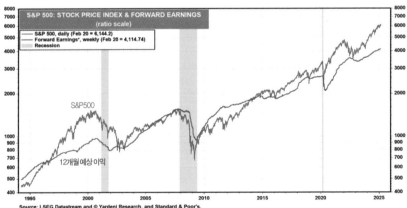

한국과 미국을 동일한 잣대로 비교하기 위해서 MSCI 미국 지수 추이와 12개월 예상 이익도 소개한다.

MSCI 미국 주가 추이
자료: yardeni.com

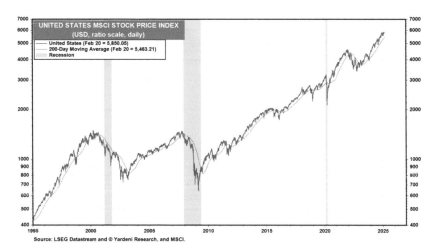

MSCI 미국 12개월 예상 주당 이익
자료: yardeni.com

MSCI 미국 주가, 12개월 예상 주당 이익, PER

자료: yardeni.com

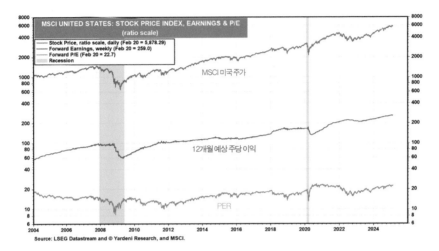

반면, 한국의 주가와 이익은 일정 수준에서 정체된 모습을 보이고 있다.

MSCI 한국 주가 추이

자료: yardeni.com

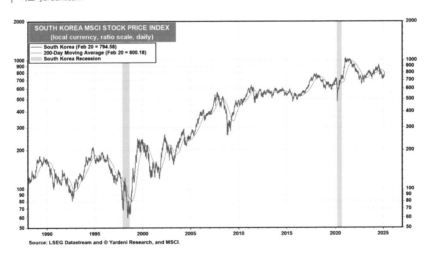

MSCI 한국 12개월 예상 주당 이익

자료: yardeni.com

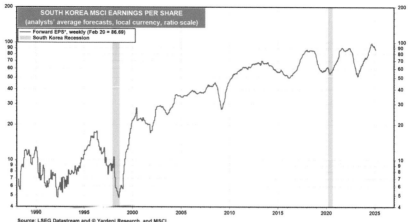

MSCI 한국 주가, 12개월 예상 주당 이익, PER

자료: yardeni.com

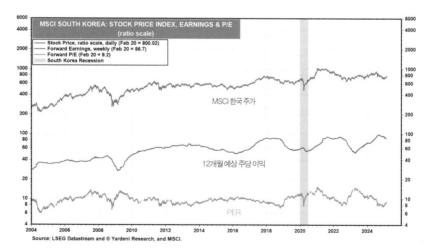

한국 기업은 늘 기업들의 장미빛 전망과 당국의 지원책에 증권사의 화려한 분석과 투자자들의 기대감까지 더해지곤 했지만 앞의 그래프에서 보이듯이 실적이 꾸준히 증가한 적이 거의 없었다. 적어도 최근 10~20년 동안은 그랬다. 이익이 증가하지 않는 기업은 결국 주가 상승도 기대하기 어렵다. 이런 점에서 미국 시장에 집중하는 것이 더 유리하다.

둘째, 이익 전망의 객관성과 가시성이 높다

두 번째 이유는 미국 주식시장이 이익 전망에 대한 신뢰성도 높고 가시적인 전망에 대한 접근성이 훨씬 앞서 있다는 것이다. 미국에서는 기업별 이익 전망과 시장 전체의 이익 성장 전망을 누구나 쉽게 확인할 수 있다. 최소한 S&P500, 나스닥100 지수에 포함된 기업들에 대한 애널리스트들이 다양한 의견과 이익 전망에 대한 데이터가 투명하게 공개된다. 반면, 한국 시장에서는 객관적이고 신뢰할 수 있는 기업 전망 분석이 부족하다.

예를 들어, 미국에서는 특정 기업이 향후 몇 년 동안 얼마의 매출과 순이익을 기록할 것인지에 대한 전망이 명확하게 제시되며, 이러한 데이터에 투자자들이 자유롭게 접근할 수 있다. 반면, 한국 기업들은 공식적인 가이던스를 제공하는 경우도 드물고, 대부분의 기업 분석 보고서가 '매수' 의견 위주로 작성되는 경우가 많다. '매도' 의견을 내는 보고서는 찾기가 어려우며, 다양한 의견이 자유롭게 공유되지 않는다.

2024년 금융투자협회의 자료에 따르면 국내 주식시장 약세장이 이어졌지만 협회에 등록된 총 1073명의 애널리스트 중에 매도 보고서를 발표한 경우는 거의 없다. 이유가 뭘까? 언론기사에 인용된 한 전직 애널리스트의 입장을 그대로 인용하자면 '수익을 내야 하는 증권사로선 기업 고객 눈치를 보지 않을 수 없다'며 '매도 의견은 고사하고 중립 의견을 내기도 쉽지 않은 게 현실'라고 밝히고 있다. 따라서 개인 투자자들의 경우 애널리스트들의 보고서에 대한 신뢰도가 떨어질 수 밖에 없는 것이 현실이다.

반면에 미국은 어떨까? 기업과 사회 문화의 차이도 있고 공매도 제도의 활성화에도 이유가 있겠지만 중립 의견은 물론 매도 의견도 자유롭다. 애널리스트의 투자 의견이 지속적으로 어긋날 경우 본인의 경쟁력에 타격을 입기에 최대한 객관적으로 의견을 자유롭게 개진하는 문화가 지배적이나.

미국 애널리스트 투자 의견 리포트
자료: insight.factset.com

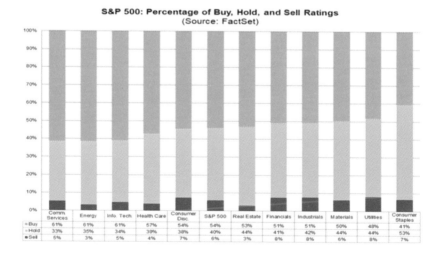

S&P 500: Percentage of Buy, Hold, and Sell Ratings
(Source: FactSet)

	Comm. Services	Energy	Info. Tech.	Health Care	Consumer Disc.	S&P 500	Real Estate	Financials	Industrials	Materials	Utilities	Consumer Staples
Buy	61%	61%	61%	57%	54%	54%	53%	51%	51%	50%	48%	41%
Hold	33%	35%	34%	39%	38%	40%	44%	41%	42%	44%	44%	53%
Sell	5%	3%	5%	4%	7%	6%	3%	8%	8%	6%	8%	7%

앞의 그래프에서 초록색은 매수, 중립은 노란색, 빨간색은 매도 의견을 의미한다. 2024년 말 S&P500 기업 기준으로 매수 의견은 약 54%, 중립 의견은 40%, 매도 의견은 6%이다.

면적을 확인하면 우리나라와 같은 일방적인 매수 의견은 보기 힘들다. 그만큼 신뢰도가 높아질 수밖에 없다. 미국주식에 투자할 때 애널리스트의 투자 의견, 특히 다양한 애널리스트의 컨센서스의 변화 추이가 중요한 판단기준이 될 수 있다.

이러한 양국의 차이점은 투자자들이 객관적인 정보를 바탕으로 합리적인 판단을 내리는 데 큰 영향을 미친다. 이익 전망의 가시성과 신뢰도가 높을수록 투자의 예측 가능성이 높아지며, 이는 장기적으로 안정적인 투자 전략을 가능하게 한다.

셋째, 사상 최고가에서도 계속 상승한 역사적 경험

마지막으로 미국 주식시장의 가장 큰 강점은 사상 최고가에서도 시간이 지나면 더 높아졌다는 역사적 경험이다. 많은 투자자들이 '이미 너무 올랐다'는 이유로 주식을 사기를 주저하지만, 미국 시장에서는 오히려 장기적으로 보면 이런 걱정이 불필요했다.

2000년 닷컴버블, 2008년 금융위기, 2020년 팬데믹 위기 등 다양한 조정이 있었지만 결국 시장은 회복되었고 더 높은 수준으로 올라갔다. 사상 최고가에서 매수하더라도 시간이 지나면 더 높은 주가를 기록할 확률이 높았다.

아래의 그래프는 1990년부터 1년 후, 3년 후, 5년 후에 특정 조건에 따라 투자했을 때 수익률의 추이를 보여준다. 파란색은 사상 최고점 대비 10% 하락 시 매수했을 때, 초록색은 사상 최고점에 매수했을 때, 보라색은 구분 없이 매수했을 때를 의미한다. 그래프를 보면 시점 구분 없이 매수했을 때 수익률이 상당히 높은 것을 확인할 수 있다. 시기는 중요하지 않고, 일단 투자하는 것이 답이라는 훌륭한 증거다.

흥미로운 통계를 하나 더 소개하자면 S&P500은 1957년부터 현재와 같이 500개 종목으로 지수 시스템이 확립된 이후 평균 20거래일에 한 번씩 사상 최고가를 기록했다. 즉 타이밍에 대한 고민은 큰 의미가 없다는 것이다.

이는 미국 주식시장이 단순한 투기장이 아니라, 세계에서 가장 강력한 기업들이 모여 있는 장기적 성장시장이기 때문이다. 주가가 많이 올랐다는

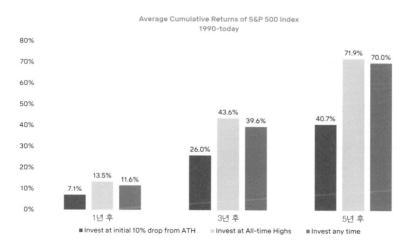

1990년부터 지금까지 특정 조건하에 투자했을 때 S&P500 수익률 추이
자료: www.stlouistrust.com

이유만으로 투자 결정을 미루는 것은 비효율적인 선택일 수 있다. 중요한 것은 기업의 실적을 기반으로 좋은 주식을 오랫동안 보유하는 것이다.

결론적으로 미국 주식투자는 지금도 유효하다

많은 투자자들이 고민하는 것처럼, 미국 주식이 많이 오른 것은 사실이다. 하지만 그 배경에는 기업의 강력한 이익 성장, 높은 이익 전망의 가시성, 그리고 장기적으로 지속된 시장 상승이라는 요소가 있다. 이런 구조적인 강점이 유지되는 한 미국 주식시장은 앞으로도 좋은 투자 기회가 될 가능성이 높다.

미국 주식투자를 고민하는 사람에게 가장 중요한 것은 타이밍을 맞추려 하지 말고 좋은 기업을 찾아 장기적으로 보유하는 것이다. 과거에도 그랬듯이 미국 시장은 시간이 지나면서 더 높은 가치를 제공할 가능성이 크다. 그렇다면 주저하기보다 한 주라도 빠르게 매수하는 것이 현명한 선택일 것이다.

03

경기순환과 주식시장의 상관관계, 메릴린치의 투자시계

투자의 타이밍을 잡는 경기순환 투자론 (1)

1990년대, 로열런던자산운용Royal London Asset Management의 자산 책임자 트레버 그리섬Trevor Greetham은 오늘날 우리가 사용하는 포괄적인 투자시계 모델에 대해 연구했고 이를 자산배분에 적용했다.

두사시계의 진제는 이러하다. 경제란 팽창과 수축의 기간을 따르고, 과열되었다가 냉각되며, 인플레이션에 상승했다가 성장이 둔화된 후에 하락한다는 것이다. 투자시계는 글로벌 경제 주기의 각 단계에서 어떤 자산 클래스와 섹터가 수혜를 받는지 한눈에 보여준다. 각 투자 유형의 포지셔닝은 40년 이상의 역사적 데이터를 기반으로 한 통계적 자료이며 이를 통해 경제 사이클을 네 단계로 나눌 수 있다.

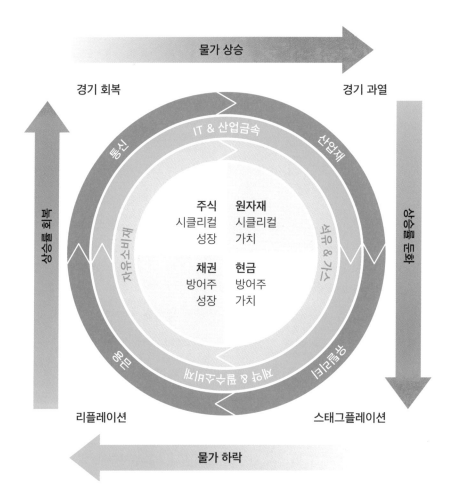

투자시계로 보는 경제 상황 단계별 분석

▶ 1단계: 리플레이션 단계

GDP 성장률과 인플레이션이 둘 다 떨어진 상태이다. 주식시장은 약세장으로 고통을 받지만 정부와 중앙은행의 관대한 통화 및 재정 정책(금리 인하, 경기부양책, 구제금융 등)으로 채권이 가장 안정적인 자산으로 평가받는 구간이다.

리플레이션 단계에서 수혜 섹터는 금융Financials, 필수소비재Consumer Staples, 헬스케어Healthcare, 임의소비재Consumer Discretionnary이다.

▶ 2단계: 회복 단계

인플레이션이 여전히 낮은 상태에서 성장 궤도에 오르기 시작하는 구간이다. 이 단계에서 주식은 매우 매력적인 밸류에이션과 실적 개선으로 매력을 되찾게 되고, 가장 유리한 자산으로 평가받는다.

회복 단계에서 수혜 섹터는 커뮤니케이션 서비스Communication Services, 기술Tech, 소재Basic Materials, 임의소비재Consumer Discretionary이다.

▶ 3단계: 과열 단계

성장이 정점에 도달했다가 둔화되고 인플레이션이 발생한다. 주식과 채권 모두 실적이 좋지는 않지만 상품에 베팅하는 것은 확산되면서 수익성 있는 전략이 가능한 구간이다.

과열 단계에서 수혜 섹터는 산업Industrials, 기술Tech, 소재Basic Materials, 에너지Energy이다.

▶ 4단계: 스태그플레이션 단계

인플레이션이 통제 불능 상태이며 소비자신뢰지수는 심각하게 훼손된다. 중앙은행은 금리를 올리게 되고 경기를 이끄는 지표 중 하나인 주식시장은 이미 폭락해 있는 상태다. 그러나 스태그플레이션 단계는 지난 수십년간 경기 사이클에서 일어나지 않았다. 경제 성장을 위한 막대한 부양책을 펼치는 동시에 인플레이션을 잡기 위해 금리를 낮추는 정책을 병행하는 연준 덕분이다.

스태그플레이션 단계에서 수혜 섹터는 유틸리티Utilities, 필수소비재Consumer Staples, 헬스케어Healthcare, 에너지Energy이다.

각 단계의 내용을 한눈에 정리하면 다음과 같다.

메릴린치의 투자시계론

단계		성장	인플레이션	수혜 섹터
1	리플레이션	⬇	⬇	금융, 필수소비재, 헬스케어, 임의소비재
2	회복	⬆	⬇	커뮤니케이션 서비스, 기술, 소재, 임의소비재
3	과열	⬆	⬆	산업, 기술, 소재, 에너지
4	스태그플레이션	⬇	⬆	유틸리티, 필수소비재, 헬스케어, 에너지

메릴린치의 투자시계는 다양한 비즈니스 사이클 단계를 이해하기 위한

간단하면서도 유용한 프레임워크다. 여기서 중요한 것은 경제의 현재 단계를 알고 그를 기반으로 투자하라는 제안이다. 주식, ETF, 선물, 상품 및 채권에 투자하는 장기투자자를 위한 기본 이론이라고 생각하면 어렵지 않다. 다만 실제 시장은 항상 이론보다 복잡하다는 사실도 기억하라는 조언을 하고 싶나.

04

경기순환 사이클을 파악하는 우라가미 구니오의 4계론

투자의 타이밍을 잡는 경기순환 투자론 ⑵

우라가미 구니오(1931~2001)

기술적 분석의 대가 우라가미 구니오는 40년 간 주식시장을 분석하며 2~3년 주기로 시황이 변하고, 이에 맞춰 시장을 선도하는 종목 및 섹터 가 크게 변화한다고 말했다. 그는 주식 운용 전략 에서 경기순환과 이와 연동하는 주식 장세의 국 면을 중요하게 생각했으며 이를 4계절에 비유하 며 시장을 설명했다. 경기의 상승과 하락에 따라 시장은 변동성을 가지고 그에 따라 기업과 산업은 순환적인 사이클을 가지는데 이러한 장세를 '4계 론'으로 정리했다. 각각의 사이클이 의미하는 바는 다음과 같다.

금융 장세

경기 수축 후 회복되는 기간을 의미한다. 장·단기 이자율이 떨어져 있으며 경기침체기에서 경기회복기로 넘어가는 구간이다. 경기침체기이 금리 하락과 실제 금리의 하락 영향으로 돈이 몰리기 시작하며 시장의 유동성이 다시 풍부해지는 시기이다. 이 시기에는 금리 인하, 물가 안정, 민간 소비 지출이 확대되며 기업 실적에 대한 기대감으로 주가가 오르기 시작한다. 금융 장세에는 금융 관련주, 낙폭과대주, 건설, 토목, 유틸리티, 식품, 제약 등의 업종이 강세를 띨 가능성이 높다.

실적 장세

금융 장세의 금리 하락과 회복이 어느 정도 진행된 후에는 실적 장세로 넘어가게 된다. 실적 장세에서는 주가가 오르면서 인플레이션과 장기 이자율 상승이 잠깐의 조정을 거친 후 본격적인 활황기에 접어들게 된다. 금리 하락으로 기업의 활동이 많아지고 경기 회복에 따른 설비 투자가 활발해지며 실적도 훨씬 좋아지기 시작한다. 금리가 오르지만 물가는 안정되며 경기가 활황이라는 점이 증시에 작용하여 장시간 상승하는 모습을 보여준다. 실적 장세 초반에는 철강, 화학 등의 소재 산업이, 후반에 들어서서 전자, 전기, 자동차, 조선 등의 업종이 강세를 보인다.

역금융 장세

인플레이션 우려에 정책 당국은 긴축 통화 정책을 시행하며 장·단기 이자율은 상승을 보인다. 하지만 시장은 실적을 기대 이상으로 보여준 기업에 치우치고 주식시장은 이러한 기업들에게 관심이 집중된다. 하지만 경제 정책의 목표인 물가 안정을 위해 긴축과 금리 인상이 진행되고 이에 따라 이미 많은 차입금을 사용 중인 기업들은 약세로 전환된다. 반대로 재무구조가 좋아 금리 상승에 수혜를 받는 중소형 소재주의 주가는 상승한다. 그렇기 때문에 역금융 장세에서는 중소 우량주와 저평가 되어있는 저PER 주들이 수혜를 입을 가능성이 있다.

역실적 장세

침체기다. 실물경기가 악화되고 자금의 수요가 크게 줄어든다. 기업의 실적은 큰 폭으로 하락하며 재고가 늘어나고 차입금이 많았던 기업들의 적자가 커지기 시작한다. 간혹 재무구조가 튼튼하지 않은 기업은 부도나는 경우도 있다. 이 시기는 외부 충격에 취약하기 때문에 시장의 변동성이 커지면 많은 매도세 물량이 나오게 된다. 이러한 역실적 장세 국면에서는 경기에 덜 민감한 경기방어주들이 선전하며 재무구조가 우수하고 가격 결정력을 가진 업계 대표 기업이 시장을 방어할 가능성이 크다. 정부 주도의 금융, 재정 정책 단행 시 수혜를 입을 금융 관련 업종에 주목해야 한다. 반대로 경기에 민감한 중소형 성장주들은 큰 폭의 하락을 보여준다.

각각의 장세를 하나의 도해로 만들어 보면 다음과 같다.

우라가미 구니오의 주식시장 4계론

구분	금융(유동성) 장세	실적(펀더멘털) 장세	역금융 장세	역실적 장세
국면	회복기	활황기	후퇴기	침체기
주가	↑	↗	↓	↘
특징	단기 큰 폭 상승	장기간 안정 상승	큰 폭 하락	부분적 투매
금리	↓	↗	↑	↘
실적	↘	↑	↗	↓
경기	자금 수요 감소 금리 인하, 물가 안정 민간 소비 지출 증가	생산 판매 활동 증가 설비 투자, 소비 증가 물가 상승, 통화 긴축 자금 수요 증가	실질이자율 상승, 내구소비재 수요 감소, 생산 활동 위축	재고 누적, 실업률 가속, 금리 인하, 경기 부양책
주도주 (과거)	금리 하락 수혜주 업종 대표주	소재, 가공 산업 업종 순환 상승	중소형 우량주(활황기 말~후퇴기 초), 저PER주(후퇴기 후반)	내수 관련주(경기방어주), 자산주, 초우량주
주도주 (현재)	성장주 강세&낙폭과대 종목 급반등(순환매)	꾸준한 실적 개선 업종 반도체, 인터넷, 2차 전지, 제약·바이오	인플레이션 헷지가 가능한 종목군(실적/펀더멘털 장세) 후반	경기방어주, 자산주

경기는 상승과 하락을 반복하며 늘 변동한다. 하지만 사이클이라는 규칙은 존재한다. 물론 사이클을 아는 것만으로 투자에 성공하기는 어렵다. 하지만 큰 그림의 사이클을 파악해서, 지금 투자를 하려는 시점이 어느 상세에 와 있는지 파악하는 것만으로 당신은 투자자가 될 수 있다.

05

타이밍 매매,
과연 시장에서 효과적일까?

타이밍이 투자의 성패를 좌우한다는 환상

대부분의 주식투자자가 꿈꾸는 것이 있다. 바로 싸게 사서 비싸게 팔고, 다시 싸게 사서 비싸게 파는 것이다. 절묘하게 타이밍을 잡을 수만 있다면 큰돈을 벌 수 있다는 것인데 과연 가능한 일일까? 그렇다면 효과적으로 투자 타이밍을 잡는 것이 장기적으로 우상향 추세를 보여온 미국 주식시장에 얼마나 효율적인 결과를 가져다줄 수 있을까?

언제 투자할 것인가?

이에 글로벌 투자 회사인 찰스 슈왑Charles Schwab이 아주 흥미로운 조사 보고서를 발표한 바 있다. 바로 투자 타이밍에 따른 결과 분석이었다. 투자 타이밍 유형에 따라 5그룹을 나누고 2001~2020년(20년) 동안 매년 초

2000달러의 투자금이 생겼다는 가정하에 각각의 유형에 맞춰 투자를 진행한 결과를 분석한 것이다. 이때 투자 타이밍에 따라 달라지는 결과를 정확하게 비교하기 위해 투자 대상은 동일하게 S&P500 지수로 주어졌다.

'투자에 타이밍이 효과가 있을까'라는 제목의 찰스 슈왑 파이낸셜 논평
자료: www.schwab.com

BEHAVIORAL FINANCE ›

Does Market Timing Work?

July 15, 2021 · Schwab Center for Financial Research

이때 5개의 각기 다른 투자 타이밍 유형은 다음과 같다.

▶ 완벽한 타이밍

완벽한 타이밍을 추구하는 이 그룹의 투자자들은 투자에 있어 뛰어난 기술을 가졌고 지수의 바닥을 기가 막히게 파악할 수 있는 능력을 갖췄다. 2001년 초, 이 그룹은 2000달러의 투자금을 받았지만 바로 투자하지 않고 9월 초 지수의 바닥을 확인했을 때 2000달러를 모두 투자했다. 2002년 초, 또다시 2000달러를 받은 이 그룹 투자자들은 마찬가지로 10월이 되어서야 지수의 바닥을 확인했고 그때 주어진 2000달러를 투자했다.

▶ 즉각적인 투자

이 그룹의 투자 방법은 심플했다. 매년 초에 받은 2000달러를 첫날에 바로 투자하고 매년 동일한 방법을 20년 동안 이어나갔다.

▶ 적립식 투자

적립식 투자 그룹은 월별로 투자를 했다. 매년 초 받은 2000달러를 12번으로 나눠 매월 1일에 동일한 금액을 일정하게 투자했다. 투자자들이 흔하게 알고 있는 적립식 투자 전략을 실행한 것이다.

▶ 최악의 타이밍

이 그룹은 투자가 서툴러 최악의 타이밍을 삽았다. 운도 따라주지 않았다. 이 그룹의 투자자들은 2001년에 받은 2000달러를 시장의 고점에서 투자했고 2002년에도 마찬가지로 동일하게 받은 2000달러로 고점에서 사고 말았다.

▶ 현금 보유

현금 보유를 결정한 이 그룹은 매년 받은 2000달러를 주식에 전혀 투자하지 않고 언젠가는 주가가 빠질 것이라고 확신하며 그대로 두고 있었다.

결과는 어땠을까?
나쁜 타이밍에서도 수익은 발생했다!

투자 타이밍 유형별 예상 수익 (단위: 달러)
자료: www.schwab.com

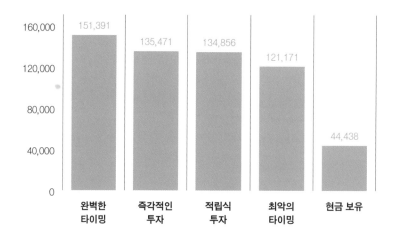

각각 유형들의 20년 투자는 어떠한 결과를 가져왔을까? 모두가 예상했겠지만 최고의 결과는 단연 완벽한 타이밍 그룹이 보여주었다. 해당 그룹이 매년 투자한 2000달러는 15만 1391달러로 불어났다. 놀라운 결과는 그다음이다. 두 번째로 높은 수익률을 보인 그룹은 바로 즉각적인 투자 그룹이었다. 이들은 완벽한 타이밍보다 약 1만 5920달러 적었지만 총 13만 5471달러라는 결과로 2위를 차지했다. 1위 그룹과의 수익 차이도 크지 않다. 보통 타이밍을 재지 않은 투자의 수익률은 낮을 거라 예측되는데 그와는 다른 결과가 나온 것이다. 적립식으로 투자한 그룹은 13만 4856달러로

3위를 차지했다. 통상 적립식으로 투자하는 것이 안전하다고 하지만, 미국의 경우 꾸준히 우상향하는 추세를 보여왔기 때문에 장기적으로는 적립식 투자보다 투자금을 일시에 투자하는 것이 조금이라도 수익률이 좋았다는 결과가 나왔다.

최악의 타이밍 투자 역시 놀라운 결과를 보여주었다. 투자하지 않고 현금으로만 보유했을 때 얻었던 수익인 4만 4438달러보다 3배 높은 12만 1171달러를 최악의 타이밍 투자로 얻을 수 있었던 것이다. 매년 최악의 시기에 투자를 했더라도 투자를 하지 않고 안전한 예금 금리에 만족한 그룹과는 비교가 안 될 정도의 수익을 보상받을 수 있었다.

투자의 성과만 생각한다면 완벽한 타이밍이 더할 나위 없이 좋겠지만 각자의 본업이 있는 현대인에게는 현실적으로 불가능하다. 사실 시간이 많아도 마찬가지다. 완벽하게 시장을 예측하고 투자하는 것은 어떤 전문가에게도 불가능한 일이다. 그렇기 때문에 본인이 장기적인 관점의 투자를 하겠다고 마음을 먹었다면 적립식 투자 또는 즉각적인 투자 계획을 세워서 꾸준하게 나아가는 것이 중요하다. 아무런 투자를 하지 않았던 현금 보유보다 나쁜 타이밍의 투자가 더 좋은 성과를 얻는다는 이 결과는 하루라도 빨리 일단 투자를 시작하는 게 이득이라는 것을 잘 말해주고 있다.

2001년이 아니라 다른 시기부터 20년을 추적하면 각각의 투자 타이밍 유형이 다른 결과를 가져오지 않을까? 찰스 슈왑은 그런 것도 이미 다 조사했다. 조사에 따르면 비슷한 결과가 나왔다. 최근 76번의 통계를 분석했을 때 66번이 같은 결과로 1위 완벽한 타이밍, 2위 즉각적인 투자, 3위 적립식 투자, 4위 최악의 타이밍, 5위 현금 보유였다. 단, 10번의 예외 상황이 있었는데 그런 경우에도 적립식 투자와 즉각적인 투자 방식이 꼴찌를 한

적은 한 번도 없었다. 심지어 투자 기간을 30년, 40년으로 늘려도 같은 결과가 나왔다.

기간 변동에 따른 76번의 실험 중 예상과 달랐던 10번의 순위들

자료: www.schwab.com

20년 주기	완벽한 타이밍	즉각적인 투자	적립식 투자	나쁜 타이밍	현금 보유
실험 기간 중 공통된 66번 순위	1	2	3	4	5
1955~1974	2	3	4	5	1
1958~1977	1	2	3	5	4
1959~1978	1	2	3	5	4
1960~1979	1	2	3	5	4
1962~1981	1	4	3	5	2
1963~1982	1	2	3	5	4
1965~1984	1	3	2	4	5
1966~1985	1	3	2	4	5
1968~1987	1	3	2	4	5
1969~1988	1	3	2	4	5

이 조사를 바탕으로 찰스 슈왑이 내린 결론은 무엇일까?

첫째, 최적의 매매 타이밍을 찾는 것은 거의 불가능하고 그렇게 효율적이지도 않다. 그런 의미에서 가장 좋은 전략은 타이밍을 찾을 노력조차 하지 않는 것이다.

둘째, 타이밍을 찾는 노력 대신에 투자에 대한 계획을 세우고 빨리 투자를 시작하는 것이 훨씬 더 중요하다.

셋째, 두려움 때문에 계속 주저하는 것은 최악의 시기에 주식을 시작하는 것보다도 좋지 않다.

넷째, 목돈을 한번에 투자하거나 단기적인 하락에 스트레스를 받는 성격이거나 수입에서 일정 부분 꾸준한 투자를 하고자 한다면 적립식 투자, 즉, 달러 코스트 애버리징이 최선의 선택일 수 있다.

06

글로벌 투자의 대안,
ETF란 무엇인가

미국 주식투자의 대세, ETF 투자

한국인으로 태어나서 정규 교육을 받으며 살아왔고 주식투자도 계속해서 한국 주식만 해온 대한민국 투자자라면 미국 주식에 진입장벽을 느낄 수밖에 없다. 우리에게 익숙한 기업에 대한 주식투자도 힘든데, 이름부터 생소하고 언어도 다르며 거래 시간도 다른 미국이나 중국, 혹은 일본 주식으로 얼마나 돈을 벌 수 있을지 걱정부터 하게 되는 것이다. 더욱이 해외투자라고 하면 희망보다는 흑역사의 경험이 많다는 것도 부담이다.

지금으로부터 17년 전쯤이었던 2007년, 대한민국 국민이 열광했던 국민펀드가 있었다. 미래에셋의 '인사이트펀드'다. 내로라하는 재벌 출신이 아닌, 평범한 증권회사 직원으로 시작한 박현주 미래에셋 회장이 내놓은 인사이트펀드는 전국의 은행과 증권, 심지어는 보험사 고객들의 자금도 빨아들였다. 때마침 뜨기 시작한 브릭스BRICS(브라질 · 러시아 · 인도 · 중국 · 남아프리카공화국의 신흥경제 5개국)를 비롯해 선진국 주식들에 골고루 투자해 준다는 데 수많은 투자자가 호응했다.

그러나 이후 6년 동안 대한민국 투자자들은 한마디로 '호구'가 되어버렸고, 인사이트펀드는 출범으로부터 무려 7년이 지난 2014년에 이르러서야 원금을 회복할 정도로 투자자들을 고생시켰다. 그 영향으로 직접 주식 투자를 경험했던 투자자는 물론이거니와 경험이 없는 일반 고객들도 해외 펀드라면 손사래를 치게 되었다.

인사이트펀드만이 아니다. 불과 수년 전 일부 대형 증권사를 중심으로 브라질 채권펀드를 집중적으로 마케팅하기 시작해 약 7조 원가량의 판매고를 올렸지만, 지금까지의 결과는 한마디로 참혹했다. 직접 투자도 마찬가지다. 매도보다는 매수 플레이에 익숙한 대한민국 투자가들은 유가 급락기에 적극적인 매수로 대응한 경우가 대부분이었고, 그 결과 고스란히 대규모 손실이라는 결과를 얻은 경우가 많다.

이상의 이유로 인해 해외 투자의 필요성과 그 비전을 이해했더라도 직접 주식을 찾아내서 매매하기가 아직은 부담스러운 독자가 많을 것이나. 이들을 위해서 대안을 제시하고 싶다. ETF를 통한 글로벌 투자가 그것이다.

왜 ETF인가?

ETF란 'Exchange Traded Fund'를 줄인 말로, 풀어서 설명하자면 '상장지수 집합투자증권'이라 할 수 있다. 코스피200과 같은 특정 지수 및 특정 자산의 가격 움직임과 수익률이 연동되도록 설계된 펀드로, 펀드 형식이지만 개인이 거래소 시장에서 직접 사거나 팔 수 있어서 비교적 거래가 쉽다는 것이 장점이다.

종목 선택에 어려움을 겪거나 개별 종목 매매에 따른 각종 리스크가 부담스러운 투자자들에게는 ETF가 최선의 선택이 될 수 있다. 분산투자가 가능하고 전체 개별 주식을 직접 매매하는 것보다 비용도 저렴하다. 전문적인 자산운용사가 기준에 맞게 펀드를 운용하기 때문에 특정 펀드 매니저의 자의적 판단에 따른 리스크가 적은 것도 장점이다.

우리나라에는 약 1000여 개의 ETF가 상장되어 있다. 대표적인 것이 코스피200을 100% 추종하는 KODEX200, 2배로 추종하는 레버리지, 혹은 역으로 추종하는 인버스 등으로 이미 많은 투자가들에게 인기를 끌고 있다.

특정 섹터나 지역을 추종하는 ETF도 많다. 헬스케어 업종만 집중적으로 다루거나 혹은 특정 재벌그룹만 거래하는 ETF도 있다. 심지어는 한류와 관련된 각종 콘텐츠만 전문으로 다루는 ETF도 존재한다.

그러나 유동성이 부족하기 때문에 거래에 어려움이 있는 ETF도 상당히 많다. 국내에 상장된 ETF를 거래할 때는 특히 유의할 필요가 있겠다.

반면에 글로벌 시장에서 거래되는 ETF는 거래에 문제가 전혀 없을 정도로 유동성이 풍부한 경우가 대부분이기 때문에 초보 글로벌 투자자라면 ETF를 통한 접근을 적극 권한다.

1993년, 미국에서 S&P500을 추종하는 SPDR(스파이더) 펀드가 처음 생긴 이래 글로벌 시장에서 ETF 시장은 눈부실 정도로 커졌으며, 여전히 고성장 중이다. 2010년 1조 3000억 달러 규모였을 때에도 모두 "ETF 시장이 매우 커졌다"고 했는데, 2024년에는 약 9조 달러에 이르렀다. 불과

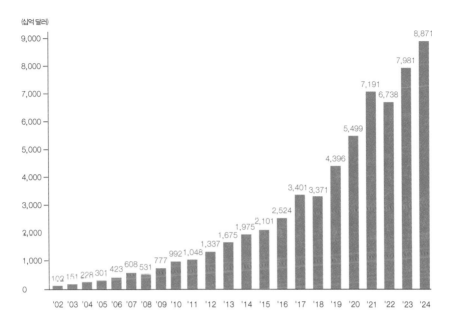

14년 만에 7배 규모로 확장된 것이다. 중요한 것은 이것이 끝이 아니란 사실이다. ETF 시장은 고속 성장을 계속할 것으로 전망된다(자세한 내용은 이 책의 PART 4 'ETF 투자 완벽 가이드 & 주요 테마별 ETF'를 참고하길 바란다).

ETF, 어떻게 활용하면 좋을까?

산업별 성장 사이클이 갈수록 빨라지는 초스피드 디지털 시대로 진입하면서 개별 기업들에 대한 장기적, 재무적 판단이 점차 어려워지고, 그만큼 리스크도 커졌다. 이로 인해 개인이나 기관 모두 종목 선택에 어려움을 겪는 것이 미국에서 ETF 시장이 확산되는 계기가 되었다.

예를 들어보자. 첨난 로봇, 무인 폭격기, 혹은 가상현실에 대한 사회적 관심이 커지면 누구나 그런 섹터의 성장성을 믿기 마련이다. 그렇지만 전문 지식이 적은 투자자들의 경우, 특정 기업을 선택해서 직접 매매하기에는 부담이 클 수밖에 없다. 바로 그런 점이 ETF를 통한 투자의 매력을 높여준다.

스마트폰 다음의 핵심 기술이 AI라고 생각된다면 AI와 관련된 반도체, 메모리 등에 집중적으로 투자하는 ETF를 찾으면 된다. 전쟁 등 지정학적 불안감으로 각국의 군사방위 비용이 늘어날 것 같다면 방위 산업 섹터에 집중적으로 투자하는 ETF를 찾아도 된다.

ETF 데이터 확인하기

구글, 야후를 비롯한 다양한 포털 홈페이지와 etfdb.com 같은 전문 홈페이지에서 투자자 입맛에 맞는 섹터를 선정하는 데 필요한 기본적인 수치 데이터는 물론이고 주요 구성 종목들을 제공하고 있다. 또한 대부분의 전문 홈페이지나 해당 ETF의 운용사 홈페이지에서도 기본적인 가격 데이터나 운용자 등을 소개한다.

다음 그림을 보자. 포트폴리오Portfolio를 검색함으로써 TAN이라는 티커를 쓰는 태양광 관련 ETF가 정보기술, 유틸리티, 산업 섹터 등에 주로 투자하고 있음을 확인할 수 있다.

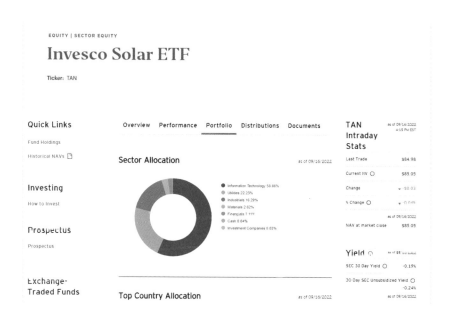

특히 요즘은 개인, 기관의 개별 선호도 등을 고려해 맞춤식 ETF 포트폴리오를 제공하는 서비스들도 많이 개발되어 실제 이용도를 높이고 있다. 뱅가드나 찰스 슈왑 등은 컴퓨터 알고리즘을 이용해 ETF의 선택과 매매에 도움을 주고 있다. 요즘 우리나라 금융권에서도 막 활용되기 시작한 로보어드바이저가 바로 그런 개념이다.

가장 빨리 변화의 흐름에
올라타는 투자 방법

밀레니얼 투자자들의 선택,
미국 ETF에 관심을 가져야 할 이유

미국의 경우 젊을수록 자산 중 주식 비중이 높아 거의 93%에 이르며 그중에서도 ETF에 대한 선호도가 매우 높다. 그렇다면 밀레니얼들은 어떤 관점에서 투자를 하고 있을까? 그와 관련된 연구를 보자. 「밀레니얼들은 어떻게 투자 게임을 바꾸고 있는가How millennials are changing the investment game」라는 ETF트렌즈닷컴ETFTRENDS.com의 기사는 밀레니얼 투자자들의 특징을 다음과 같이 이야기한다.

- 월스트리트에 불만을 가지고 있다.
- 전 세계를 돕는 일에 관심이 많다(사회 개선의 목적에 치중한다).
- 전문가들의 조언을 믿지 않는다.
- 신뢰성과 투명성을 중시한다.
- 기술을 탐색한다.

- 의사소통에 능숙하다.
- 데이터를 사용해 추천 종목을 커스터마이즈화 한다.
- (이전 세대에 비해) 기업가 정신을 더 많이 가지고 있다.

이상의 내용을 종합해보면, 밀레니얼들은 투자 전문가들의 의견보다는 '투명한 데이터'에 근거하여 약속된 방식으로 투자하는 편을 선호한다는 걸 알 수 있다. 여기에 딱 들어맞는 것이 바로 ETF이다.

뱅크오브아메리카는 ETF 시장이 연평균 25%씩 성장할 것으로 예상한다. 미국 기준 2019년에는 4조 3000억 달러, 2020년에는 5조 3000억 달러, 2025년에는 20조 달러, 2030년에는 50조 달러로 늘어나리란 것이다. 10년 동안 열 배 규모로 커진다는 것인데, 사실일까?

이는 필자 혹은 개별 전문가의 견해가 아니다. 과거의 추이를 따져 미래를 보았을 때 이렇게 예상된다는 것이다. 또한 미국 시장만의 경향성도 아니다. 대한민국 주식시장에서도 ETF는 점차 커질 수밖에 없다.

당신이 찾는 테마주, ETF에 다 있다

주식투자자라면 누구나 '테마주'에 관심을 가져본 일이 있을 것이다. 우리뿐 아니라 미국도 마찬가지로, 어떤 테마가 뜬다고 하면 관련 기업들에 대한 관심이 높아지는 것은 당연하다. 여기서 기업의 진정한 가치를 판단하고 투자하느냐 아니냐에 따라 투기냐 투자냐가 갈라질 뿐이다. 기업 분석에 대한 자료가 일천한 상황에서 테마에 섣불리 손대면 결국 뼈아픈 실패를 경험하게 된다. 기존 세대라면 '역시 주식은 하는 게 아니야'라며 손 뗄지도 모른다. 그러나 클라우드, 인공지능, 디지털 트랜스포메이션 등 미래 산업에 확신을 가지고 있는 밀레니얼들은 다르다. 개별 종목보다는 산업 자체에 투자하기를 선택할 것이다. 또한 이익 창출보다 사회 개선에 더욱 관심을 가지고, 급등 종목에 투자하기보다는 '목적'에 투자하는 경향이 높아질 것이다. 즉, 테마주 트레이드는 결국 ETF 시장으로 귀결될 것이며 이는 이미 미국 시장에서 확인되고 있는 트렌드다.

전 세계 개인 투자자들이 미국 ETF에 주목하는 이유

첫째, 종목 선택이 어렵기 때문이다. 이는 필자도 예외가 아니다. 주식투자를 해본 분들은 알겠지만, 상장된 개별 기업들을 제대로 이해하고 투자를 선택하기란 여간 어렵지 않다. 특히 미국은 더욱 그렇다. 6000~7000여 종이 상장돼 있으며, 유명한 러셀3000 지수에만 3000개의 기업이 이름을 올리고 있다. 아무리 관심이 많다 해도 수많은 개별 기업들에 대한 이해를 고루 갖추기란 매우 어려운 일이다.

둘째, 소위 뮤추얼펀드, 헤지펀드로 대표되는 '액티브펀드'에 대한 불만족이 높기 때문이다. 1990~2000년대 초반까지 시장을 풍미했던 액티브펀드는 공격적인 투자를 통해 수익률을 높이는 펀드다. 액티브펀드는 성장주의 매수 선점 등을 통해 시장 이상의 수익률을 목표로 하다 보니 리서치 비용이 많이 든다. 과감하고도 적극적인 운용에 드는 비용도 만만치 않다. 그런데 애초 목적인 '시장을 이기는 수익률'을 실제로 달성하는 비율은 매년 10%도 안 되고, 3년 연속 시장을 이기는 것은 2~3%에 불과하다. 비싼 값을 지불했는데 수익이 안 나는 것이다. 투자자 입장에서는 당연히 불만족스러울 수밖에 없다. 이같은 액티브펀드의 반대편에 있는 것이 '패시브펀드'로 인덱스펀드, 즉 ETF가 대표적이다. 지수를 따라가다 보니 운용에 특별히 큰돈이 들어가지 않으며 수익률도 어느 정도 예상이 가능하다. 다시 말해 펀드 보수는 저렴하고, 수익은 안정적인 것이다.

셋째, 성장 테마에 대한 지식이 부족하기 때문이다. 시장을 바꾸는 산업과 기술이 하루가 멀다 하고 등장하는 세상에서, 성장 테마에 대한 지식은 누구나 부족할 수밖에 없다. 바이오, 클라우드, 인공지능 등을 잘 안다고 자부해도 마찬가지다. 큰 틀에 대한 이해가 있을지는 모르나 각 분야의 선도 기업들이 하는 일을 정확히 모두 아는 것은 불가능하다. 당연한 이야기이지만 그 기업들이 앞으로 실제 매출을 낼지, 지금 개발하는 기술로 돈을 벌 수 있을지, 기업과 산업에 어떤 변수가 발생할지 아무도 알 수 없는 것이다. 다시 말하지만 성장 테마에 대한 이해가 있을지언정 관련 기업들 각각에 대한 이해는 떨어질 수밖에 없다. 그런 면에서 전문가들이 선택한 여러 종목을 한 바구니에 담아 선보이는 ETF는 좋은 투자 대안이다.

나스닥의 한 보고서에 따르면 밀레니얼 세대와 Z세대는 각각 81%와 75%로 은퇴 계좌에 ETF를 보유할 가능성이 가장 높은 세대라고 집계됐다.

이 설문조사는 2024년 3월에 미국 ETF 개인 투자자 2000명을 대상으로 실시되었다. 이 보고서는 밀레니얼 세대를 1981년부터 1996년 사이에 태어난 세대로 Z세대를 1997년부터 2021년 사이에 태어난 세대로 정의한다. 나스닥의 ETF상품 상장 책임자인 앨리슨 헤네시는 지난 3년 동안 또는 나스닥이 보고서를 수행한 이후 이러한 추세는 계속 증가하고 있다고 말했다. "ETF에 투자하는 개인 투자자의 지속적인 증가세는 유지될 것입니다"라고 그녀는 말했다.

ETF가 인기를 얻은 이유

ETF닷컴에 따르면 2024년, 9000억 달러의 자금이 유입되고 약 600개의 ETF가 출시되는 기록을 세웠는데, 전문가들은 뮤추얼 펀드에 비해 관련 비용, 세금 혜택 및 접근성이 낮기 때문에 투자자들 사이에서 이 투자 수단의 인기가 높아지고 있다고 말했다. 헤네시는 "일반적으로 ETF 구조에 투자자들이 매력을 느끼는 것은 브로커리지 계좌에서 직접 사고 팔기가 쉽다는 점입니다"라고 강조한다.

앞으로 주식시장을 이끌어나갈 미국 밀레니얼 세대들이 많이 투자하거나 밀레니얼 세대들을 타깃으로 만든 ETF들에 관심을 가져보는 것도 좋을 것이다. 무엇보다도 ETF는 국내외를 막론하고 초보 투자자들을 위한 최고이자 최선의 선택이 될 수 있다. 특정한 산업이나 테마에 관하여 검증된 포트폴리오를 자동으로 보유할 수 있기 때문이다.

PART
02

★ 영 어 한 마 디 몰 라 도 문 제 없 다 ★

세상에서 가장
쉬운 미국 주식
시작하기

08

미국 주식,
이것만은 알고 하자

미국 주식투자를 위한
기초 상식 ⑴

국내 증권사의 비싼 수수료와 많은 제약 때문에 미국 현지 증권사에 직접 계좌 개설이 가능하냐는 질문을 많이 받는다. 사실 우리나라에서도 온라인으로 미국 현지 증권사 계좌 개설이 가능하지만 직법하시는 않다. 아래와 같은 두 가지 법규 문제가 있기 때문이다. 따라서 반드시 국내 증권사를 통해서 매매해야 한다.

❶ 외화증권의 매매 관련 규정 : 외국환거래규정 제7-33조
   일반 투자자가 외화증권을 매매하고자 하는 경우에는 국내 증권회사를 통해서 외화증권의 매매를 위탁해야 한다.

❷ 외화증권의 집중 예탁 : 증권업감독규정 제5-78조
   증권회사는 예탁원에 외화증권 위탁자계좌를 개설하고, 고객의 외화증권을 예탁원이 선임한 외국보관기관에 집중예탁해야 한다.

거래의 흐름을 이해하자

아래의 거래 흐름도를 자세하게 보면 국내 투자자는 국내 증권사의 대표 계좌에 서브 어카운트Sub Account 형태로 존재하기 때문에 미 현지의 증권사에서는 개별 계좌를 인식하지 못한다.

예를 들어 A증권사에 개인 고객이 10명 존재하고 B라는 주식을 10명이 각각 10주씩 가지고 있다면, 미 현지 증권사는 표면상 A증권사가 B주식을 100주를 보유하고 있다고 인식할 뿐 10명의 고객은 인식하지 못한다. 따라서 배당이나 각종 권리가 발생하면 국내의 A증권사는 통합으로 받은 배당이나 권리를 내부적으로 나누는 작업을 별도로 진행한다. 이 과정에서 미 현지의 권리 발생일보다 1~2일 정도 더 소요된다는 점을 이해하기 바란다.

앞서 설명한대로 모든 해외 주식 주문은 국내 증권사의 서버를 통해서 나간다. 이 때문에 국내 증권사들은 자사의 서버에서 일부 서비스를 제

외환증권의 거래 흐름도

〈한국〉   〈미국〉

투자자 ↔ 국내 증권사 —주문전송/체결정보→ 미 현지 증권사 —주문 실행/체결 정보→ Market

국내 증권사 ↕ 체결/결제 내역 증권예탁원 ↔ 미 현지 Clearing House (체결/결제 내역)

미 현지 Clearing House ← 결제/보관 ← Market

약하고 있다. 공매도 주문, 신용거래Margin, 프리마켓Pre-market, 애프터마켓 After-market, OTC 주문 등은 국내에서는 이용이 불가하므로 미국 현지로 주문이 나가기 전 자체 서버에서 걸러주는데, 이 부분 때문에 국내 증권사를 통해서만 해외 주식에 투자하게끔 규정을 만들었다.

09

생초보도 쉽게 이해하는 매매의 기본팁

미국 주식투자를 위한
기초 상식 ②

미국 주식을 매매하기 위해서는 우리나라와 다른 제도적 차이를 이해해야 한다. 여기서는 그 가운데서도 꼭 알아야 할 중요한 몇 가지를 소개하겠다.

미국 주식시장, 우리와 무엇이 다를까?

▶ 상하한가 제도가 없다

한국은 ±30%의 상하한가 제도를 운용하고 있다. 하지만 소위 선진 시장으로 분류되는 국가에서 상하한가 제도는 폐지된 지 오래다. 가까운 일본과 홍콩만 봐도 이런 제도는 없다.

상하한가 제도는 일시적 가격 왜곡을 막기 위해서 만든 것이지만, 실제로는 일시적인 가격 왜곡을 오히려 다음 날로 연장시키는 병폐가 크다는 게 선진 시장의 이야기다.

시장의 자체 정화로도 일시적 가격 왜곡은 해결될 것이며, 여기에 거래 시간을 연장해 주면 이런 규제가 필요 없는 시장이 된다. 2016년 8월부터 한국의 주식 거래 시간이 연장되었는데, 이런 불합리한 제도를 폐지하지 않고 거래 시간만 늘리는 것은 오히려 독이 될 수 있다. 상하한제 폐지, 수급 데이터 미제공, HTS의 단순화, 그러고 나서 거래 시간 조정의 순서로 진행되는 것이 필요하다는 게 필자의 의견이다.

▶ 동시호가가 없다

한국의 동시호가 내 터무니없는 가격으로 주문을 내면서 호가를 왜곡시키는 일을 본 적이 있는가? 이런 경우는 대부분 소위 말하는 '장난'이다. 만기 때는 실제 그런 일이 벌어지기도 하지만, 그 외에는 거의 허매수와 허매도를 동원한 가짜 시세라고 보면 된다. 게다가 킹 마감 전 10분의 동시호가로 종가가 결정된다는 것도 합리적이지 않다. 동시호가 역시 대부분의 선진 시장에서는 볼 수 없는 제도다.

▶ 프리마켓과 애프터마켓이 있다

정규 장(한국 시간으로 23:30~익일 06:00, 서머타임 적용 시 22:30~익일 05:00)외에 프리마켓Pre-Market(정규 장 시작 전 5시간 30분간 진행)과 애프터마켓After-Market(정규 장 마감 후 4시간 진행)이 존재한다. 프리마켓과 애프터마켓은 정규 장과 동일한 방식으로 운영된다.

국내에서 거래할 경우, 프리마켓은 개장 전 1시간 동안의 거래가 허용되지만 아예 거래를 막아놓은 증권사도 있다. 그런가 하면 애프터마켓은 국내의 모든 증권사가 거래를 제공하지 않는다.

정규 장과 프리마켓, 애프터마켓을 합하면 총 거래 시간은 16시간이다. 이렇게 거래 시간이 긴 데는 이유가 있다. 상하한가 제도가 없는 대신 충분한 거래 시간을 보장함으로써 일시적인 가격 왜곡을 시장 자율로 완화하려는 것이다.

단, 프리마켓과 애프터마켓은 정규 장의 시가·고가·저가처럼 기록되지 않고 정규 장이 시작하면 소멸한다.

▶ 개인·외국인·기관의 실시간 수급 데이터를 제공하지 않는다

미국은 개인과 외국인, 기관의 수급을 실시간으로 제공하지 않는다. 공매도 현황은 보름 간격으로, 대주주의 지분 변동은 1~3개월 만에 공표한다.

"금일 미국 시장은 외국인의 집중적인 매수로 상승 마감했습니다"라는 기사를 들어본 적이 있는가? 아마 없을 것이다. 그렇다면 왜 제공하지 않을까? 정답은 '절대적으로 필요하지 않아서'다.

잘 생각해 보자. 외국인의 수급이 나의 투자에 어떤 도움을 주는가? 외국인의 매도로 시장이 하락했다는 이야기를 들으면 불안을 느끼게 된다. 외국인이 어떤 전략을 가지고 있는지 모르는 상태에서, 그 결과만 가지고 시장에 대응하자니 한마디로 답답한 노릇이다.

한국 주식시장에서 가장 큰 시장 참여자가 누구냐고 물으면 대부분이 외국인이라고 답할 것이다. 그렇다면 외국인이 사는 종목만 사고, 외국인이 파는 종목만 팔면 모두 돈을 벌지 않을까? 스스로에게 질문해 보자.

▶ 주식을 나타내는 기호가 숫자가 아니라 티커다

한국은 숫자로 종목을 구별한다. 예를 들어, 삼성전자의 코드 번호는 005930이다. 미국에서는 티커(심볼이라고도 불린다)로 종목을 구별하는데, 일례로 아마존Amazon의 티커는 AMZN이다.

숫자나 티커나 본질적인 차이는 없으며, 나라별로 정해진 규칙일 뿐이다.

▶ 주가 상승 시에는 녹색으로 표기하고 주가 하락 시에는 적색으로 표기한다

이러한 표기는 한국과 반대다. 국내에서 제공하는 미국 주식 HTS의 경우 한국 내 투자자들을 위해서 한국과 동일하게 표기했으나 오히려 이것이 투자자들을 더 혼란스럽게 만들고 있다. 결국 미국 주식에 대한 자료를 얻기 위해 미국 홈페이지에 접속하면 다시 색상이 반대로 바뀌어 있는 것을 확인할 수 있다.

▶ 실시간 시세에 대한 사용료가 있다

실시간 시세를 이용하려면 월 사용료가 존재하는데, 보통 10달러 내외다. 무료로는 15분 지연 시세가 제공된다. 호가창은 국내와 달리 5호가, 10호가가 없고, 최우선 매수·매도 1호가만 제공하는 것도 다르다. 최근 많은 증권사들이 이벤트 혹은 전월 매매 실적을 기준으로 실시간 시세 서비스를 무료로 제공하는 경우가 많다. 무료 서비스를 십분 활용해 보자.

▶ 거래 시간이 단축되는 날이 있다

크리스마스 이브와 블랙프라이데이 전날에 한해서 3시간 30분 동안 거래 시간이 단축되어 운영된다. 이를 국내 투자자들은 대개 '반장'이라고 칭한다.

▶ 반드시 미국 달러로 거래해야 한다

미국은 원화로 거래가 불가능하다. 그래서 거래 시작 전, 반드시 미국 달러로 환전을 해야 한다. 환전은 증권사 HTS에서 실시간으로 서비스하고 있으니 매우 쉬운 편이다. 다만 환전하는 순간 환율 변동에도 관심을 가져야 한다는 점을 명심하자.

▶ 액면가 즉, Par value가 없다

액면가 역시 대부분의 선진 시장에는 없는 제도다. 하지만 이 역시 나라마다의 차이일 뿐 크게 상관은 없다.

▶ 현지에서는 소수점 넷째 자리까지 입력된다

국내에서는 센트까지만 주문 입력이 가능하나, 실제 현지에서는 소수점 넷째 자리까지 입력이 가능하다. 체결 상황을 확인하다 보면 $10.0917 같이 소수점 넷째 자리에 이르는 숫자를 흔히 볼 수 있다.

▶ 휴장에 규칙이 있다

미국의 휴장은 대부분 월요일 혹은 금요일로 토, 일요일과 연결된다.

▶ 한국은 거래세, 미국은 양도소득세

한국은 매도 시에 거래 금액의 0.15%를 거래세로 차감한다. 미국은 양도소득세를 적용 받아 매년 1월 1일부터 12월 31일까지의 실현된 거래 수익과 손실을 계산하여 수익이 250만 원을 초과하면 ㄱ 초과 수익이 22%를 이듬해 5월 종합소득세 신고 시 자진 납부하도록 규정하고 있다.

여기서 250만 원은 매년 적용받는 기본 공제액이고, 22%라는 세율은 양도소득세 20%와 지방세 2%를 합쳐서 정리한 것이다. 언뜻 생각하면 한국의 거래세와 비교해 더 많은 세금을 납부한다고 여겨질지 모르나 사실은 그렇지 않다.

한국의 거래세 제도는 선진 시장에서는 이미 없어진 지 오래된 낡은 세금 제도다. 현재 거래세를 적용하는 나라는 전 세계에 한국과 멕시코, 그리스뿐이다. 실제 수익이 난 데 대해 세금을 납부하는 것은 너무도 당연한 일이며, 양도소득세의 경우 분리과세로 금융소득종합과세와 다르게 기존의 다른 소득과 합산하지 않고 독립적으로 세액이 결정된다.

쉽게 말해서 얼마를 벌더라도 250만 원을 초과한 수익의 22%만 납부하면 되는 것이다. 더구나 대부분의 증권사가 양도소득세 대행신고 서비스를 시행 중이므로 편하게 세금 납부가 가능하다.

그럼에도 불구하고 몇 가지 주의사항은 있다. 다음 사항들을 기억해 두자.

첫째, 1월 1일부터 12월 31일까지 주식을 보유만 하고 매도하지 않았을 경우, 언제가 될지는 모르지만 매도한 이듬해에 양도소득세를 납부하면 된나.

둘째, 주식 거래를 하지 않고 환차익으로만 수익이 발생하면 세금이 면

제된다.

셋째, 손해를 봤더라도 신고는 해야 한다.

넷째, 1월 1일부터 12월 31일까지의 거래라 함은 체결 기준이 아니고 결제 기준이다. 만약 어느 종목의 매매를 종결지어 이듬해에 세금 신고를 하려면 적어도 12월 31일 기준, T+2 영업일 전에는 매도를 해야 한다.

다섯째, 거래가 빈번한 투자자는 해당 거래 증권사의 홈페이지를 통해서 거래 내역을 손쉽게 출력하고 세액 계산이 가능하다.

여섯째, 절세를 위해서 손실 구간의 주식은 12월 31일 전에 매도 후 재매수하면서 손실을 확정하고, 수익 구간의 종목은 최대한 장기적으로 보유하는 것이 유리하다.

일곱째, 양도소득세는 가장 보편적인 차익에 대한 세금이다. 단지 22%라는 세율 때문에 미국 주식투자를 꺼린다면 부동산 투자를 하면서 양도소득세를 내기 싫어 집값이 오르지 않기를 바라는 것과 다르지 않다. 또 기업이 법인세가 무서워 수익을 내기 싫어하는 것이나 마찬가지다. 오히려 손해를 보고 거래세를 납부하는 것이 훨씬 더 불합리해 보인다(양도소득세의 자세한 계산법은 99페이지를 참고하기 바란다).

10

미국의 업종 구분과
대표 종목은?

미국 주식투자를 위한
기초 상식 ③

미국 주식시장에서 시장 대비 최근 강세를 보이는 업종은 무엇일까? 또한 그러한 업종 내에는 어떤 종목이 있는가? 이를 파악하는 것은 투자에 있어 매우 중요한 사항이다. 미국 내의 업종은 보통 다음과 같이 구분된다.

Consumer Discretionary 임의소비재

Consumer Staple 필수소비재

Energy 에너지

Financial Services 금융 서비스

Financial 금융

Health Care 헬스케어(의료 및 보건)

Industrials 산업재

Materials 원자재, 소재

Real Estate 부동산

Technology 기술

Utilities 유틸리티(공공, 기간산업)

대부분의 금융증권 홈페이지들도 거의 비슷한 형식으로 업종을 구분하고 관련된 세부 종목을 소개하고 있다.

특정한 업종을 선택했다면, 그 업종 내에 어떤 종목이 속해 있는지 알아볼 수 있다. 예를 들어 'sectorspdr.com'이란 홈페이지의 상단 메뉴에서 'Consumer Discretionary(임의소비재)'를 클릭하면 다음 페이지의 그림과 같은 결과를 알 수 있다.

화면 오른쪽에는 해당 업종에 속해 있는 개별 종목의 리스트가 보인다. 간혹 개별 종목을 매매하는 것보다 보수적으로 해당 업종의 ETF에 대해 관심을 갖는 경우도 있다. 참고로 업종별 ETF를 소개한다.

Consumer Discretionary 임의소비재 ⟶ **XLY**

Consumer Staple 필수소비재 ⟶**XLP**

Energy 에너지 ⟶**XLE**

Financial Services 금융 서비스 ⟶ **XLFS**

Financial 금융 ⟶**XLF**

Health Care 헬스케어(의료 및 보건) ⟶**XLV**

Industrials 산업재 ⟶ **XLI**

Materials 원자재, 소재 ⟶ **XLB**

Real Estate 부동산 ⟶ **XLRE**

Technology 기술 ⟶ **XLK**

Utilities 유틸리티(공공, 기간산업) ⟶ **XLU**

업종 내 세부 종목 확인하기

자료: www.sectorspdr.com

XLY	CONSUMER DISCRETIONARY						

as of 4:00 PM ET 02/11/2025

Overview **Holdings** Performance Distributions Premium/Discount Chart Documents News

HOLDINGS

Index Holdings   Portfolio Holdings

as of 6:38 PM ET 02/11/2025
Holdings and weightings are subject to change

Download a Spreadsheet   **CSV FILE**   **XLS FILE**

Symbol	Company Name	Index Weight	Last	Change	%Change	Volume	52 Week Range
AMZN	Amazon.com Inc	22.05%	232.76	-0.38	-0.16%	23.71 M	151.61 - 242.52
TSLA	Tesla, Inc	14.74%	328.50	-22.23	-6.34%	118.54 M	138.80 - 488.54
HD	Home Depot Inc	6.64%	416.36	+2.37	+0.57%	1.44 M	323.77 - 439.37
MCD	McDonald's Corp	4.99%	310.21	+1.79	+0.58%	4.18 M	243.53 - 317.90
BKNG	Booking Holdings Inc	4.40%	4897.32	-16.16	-0.33%	0.18 M	3180.00 - 5337.24
LOW	Lowe's Cos Inc	4.03%	257.03	+0.59	+0.23%	1.55 M	211.80 - 287.01
TJX	TJX Cos Inc	3.89%	124.68	-0.29	-0.23%	2.57 M	92.35 - 128.00
SBUX	Starbucks Corp	3.48%	111.03	-0.42	-0.38%	4.68 M	71.55 - 112.62
NKE	NIKE Inc B	2.35%	71.34	+0.40	+0.56%	9.64 M	68.62 - 107.43
CMG	Chipotle Mexican Grill Inc.	2.12%	56.18	-1.62	-2.80%	10.69 M	47.98 - 69.26

미국의 대표 종목들

한국의 경우 삼성전자가 시가총액 1위 기업이고 미국은 애플이 1위이다. 아래는 미국의 시가총액 상위 10 종목이다(2025년 3월 기준).

1위 애플 **Apple**(AAPL) 시가총액: 3.21조 달러

2위 엔비디아 **Nvidia**(NVDA) 시가총액: 2.91조 달러

3위 마이크로소프트 **Microsoft**(MSFT) 시가총액: 2.88조 달러

4위 아마존 **Amazon**(AMZN) 시가총액: 2.07조 달러

5위 알파벳C **AlphabetC**(GOOG) 시가총액: 2.01조 달러

6위 메타 **Meta**(META) 시가총액: 1.53조 달러

7위 버크셔 해서웨이 **Berkshire Hathaway**(BRK-B) 시가총액: 1.12조 달러

8위 브로드컴 **Broadcom**(AVGO) 시가총액: 914억 달러

9위 테슬라 **Tesla**(TSLA) 시가총액: 765억 달러

10위 일라이릴리 **Eli Lilly**(LLY) 시가총액: 749억 달러

다우 지수

다우존스 산업평균지수DJIA, Dow Jones Industrial Average는 가장 널리 사용되는 증시지수이며 주식시장의 동향을 언급할 때 누구나 이용하는 지수다.

1844년에 《월스트리트저널》의 공동 창간인이기도 한 찰스 다우Charles Dow에 의하여 처음 발표되었는데, 초기에는 11개의 주요 기업 주가를 합산해서 계산되었다. 오늘날과 같이 30개의 종목으로 확대된 것은 1928년부터이며 이들 30개 종목은 필요할 때마다 교체된다.

다만, 다우 지수의 30 종목은 규모가 큰 초우량 기업들로만 구성되어 있어 전체적인 시장의 흐름을 판단하기에는 무리라는 지적이 있다. 현재 지수에 포함된 종목 가운데 아마존, 엔비디아, 애플, 마이크로소프트, 시스코, 암젠까지 6개 종목만 나스닥에 상장한 주식이고, 나머지 24개 종목은 뉴욕증권거래소NYSE에 상장한 것들이다(2025년 3월 기준).

다우 지수에 포함되는 30가지 종목 (2025년 3월 기준)

기업	증권거래소	심볼	산업
Amazon(아마존)	NASDAQ	AMZN	Sales, Technology
American Express (아메리칸 익스프레스)	NYSE	AXP	Consumer finance
Amgen(암젠)	NASDAQ	AMGN	Pharmaceuticals
Apple(애플)	NASDAQ	AAPL	Consumer electronics
Boeing(보잉)	NYSE	BA	Aerospace and defense
Caterpillar(캐터필러)	NYSE	CAT	Construction and mining equipment
Cisco(시스코)	NASDAQ	CSCO	Computer networking
Chevron(셰브론)	NYSE	CVX	Oil & gas
Goldman Sachs(골드만삭스)	NYSE	GS	Banking, Financial services
Home Depot(홈디포)	NYSE	HD	Home improvement retailer

기업	증권거래소	심볼	산업
Honeyewell(하니웰)	NYSE	HON	Industrials
IBM(아이비엠)	NYSE	IBM	Computers and tech-nology
Johnson & Johnson (존슨앤드존슨)	NYSE	JNJ	Pharmaceuticals
Coca-Cola(코카콜라)	NYSE	KO	Beverages
JPMorgan Chase (JP모건체이스)	NYSE	JPM	Banking
McDonald's(맥도날드)	NYSE	MCD	Fast food
3M(쓰리엠)	NYSE	MMM	Conglomerate
Merck(머크)	NYSE	MRK	Pharmaceuticals
Microsoft(마이크로소프트)	NASDAQ	MSFT	Software
Nike(나이키)	NYSE	NKE	Apparel
Nvidia(엔비디아)	NASDAQ	NNDA	Technology
Procter & Gamble (프록터앤드갬블)	NYSE	PG	Consumer goods
Sherwin-williams (셔윈-윌리엄스)	NYSE	SHW	Financial services
Travelers(트래블러스)	NYSE	TRV	Insurance
UnitedHealth Group (유나이티드헬스 그룹)	NYSE	UNH	Managed health care
Salesforces(세일즈포스)	NYSE	CRM	Technology
Verizon(버라이즌)	NYSE	VZ	Telecommunication
Visa(비자)	NYSE	V	Consumer banking
Wal-Mart(월마트)	NYSE	WMT	Retail
Disney(디즈니)	NYSE	DIS	Broadcasting and entertainment

S&P500 지수

1957년에 도입된 S&P500 지수는 현재 다우 지수와 함께 가장 널리 이용되고 있는 주가지수다. 세계적인 신용평가 회사인 스탠다드앤푸어스 Standard & Poor's가 집계한다.

이 지수는 단수평균 방식인 다우 지수와는 달리 우리나라 코스피 지수와 동일한 시가총액 방식을 사용하기 때문에 시장 전체의 동향을 파악하기가 다우 지수보다는 용이하다는 장점이 있다.

S&P500 지수에 포함되어 있는 모든 종목은 11개 섹터인 Consumer Discretionary(임의소비재), Consumer Staples(필수소비재), Energy(에너지), Financials(금융), Health Care(헬스케어), Industrials(산업), Information Technology(정보기술), Materials(원자재, 소재), Telecommunication Services(통신 서비스), Utilities(유틸리티), REITs(리츠) 안에서 분류한다.

나스닥 지수

나스닥에 등록되어 있는 3000개가량의 보통주를 가중평균하여 나타낸 지수로, 다른 주가지수에 비해 광범위한 편이다. 산업별 지수는 나스닥 은행지수, 보험지수, 기타 금융지수, 운송지수, 산업지수, 정보통신지수, 컴퓨터지수, 생명공학지수로 분류한다.

또한 나스닥 시장을 대표하는 지수인 나스닥100 지수는 나스닥 시장에

등록되어 있는 비금융권 업체 중 가장 규모가 큰 100개의 기업으로 구성된다. 나스닥100 지수에 포함되기 위해서는 일평균 거래량이 10만 주 이상이어야 하며, 시장 가치 기준으로 상위 25% 안에 들 경우 등록 기간이 1년이 안 되었더라도 예외적으로 가능하다.

두 가지만 알아도
투자의 반은 성공한다

미국 기업의 실적과
투자 등급을 확인하는 방법

　　미국 주식시장에서는 실시간 수급 상황이 제공되지 않는다. 또한 6.5경 원의 시가총액을 자랑하는 세계에서 가장 큰 주식시장이므로 작전 세력에 의한 일시적 가격 왜곡이 거의 불가능하며, 기관 비중이 거의 50%에 육박 하므로 자연스럽게 실적 위주의 투자가 일찍 자리 잡았다.

　　정규거래소인 뉴욕증권거래소와 나스닥에 상장된 기업들은 반드시 분 기마다 실적을 발표해야 하며, 이를 어길 시 상장폐지에 처할 수 있다. 따라서 미국 주식투자에 있어서 가장 중요한 바로미터는 실적이라고 해도 과언이 아니다. 2007년 금융위기 이후 미국 시장이 꾸준하게 상승을 보인 이유도 기업들의 실적 호전 덕분이라고 보면 된다.

　　다음 페이지의 그래프를 보면 S&P500 기업들의 실적과 S&P500 지수의 흐름이 매우 밀접한 관계가 있음을 알 수 있다.

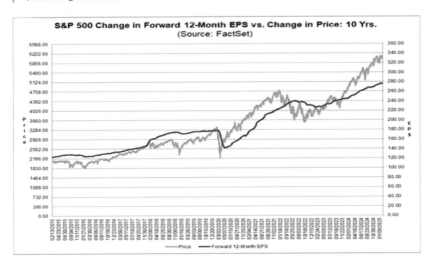

기업 실적 발표 시 사용되는 주요 표현

미국 상장사의 기업 실적은 특별한 사유가 없는 한 프리마켓과 애프터 마켓 시간에 발표된다. 가장 기본적인 사항인 Revenue(매출)와 EPS(주당 순이익)를 시장의 예상치와 비교하는데, 예상치를 상회하면 Beat(Positive), 예상치를 하회하면 Miss(Negative), 예상치와 동일하면 In-line이라는 표현을 쓴다.

추가적으로 전 분기 대비, 전년 동기 대비 비교 실적도 같이 발표되는데 여기서 발표되는 실적에 따라 해당 기업의 주가 상승과 하락이 결정된다. 통상적으로 예상보다 실적이 10% 이상 좋을 경우 서프라이즈Surprise, 반대의 경우 쇼크Shock란 말을 쓴다는 것도 참고하기를 바란다.

자료: www.cnbc.com/earnings-calendar

바로 보러 가기 ▶

ANNOUNCEMENTS

Company Name/Symbol ∧	Surprise Type	Actual	Estimate	Surprise	Surprise %
360 Digitech Inc (QFIN)	Negative	$6.42	$6.63	↓ 0.21	3.2%
Applied Materials Inc (AMAT)	Positive	$1.94	$1.79	↑ 0.15	8.1%
Arco Platform I TD (ARCE)	Negative	-$0.24	-$0.15	↓ 0.09	60.0%
Bill.Com Holdings Inc (BILL)	Positive	-$0.03	-$0.14	↑ 0.11	77.8%
BJ'S Wholesale Club Holdings Inc (BJ)	Positive	$1.06	$0.805	↑ 0.26	31.7%
Calliditas Therapeutics Ab (CALT)	Positive	-$0.74	-$1.00	↑ 0.26	26.4%
Canaan Inc (CAN)	Positive	$0.530	$0.347	↑ 0.18	52.7%
Canadian Solar Inc (CSIQ)	Positive	$1.07	$0.528	↑ 0.54	102.7%
Clarus Therapeutics Holdings Inc (CRXT)	Positive	-$0.21	-$0.29	↑ 0.08	26.8%

자료: finance.yahoo.com/calendar/earnings

바로 보러 가기 ▶

14 Aug Sun	1E Aug Mon	16 Aug Tues	17 Aug Wed	18 Aug Thu	19 Aug Fri	20 Aug Sat
19 Earnings	310 Earnings	63 Earnings	80 Earnings	90 Earnings	10 Earnings	

‹ Prev

› Next

Earnings on Fri, Aug 19 1-10 of 10 results   Add to Portfolio

	Symbol	Company ∧	Earnings Call Time	EPS Estimate	Reported EPS	Surprise(%)
☐	CVUA	CPI Aerostructures Inc	Before Market Open	-	-	-
☐	FRBK	Republic First Bancorp Inc	Before Market Open	-	-	-
☐	NOBDF	North Bud Farms Inc	Before Market Open	-	-	-
☐	SRUTF	Sproutly Canada Inc	After Market Close	-	-	-
☐	JRJCY	China Finance Online Co Ltd	TAS	-	-	-
☐	HSCHF	H-Source Holdings Ltd	After Market Close	-	-	-
☐	HSCHF	H-Source Holdings Ltd	After Market Close	-	-	-
☐	HSCHF	H-Source Holdings Ltd	After Market Close	-	-	-
☐	HSCHF	H-Source Holdings Ltd	After Market Close	-	-	-

　　실제 특정한 날짜에 발표되는 내용은 위의 그림과 같다. 화면에서 실적이 긍정적Positive이냐, 부정적Negative이냐의 구분이 제일 중요하다. 미국은 붉은색이 하락 혹은 부정적인 색상이며 녹색이 상승 혹은 긍정적인 색상이다(야후 파이낸스 홈페이지 또는 상단 이미지 옆 QR코드로 접속하여 실제 화면을 확인해보기 바란다). Actual은 실제 발표치, Estimate는 예상치로 번역

된다.

관심 기업의 실적 발표일을 미리 챙겨야 대응이 가능함은 물론이다. 가장 대표적인 홈페이지 야후 파이낸스를 통해서 손쉽게 실적 일정을 확인할 수 있다.

투자 등급, 어떻게 알아볼 수 있나

매일 발표되는 기업의 투자 등급은 크게 두 가지로 구분된다. 즉, 상향인 업그레이즈Upgrades, 하향인 다운그레이즈Downgrades로 나눌 수 있다.

이 중에서 주로 투자 등급 상향이 된 기업들을 투자에 참고하면 큰 도움이 된다. 특히 최근 투자 의견이 바이Buy 등급으로 상향된 기업들을 주목할 필요가 있다. 투자 등급과 관련한 용어는 다음을 참고하자.

Strong Buy 강력 매수		Buy 매수
Market Perform 시장 수익률		
Out Perform 시장 수익률 상회		
Under Perform 시장 수익률 하회		
Hold 보유	Neutral 중립	Sell 매도

그렇다면 실적과 투자 등급의 차이는 무엇일까? 실적은 미리 발표일을 정해놓고 분기마다 발표하지만, 투자 등급은 정해진 일정 없이 불시에 발표한다. 실적은 지난 분기에 대한 결산을 하는 과정이고, 투자 등급은 향후

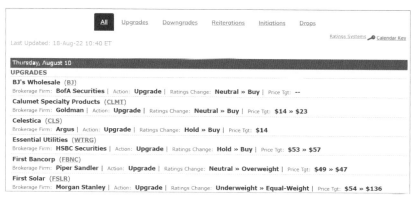

기업의 미래 가치를 산정하는 과정이다.

공통적으로 악화된 실적을 발표하거나 투자 등급이 하향되면 보통 주가는 하락한다. 투자 등급은 브리핑닷컴 홈페이지www.briefing.com/investor/calendars/upgrades-downgrades 등을 통해 간편하게 확인할 수 있다.

장기투자자일수록 실적을 챙겨라

종목을 추세적으로 움직이는 것은 실적 그 이상도 그 이하도 아니다. 미국 주식투자에서 성공하는 가장 확실하면서도 유일한 방법은 실적이 지속적으로 좋아지는 기업에 장기적으로 투자하는 것이다.

주요 기업의 실적과 주가와의 상관관계를 보면 더욱더 명확해진다. 다음 페이지의 그래프는 월트디즈니의 주가와 분기별 실적, 그리고 예상 실적을 같이 보여주는 것이다. 편차는 있으나 장기적으로 실적이 오르면 주가도 상승하고, 실적이 떨어지면 주가도 하락하는 등 같은 방향으로 움직이고 있음을 알 수 있다. AMD의 경우 실적과 함께 주가가 함께 기복을 겪으며, 꾸준하게 우상향하는 모습을 볼 수 있다. 실적대비 주가가 과도하게 오를지언정 그 방향은 일치한다는 점을 기억해야 한다.

월트디즈니 주가, 분기별 실적 및 전망 추이
자료: zacks.com/stock/chart/DIS/eps

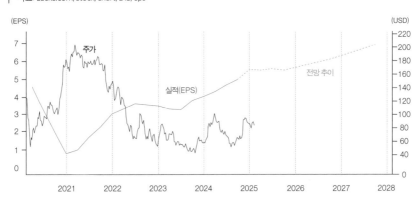

AMD 주가, 분기별 실적 및 전망 추이
자료: zacks.com/stock/chart/AMD/eps

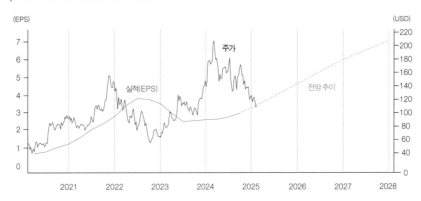

12

대가들의
투자 포트폴리오를 참고하자

모든 기관들의 주식보유 현황을 알 수 있는
Form 13F를 참고하자

미국의 기관 투자자 혹은 투자 대가들의 포트폴리오를 매매에 참고하고 싶은 독자들에게 유용한 홈페이지를 소개하려 한다. 개인적으로도 많이 애용하는 고래의 지혜(whalewisdom.com)라는 웹사이트이다. 주요 기관 투자가와 유명 펀드의 보유 내역 변경사항을 확인할 수 있는데, 워런 버핏 Warren Buffett 같은 투자 대가들의 포트폴리오나 주요 기관투자가들의 포트폴리오를 참고할 수 있다.

먼저 Form 13F의 의미를 알면 좋다. 미국 증권거래위원회(SEC)의 13F 양식은 운용 자산이 1억 달러 이상인 모든 기관투자 운용사가 제출해야 하는 분기별 보고서로 이 보고서는 자산 보유 현황을 공개하고 스마트 머니의 시장 동향에 대한 인사이트를 제공하는데 유용하다. 운용사는 해당 분기 마지막 날로부터 45일 이내에 양식 13F를 제출해야 하는데 대부분의 펀드는 경쟁사와 대중으로부터 투자 전략을 감추기 위해 이 기간이 끝날

95

때까지 기다리며 마지막 마감일이 되면 제출을 하는 경향이 있다.

당연히 가장 인기 있는 보고서는 워런 버핏이 이끄는 지주회사 버크셔 해서웨이인데 딱 마감일에 SEC에 보고하고 있다.

홈페이지 메인 화면에서 궁금한 기관을 입력해 보자. 중요한 부분은 모두 영문으로 검색이 가능하며, 분기 마감일 확인해서 최신 보고서를 알아 보자.

예를 들어 지금이 2025년 2월이면 최신 보고서는 2024년 4분기 보고 서이니 그걸 선택하면 된다. 아래 이미지를 참고하자.

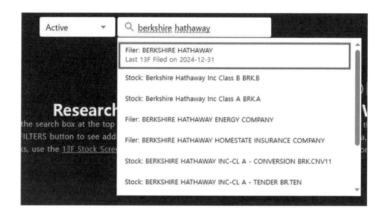

여기서 BERKSHIRE HATHAWAY Last 13F Filed on 2024-12-31을 선택하면 아래와 같이 화면이 열린다.

이 화면을 통해서 버크셔 해서웨이가 해당 분기에 많이 매수한 종목과 매도한 종목의 내역을 알 수 있는데, 오른쪽 하단의 SEE ALL HOLDINGS 를 통해서 모든 종목의 현황도 알 수 있다.

다음은 전체 내역화면이다.

Stock	History	Sector	Shares Held or Principal Amt	Market Value↓	% of Portfolio	Previous % of Portfolio	Rank	Change in Shares	% Change	% Ownership	Qtr 1st Owned	Est. Avg Price	Qtr End Price
AAPL	History	INFORMATION TECHNOLOGY	300,000,000	75,126,000,000	28.08%	26.24%	1	No Change		1.98%	Q1 2016	39.6214	250.42
AXP	History	FINANCE	151,610,700	44,996,539,653	16.82%	15.44%	2	No Change		21.52%	Q1 2001	39.311	296.79
BAC	History	FINANCE	680,233,587	29,896,266,149	11.17%	11.88%	3	-117,449,720	-14.72%	8.87%	Q3 2017	25.6832	43.95
KO	History	CONSUMER STAPLES	400,000,000	24,904,000,000	9.31%	10.78%	4	No Change		9.29%	Q1 2001	27.1275	62.26
CVX	History	ENERGY	118,610,534	17,179,549,745	6.42%	6.56%	5	No Change		6.60%	Q4 2020	130.1587	144.84
OXY	History	ENERGY	265,026,328	12,397,931,623.84	4.63%	4.89%	6	Change from Form 4 filing	0.32%	28.24%	Q1 2022		
MCO	History	FINANCE	24,669,778	11,677,932,812	4.36%	4.40%	7	No Change		13.61%	Q1 2001	13.7106	473.37
KHC	History	CONSUMER STAPLES	325,634,818	10,000,245,261	3.74%	4.29%	8	No Change		26.93%	Q3 2015	75.4858	30.71
C	History	FINANCE	27,033,784	7,469,434,519	2.79%	2.93%	9	No Change		6.71%	Q1 2024	240.9961	276.3
DVA	History	HEALTH CARE	35,892,479	6,236,318,226.25	2.33%	2.02%	10	-203,091	-0.56%	43.77%			

이것만 보아도 미국 주식은 우리나라와 달리 대부분의 정보가 투명하면서도 공평하게 누구에게나 공개되고 있음을 알 수 있다. 막연하게나마 미국 주식은 어렵다거나 혹은 익숙하지 않다고 해서 멀리할 필요가 없는 것이다.

우리에게도 널리 알려진 워런 버핏, 칼 아이칸Carl Icahn, 조지 소로스George Soros 같은 유명한 투자자들의 주식 보유 현황도 약간의 시차는 있지만, 쉽게 검색이 가능하다. 특히 한국 국민연금공단의 Form 13F도 많이 검색하는데, 영문으로는 National Pension Service이니 직접 검색을 해보자.

13

알고 보면 간단한
해외 주식의 세금 문제

해외 주식은 양도소득세 대상
이것만 기억하자!

국내 주식투자와 달리 해외 주식투자에서는 수익이 발생할 경우 양도소득세를 내야 한다. 배당금액 수령에 따른 종합소득세도 존재하지만, 2000만 원 이상을 수령해야 부과 대상이 되니 초보 투자자라면 양도소득세까지만 알아도 무방하겠다.

종합소득세, 2000만 원을 넘지 않으면 오케이

종합소득세는 해외 주식의 배당금액이 지급될 때 발생하는데, 이때 15%가 원천징수된 후 입금된다. 이때 배당금액이 2000만 원 이상이라면 종합소득세로 분류되어 과세표준에 따른 세율이 부과된다는 점을 참고로 알아두자.

배정금액의 배당세 15% 원천징수

양도소득세, 250만 원을 제외하고 납부

양도소득세는 말 그대로 해외 주식을 매도해서 이익이 발생했을 때 부과된다. 이때 1년간(매해 1월 1일~12월 31일) 기본공제액 250만 원을 제외한 시세차익의 22%를 납부(매년 5월)해야 한다.

이때 매년 자진신고하거나 증권사 대행으로 진행할 수 있다. 투자자의 편의성을 위해 증권사는 세금 자동계산 프로그램을 보유하고 있으며, 증권사 홈페이지를 통해 세금 정산 서류까지 출력할 수 있다. 예를 들어, 시세차익 1000만 원이 발생했을 때 양도소득세는 다음과 같이 계산된다.

$$10,000,000(\text{시세 차익}) - 2,500,000(\text{기본 공제액}) - 7,500,000$$
$$\rightarrow 7,500,000 \times 22\% = 1,650,000$$

즉 165만 원의 세금이 발생하는 것이다. 단, 주식 거래를 통한 시세 차익이 아닌 환율로 인한 이익이 발생했다면 이때의 세금은 면제된다.

제대로 신고하지 않으면 가산세 부과

확정신고 납부를 하지 않으면 무신고 가산세 20%에 1일당 0.025%의 세금이 추가 부과된다.

무신고가산세: 산출세액 × 20% or 40%(부정신고 시)

무납부가산세: 미납부세액 × 미납일수 × 0.025% (연 환산 시 약 10.95%)

14

해외 주식 계좌 만들기, 어렵지 않다!

따라하기만 하면
계좌 개설 끝!

국내 주식 계좌 개설과 크게 다르지 않다. 우선 거래가 가능한 증권사를 찾아보자. 또한 증권사별로 각종 수수료 우대 등 다양한 가입 혜택을 주고 있으니 이 같은 정보를 찾아 활용하는 것도 좋겠다. 국내에서 해외 주식 거래가 가능한 증권사로는 키움증권, 한국투자증권, KB투자증권, 미래에셋대우증권, 삼성증권, 신한금융투자, NH투자증권, 교보증권, 하나금융투자, 이베스트증권, 유진투자증권, 대신증권 등이 있다. 그렇다면 지금부터 해외 주식 거래를 단계별로 배워보도록 하자.

STEP 1. 계좌 개설

해외 주식 중개가 가능한 증권사를 통해서 해외 주식 계좌를 개설한다.

기존 국내 주식 계좌 보유자는 온라인상에서 해외 주식 계좌를 개설하거나 증권사, 은행을 통한 해외 주식 전용 계좌를 개설할 수 있으니 참고하자.

STEP 2. 매매 시스템 다운로드

해외 주식 HTS를 설치한다. 국내와 달리 미국 주식 HTS에는 8~10달러 정도의 월 시세 이용료가 존재한다. 미국 호가창의 경우 Level 1과

국내 증권사에서 제공하는 호가창
자료: 미래에셋증권

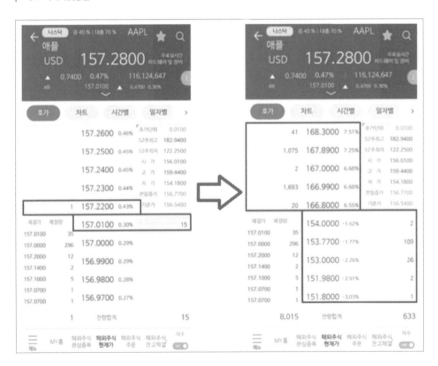

Level 2로 나뉘는데, 시세 이용료를 감안해서 저렴한 Level 1(최우선 매수·매도호가)을 제공한다. 별도의 시세 이용 신청이 없을 시 15분 지연 시세가 무료로 제공된다.

최근 일부 증권사에서는 미국 나스닥에서 제공하는 '나스닥토탈뷰 Nasdaq Totalview'를 통해 미국 주식 20호가 서비스를 무료로 제공하기도 한다. 이는 국내 주식과 동일하게 매도와 매수 각각 10개씩 총 20호가와 주문 잔량을 표기하여 호가 매물대를 20개까지 확인할 수 있어 투자자에게 유용하다.

STEP 3. 해외 주식 매매 신청

해외 주식을 거래하기에 앞서 다음 세 가지 약관 및 설명서에 대한 동의가 진행된다.

- 외화증권 매매 거래 계좌 설정 약관
- 외화증권 거래 설명서
- 외화증권 투자 위험 안내

해외 주식의 경우 시장과 제도의 차이점, 환율 문제 등 매매하기에 앞서 숙지해야 할 사항들이 있다. 약관과 설명서는 이러한 부분에 대해 증권사에서 알리는 내용이라고 보면 된다. 증권사에서 요구하는 각 사항에 대해서 동의하지 않으면 매매가 불가능하다.

STEP 4. 환전 신청

해외 주식 계좌 개설 후, 원화 입금 및 미국 달러 환전을 진행한다. 온라인상에서 실시간으로 가능하다.

은행 거래 시간은 실시간으로, 은행 거래 외 시간은 가환전을 통해서 (익일 정산) 환전할 수 있다. 보통 환전은 전신환 기준이다.

미국 달러를 직접 보유한 경우, 별도의 환전 없이 정해진 외화 계좌를 통해서 입금 및 출금이 가능하다.

STEP 5. 매매 시작

결제는 T+2일이다. 국내나 미국의 휴일에 따라 결제일이 지연될 수 있다.

15

미국 주식, 당신도 성공할 수 있다

미주미를 만나 투자 인생이 바뀐
7인의 성공 사례 모음

성공 사례 ❶
시기에 상관없는 꾸준한 소수점 매수로 텐베거를 달성했다

2014년부터 국내 주식을 시작한 저는 크게 잃지도 않고, 그렇다고 수익도 크지 않은 소소한 투자를 해왔습니다. 출근길에 항상 경제 뉴스를 보곤 했는데 '나스닥 최고가 경신'이라는 헤드라인이 자주 보이더군요. 저는 '미국은 대체 뭔데 매일 최고가를 경신하는 거지?'라는 의문이 들었고, 반면 북한이 도발할 때마다 지수가 3%씩 하락하는 한국 시장이 답답했습니다.

그러던 중 2020년, 동학개미들이 열심히 삼성전자를 사 모을 때 전 우연히 친구와 함께 미국 주식 계좌를 만들게 되었고 무엇을 사야 하는지 잘 알지도 모르는 상태로 SPY(S&P500 추종 ETF), 코카콜라(KO), 비자(V) 같은 종목을 매수했습니다.

미국 주식에 관심을 갖던 중 유튜브를 통해 장우석 본부장님의 영상을 접하게 되었고, 이를 계기로 본격적인 공부를 시작했습니다. 복리의 힘이 중요하다는 사실을 알게 되었고, 미국 주식을 통해 복리의 힘이 극대화될 수 있다는 것을 알게 되었죠. 저는 제 미래 자산이 얼마나 불어날지에 대한 희망적인 시나리오를 짜며 동기 부여를 했습니다.

하지만 한국 주식에 데인 경험과 제 소심한 성격 탓에 아마존 1주, 구글 1주를 매수하는 것도 너무 어려웠습니다. 한국 주식을 할 때는 물타기를 고려하여 단가가 낮은 종목을 선호했기 때문이죠. 결국 고민 끝에 소수점 계좌를 개설하여 미국 증시가 오르든 내리든 상관없이 때때로 1만 원, 5만 원씩 주식을 매수하기 시작했습니다. 주가가 하락할 때는 소심한 마음에 1천 원어치를 매수하기도 했고, 때때로 용기가 나는 날에는 1주씩 사 모았습니다.

그렇게 시간이 지나자 제 계좌에는 빅테크 주식과 유명 글로벌 기업들의 주식이 하나둘 쌓여 갔습니다. 어느새 계좌 잔고는 3천만 원을 넘어섰고, 전체 계좌의 원금은 1억 원을 돌파했습니다. 월급을 받을 때마다 조금씩 미국 주식에 투자한 결과, 2021년 11월 제 계좌는 최고점을 찍었습니다. 회사에 출근해서 몰래 해외 주식 계좌를 확인하며 수익금을 보고 기뻐하는 것이 일상이 되었죠.

그러나 이후 미국 증시에 큰 조정이 찾아왔고, 저는 어영부영 조금씩 익절 하다가 더 이상의 매도는 실이익이 없다는 것을 판단하고 계좌를 방치하게 되었습니다. 그후 금리 인상, 물가 급등, SVB은행 파산 등 여러 악재가 터지면서 플러스였던 계좌가 어느새 마이너스로 전환되었죠. 계좌를 열어 보기가 싫었지만, 저는 소수점 주문 마감 20분 전에 알람을 맞춰 놓고 용기가 날 때마다 1주씩, 혹은 1만 원, 5만 원씩 꾸준히 매수했습니다.

"장기 투자자는 매일 주식을 보지 않는다." 이 유명한 문구를 떠올리며 귀찮을 때는 계좌를 제대로 보지도 않고 잠들기도 했습니다.

그렇게 2020년부터 모아왔던 주식 중 하나가 엔비디아였습니다. 당시에는 엔비디아를 사면 미국 주식을 한다는 사람들에게 놀림을 받기 일쑤였습니다. 당시 엔비디아의 별명이 '횡보디아'였거든요. 저의 엔비디아도 한때는 수익을 냈지만 어느새 계좌가 파랗게 변해 있었습니다.

하지만 어쩌겠습니까? 한국 주식은 더 심하게 하락하고 있었으니, 저는 그럼에도 미국 주식을 계속 모을 수밖에 없었습니다. 그렇게 꾸준히 매수하던 중 AI, 챗GPT가 세계적으로 주목받기 시작했습니다. 엔비디아의 CEO 젠슨 황이 "엔비디아는 최고의 AI 회사가 될 것"이라고 말할 때마다, 문과 출신인 저는 "그래픽 카드 회사가 무슨 AI? CEO의 말장난이겠지"라고 생각했습니다. 그런데 시간이 지나자 AI 열풍과 함께 엔비디아의 주가는 2배, 3배, 4배… 결국 11배까지 상승했습니다(원화 환산 기준).

모든 투자자가 '텐배거'를 꿈꾸지만, 그것이 제 현실이 될 줄은 정말 몰랐습니다. 남들이 보기엔 왜 저렇게 피곤하게 사나 싶었겠지만 저는 평일 저녁이 너무 바빴습니다. 퇴근 후 국내 경제 뉴스 시청, 매수·매도 종목 정리, 미국 경제 뉴스 시청, 다시 매수·매도 종목 정리를 하고 나면 밤 1시 30분이 되어 있었죠. 남편은 그러다 몸 상한다고 걱정했지만, 주식이 너무 재미있었기에 멈출 수 없었습니다. 계좌가 불어나는 재미가 돈 쓰는 재미를 이길 줄 몰랐습니다.

이제 와서 돌아보면 미국 주식을 시작한 것은 제 인생에서 가장 잘한 선택 중 하나였습니다. 물론 지금도 변동성이 크지만, 장기적인 시각을 가지고 꾸준히 투자할 계획입니다. 투자 성공의 핵심은 결국 '꾸준함'과 '기다림'이 아닐까요?

성공 사례 ❷
아이돌에 대한 관심이 투자를 바라보는 인사이트가 되다

아이돌과 투자가 어떻게 연결되는지 궁금해하는 분들이 많을 것이라고 생각합니다. 저도 처음에는 그런 생각을 가졌었고, 얼마 전까지 아이돌에게 관심이 없었기에 금년도 투자 성과가 아직도 실감이 나지 않습니다.

처음 뉴진스를 알게 된 것은 2023년도 였습니다. 2022년에 혜성같이 등장한 뉴진스는 말 그대로 한국에서 선풍적인 인기를 끌었습니다. 뉴진스의 노래뿐만 아니라, 그들이 광고했던 아이폰 그리고 의상과 스타일도 대중들에게 인기를 끌었습니다. 저 또한 그들의 음악뿐만 아니라 패션에도 관심이 생겼고, 가장 눈에 들어왔던 건 뉴진스가 데뷔 때부터 꾸준하게 착용했던 팀버랜드Timberland, 반스Vans 등의 의류 아이템이었습니다.

이들의 모회사인 거대 의류기업 VF 코퍼레이션VF Corporation의 주가는 한때 100달러에 이르렀지만 최근 10달러까지 내려갔고, S&P500에서 퇴출되는 등 100년 역사가 무색할 정도로 그 위상이 휘청거렸습니다. 결국 배당 삭감을 발표하며 기업의 위기가 현실로 받아들여졌을 때, 아마 많은 주주분들이 절망에 빠졌을 거라고 생각합니다.

100년 역사를 지닌 VF 코퍼레이션은 2023년에 결국 경영진 교체 카드를 꺼냈습니다. 로지텍Logitech을 약 10년간 이끌었던 브래컨 데럴Bracken Darrell 을 CEO로 영입한 것이지요. 브래컨 데럴 CEO는 재직 기간 동안 로지텍의 주가를 약 10배를 끌어올리며 기업을 완전히 환골탈태한 전설적인 CEO였습니다. 그리고 2024년, 룰루레몬의 최고제품 책임자 선 초Sun Choe 가 반스의 책임자로 임명됩니다.

저는 피터 린치가 망할 것 같은 기업이 자산을 매각해 현금을 확보하고, 기업 경영을 쇄신하려고 할 때 투자했던 일화를 떠올렸습니다. VF 코퍼레이션은 부진했던 브랜드 슈프림Supreme을 매각하고, 열정적인 경영자들을 데리고 오며 기업 턴어라운드를 의지를 강력하게 보여주었습니다. 마지막으로 제가 투자를 결정할 수 있었던 건 제가 좋아했던 아이돌을 필두로 팀버랜드, 반스, 노스페이스 등의 아이템이 지속적으로 대중들에게 판매될 것 같은 가능성을 엿보았기 때문입니다.

저는 VF 코퍼레이션의 주가가 13달러에서 15달러로 급등할 때부터 현재까지 8개월 이상 꾸준히 매수하고 있으며 단일 종목 수천만 원의 수익을 달성했습니다. VF 코퍼레이션에 투자하면서 패션 산업의 시야 또한 굉장히 넓어졌고, 당시 트렌드의 바닥이었던 VF와 달리 최고의 모멘텀을 가졌던 온 홀딩스On Holdings와 아머스포츠Amer Sports를 동일 기간 매수하여 약 5천만 원의 수익을 달성했습니다. 20대 후반인 제게는 말도 안되는 엄청난 수익이었습니다.

이런 일련의 과정을 수개월 겪고 나니 투자가 말 그대로 정말 재미 있었습니다. 저는 이를 통해 투자는 단순한 사건 사고, 어떠한 전망에 의해서만 이루어지는 것이 아님을 깨달았습니다. 물론 8개월 동안 주가가 하루에 5%이상 급락하는 경우도 많이 있었습니다. 하지만 스스로 여러 가지 물음을 던지고, 그에 대한 답을 찾아가니 주가가 하락해도 버틸 수 있었으며, 장기적으로 홀딩할 수 있는 힘을 얻게 되었습니다.

아이돌에 대한 관심에서 시작했지만 해당 종목의 가능성을 보고 꾸준히 서치한 덕에 지금의 좋은 투자 성과를 낼 수 있었습니다. 관심 있는 분야가 있다면 그것을 투자로 연결해보는 것은 어떨까요?

성공 사례 ❸
나는 미국 주식으로 매달 월급만큼 배당 수익 얻는다

6개월 동안 첫 직장에서 근무한 후 퇴직한 경험은 무척이나 쓰라렸습니다. 구직활동에 대한 스트레스가 컸고, 생활비를 감당해야 한다는 압박감도 있었죠. 그 와중에 일확천금을 노리고 싶다는 마음으로 소액의 퇴직금을 시드 삼아 국내 주식을 시작하게 되었습니다.

당장의 수익률만 신경 쓰다 보니 테마성 주식에 몰빵을 하게 되었고 하루 종일 차트만 보는 일상이 시작되었습니다. 어찌어찌 투자해 80만 원정도의 수익을 냈는데, 몇 개월 후 해당 종목이 상폐되었다는 소식을 들었습니다. 조금만 늦었더라면 엄청난 실패와 손실을 겪었겠다는 상상에 스스로 매우 큰 충격을 받았었죠.

그러던 중 운 좋게 두 번째 직장을 가지게 되었고, 모 증권사 계좌개설 이벤트를 통해 미국 주식을 시작하게 되었습니다. 그 당시만 해도 공부할 생각은 없었고 이벤트로 받은 소액의 달러로 몇 주만 사보자는 마인드였죠. 당시 저는 크래프트 하인츠를 10주가량 사며 인생 첫 미국 주식 매수를 시작했습니다. 배당금은 소소했지만 그 뿌듯함은 투자 인생 최고의 기쁨이었죠.

그리고 저는 엑손모빌 투자 이후 배당주에 대한 관심이 급증했습니다. 복리의 효과를 누리기에 배당주만한 것이 없다는 생각이 떠올랐죠. S&P500 및 다우존스 내 우량주만 매수한다는 가치관을 바탕으로 투자 금액을 불려가기 시작했습니다. 애플을 시작으로 리얼리티인컴, 3M, 화이자 등에 투자하기 시작했고 더불어 바벨 전략의 일환으로 소위 성장주라고 볼 수 있는 테슬라, 스노우플레이크 등도 공부하며 투자해 나갔죠.

만 5년 정도의 저의 투자 경험을 복기하면, 정량적으로 측정되는 드라마틱한 수익률은 없었지만 정성적으로 경제 지식을 함양하고 투자 심리를 깨달으면서 나만의 가치관을 확립할 수 있었습니다.

먼저 일상 생황을 종목과 투자에 연결할 수 있게 되었습니다. 미국 주식을 통해 얻은 가장 큰 성과라고 생각합니다. 일상에서 접하는 좋은 기업이 있을 때마다 해당 기업을 분석하고 공부했고, 그 결과 저는 평소 즐겨 마시던 코카콜라의 주주가 될 수 있었습니다.

또 당장의 수익률이 아닌 배당이라는 자본 수익을 얻게 되었습니다. 이전만 해도 저는 주식은 전량 매도가 아니면 손에 수익을 쥘 수 없다고 생각했습니다. 하지만 미국 주식을 통해 얻은 배당금은 우량주 재투자라는 선순환으로 이어졌습니다. 이는 노동 소득이 아닌 자본 수익이기에 더욱 의미가 있습니다. 저는 JP모건과 뱅크오브아메리카에도 투자하고 있는데 배당금뿐 아니라 수익률도 좋은 저의 효자 종목들입니다.

배당금 유무를 떠나서 앞으로도 미국 우량주 상기투자라는 제 투자 루틴은 변함이 없을 것입니다.

성공 사례 ❹
확실한 원칙이 투자 수익으로 돌아온다

종목명	보유수량	매도가능	매입단가	평가손익	수익률	평가금액	매입금액	추정수수료	현재가
애플	930	930	91.8278	143,463.87	167.99%	228,863.70	85,399.83	792.02	246.0900
이펨 시스템스	168	168	284.7162	-12,132.32	-25.36%	35,700.00	47,832.32	209.82	212.5000
알파벳 A	734	734	85.2376	67,045.29	107.16%	129,609.72	62,564.43	484.04	176.5800
마이크로소프트	411	411	197.9005	82,968.35	102.00%	164,305.47	81,337.12	618.67	399.7700
마이크로스트래티지	59	59	270.2551	-927.19	-5.81%	15,017.86	15,945.05	77.82	254.5400
엔비디아	354	354	23.4051	37,695.66	454.96%	45,981.06	8,285.40	136.94	129.8900
팔란티어 테크	1,833	1,833	22.9292	123,930.53	294.86%	165,959.82	42,029.29	524.58	90.5400

2025년 2월 26일 기준 제 계좌를 캡쳐한 이미지입니다. 저는 2019년 미국 주식을 공부하면서 '미국 주식에 미치다' 커뮤니티를 알게 되었고, 본격적인 매수는 2020년 초부터 시작했습니다. 초기 투자금은 7500만 원이었는데 현재는 원화 기준으로 11~12억 원을 주식 계좌에 보유 중입니다.

제가 지금의 수익을 얻을 수 있었던 이유는 어떤 순간에도 고수했던 저만의 투자 원칙이 있었기 때문입니다. 하나씩 소개드리고자 합니다.

정해진 기간에, 무조건 매수한다

저의 급여일 21일은 바로 미국 주식을 매수하는 날입니다. 배당이 들어오는 날도 무조건 주식을 매수하는 날입니다. 환율이나 매수하는 주식의 가격은 신경 쓰지 않습니다. 10년 뒤 1000달러가 되어 있을 주식인데 오늘 50달러, 내일 51달러에 매수하는 게 무슨 의미가 있을까요? 저는 시간이 지나면 당장의 주가 차이는 의미가 없다는 걸 알기에 꾸준히 매수하는 것을 주요 목표로 했습니다.

종목 발굴은 인지하는 것부터, 공부는 필수

미주미 유튜브와 기업들 공시자료를 보며 우리의 삶을 지배하고 있는 종목을 인지하고 공부하는 데 많은 시간을 할애했습니다. 아이폰을 산 순간부터 물욕이라는 1도 없는 제가 앱등이가 되어 집에 사과농장(에어팟, 아이패드, 맥북, 애플TV, 에어팟 맥스 등)을 차린 것을 보면 투자자에게 인지라는 것이 얼마나 중요한지 알 수 있었죠.

경쟁력을 상실할 때까지 보유한다(=팔지 않는다)

주식을 매도하는 경우는 딱 2가지로 첫째는 '돈이 급하게 필요하다', 둘째는 '가지고 있는 기업이 경쟁력을 상실한다'입니다. 갑자기 목돈이 들어가는 집을 산다거나, 큰 병원비가 들어가는 경우를 제외하면 첫째의 경우는 가능성이 낮습니다. 결국 주식은 경쟁력이 상실했다는 시그널(실직, 시장점유율 등)이 오기 전까지 팔지 않고 보유하는 것이 핵심이라고 생각합니다.

성공 사례 ❺
좋은 기업은 매도하지 말고 꾸준히 매수하라

제가 주식에 입문하게 된 계기는 코로나19 이후 불었던 투자 광풍이었습니다. 집에서 유튜브를 보던 중 미주미 커뮤니티를 알게 되며 미국 주식에 흥미를 가지게 되었고, 당시 나스닥 상장회사에 재직 중인 친구의 권유도 한몫했죠.

'누구나 아는 기업에 투자하라'는 장우석 부사장님 말씀처럼 처음에는 빅테크 위주로 매수를 했습니다. 당시 핫했던 테슬라와 애플, 엔비디아, 마이크로소프트, 브로드컴(당시 배당률 3%) 등 성장주를 매수하고, 리얼티인컴, 오메가 헬스케어, 엔브리지, 알트리아, 메인스트리트 등의 배당주도 매수했습니다.

투자를 시작하고 얼마 안된 9월쯤 시장에 조정이 왔습니다. 하지만 투자금이 많지 않았던 때라 하락이 체감되지 않았고, 이후 2021년 말까지 전 세계 주식시장이 불을 뿜으며 상승했습니다. 투자하길 잘했다는 생각이 들었었죠.

하지만 행복한 순간도 잠시, 2022년에 지수가 30% 가까이 빠지는 하락장을 겪었습니다. 당시에는 두려움과 공포가 어마어마했죠. 자산이 쪼그라드는 것을 보며 전부 다 매도하고 싶다는 마음이 들었지만, 굴하지 않고 월급의 일부와 배당금으로 꾸준히 주식을 샀고, 이런 과정은 지금의 자산 형성에 큰 자양분이 되었습니다.

미주미에서 얻은 '좋은 기업을 매도하지 말고, 꾸준히 매수하라'와, 100에서 나이를 뺀 만큼의 비율로 성장주를 매수하라는 가르침을 새기며 하락장에서의 멘탈을 다잡았습니다. 덕분에 2022년 하락장을 잘 버틸 수 있었고 2023년부터 2년 동안 상승장의 혜택을 볼 수 있었습니다.

현재 저의 자산 규모는 초기 투자금액의 5배로 불어났고 높아진 환율 덕분에 환차익도 쏠쏠하게 얻었습니다.

2025년 1월 말 기준 (환차익 포함)

테슬라(평단가: 130$, 수익률: 263%)

브로드컴(평단가: 39.7$, 수익률: 580%)

마이크로소프트(평단가: 325$, 수익률: 55%)

애플(평단가: 108$, 수익률: 170%)

엔비디아(평단가: 110$, 수익률: 20%)

메인스트리트 캐피탈(평단가: 45.3$, 수익률: 45%)

기타 배당주 평균 수익률: 30%

연금계좌(미국지수 ETF, 수익률: 60%)

저의 5년 동안의 투자를 되돌아보면 가장 중요한 것은 투자 기간임을 체감합니다. 중간중간 레버리지나 소형주로 돈을 번 사람들을 보면서 나도 저렇게 해볼까 하는 유혹이 있었지만, 역시 꾸준하게 실적을 내는 기업과 미국 주식에 장기간 적립식 매수를 하는 것이 답이라는 것을 알게 되었습니다. 배당 재투자의 중요성도 몸소 체감했고요. 향후 5년도 이런 원칙을 지키며 꾸준히 투자하려고 합니다. 10년 뒤 또 다른 성공 투자기를 쓸 수 있기를 기원하며 글을 마칩니다.

성공 사례 ❻
매달 꾸준한 매수로 20%의 수익 과실을 맛보다

저는 50대 중반에 접어든 자영업자로 주식은 20대 후반에 회사 동료 따라 몇 번 해본 게 전부였습니다. 그러던 중 2020년 코로나19를 계기로 주식투자에 본격적으로 뛰어 들었습니다. 처음에는 국내 주식의 비중이 80%였고, 미국 주식은 살짝 맛만 보는 식이었죠.

생업이 따로 있는지라 24시간 주식만 처다볼 수 있는 상황이 아니었습니다. 하지만 자본주의 시스템에 맞춰 살려면 내가 일해서 번 돈을 자산 즉, 주식이나 채권, 부동산 등으로 바꿔야 한다는 것을 절절하게 알게 되었습니다. 하루 4~5시간 이상을 유튜브를 보며 현업에 계신 많은 분들의 말씀을 들었고, 경제와 주식에 대해 열심히 공부했습니다.

그렇게 2~3년에 걸쳐 공부를 하면서 느낀 점은 주주를 대하는 한국과 미국 회사의 태도에 큰 차이가 있다는 것이었습니다. 단순히 한국 회사들은 오너 일가의 이익만 대변한다고 알고 있었는데, 미주미를 통해 미국 회사들은 어떻게 다른지 차차 알게 되었고, 이항영 위원님과 장우석 부사장님을 통해 어떤 마음가짐으로 투자를 해야 하는지 알고 깨닫고 확신하게 되었습니다. 불나방처럼 돈을 들고 뛰어드는 짜릿함도 있겠지만, 땀 흘려 고생고생해서 번 돈을 높은 확률로 키워 나가는 법을 차츰 알게 되었죠.

많은 우여곡절을 겪으면서 미국 주식투자 공부는 미주미 하나로 정착했습니다. 다른 방송이 굳이 필요 없다고 느꼈고, 제 귀중한 시간을 더 이상 여러 유튜브에 쏟고 싶지 않았습니다. 엑손모빌이 현재 너무 너무 싸다는 부사장님의 말씀을 듣고 그날 저녁에 바로 47달러에 샀고, 그중 3분의 1은 지금까지 보유 중입니다. 수익도 수익이지만 배당도 4년 넘게 짭짤하게 받고 있죠. 마이크로소프트, 비자, 구글도 지금까지 사모으고 있고 애플, 엔비디아, 아마존, 팔란티어 등의 기술주 뿐 아니라 셔윈 윌리엄즈, 웨이스트 매니지먼트, 인튜이티브 서지컬, 소파이, 코스트코, 존슨앤드존슨 등 다양한 종목을 꾸준히 모아가며 자산을 늘려가고 있습니다.

물론 중간에 이팸 시스템즈, 이노베이티브 인더스트리얼 프로퍼티, 나이키, 에스티로더 등 저에게 아픔을 준 회사들도 있고, 샀다 팔았다 하며 쓴맛을 본 회사도 있지만 그런 과정조차도 '좋은 주식을 꾸준히 사 모아가야 한다'는 것을 배우기 위한 수업료로 지불한 듯합니다.

2022년, 2023년 가을까지는 전체적인 시장이 매우 좋지 않아서 전체 수익이 마이너스인 상황이 오래 유지되었지만, 좋은 주식을 싸게 살 수 있는 기회라 생각하고 매달 꾸준히 주식을 모았고, 다행스럽게 2023년 가을부터 2024년까지 2년 연속 20%가 넘는 우 상향의 과실을 누릴 수 있었습니다.

2024년 2월부터는 미국 주식에 쓰는 시간을 더 줄이고자 하는 마음에 장우석 부사장님의 주도주 포트폴리오를 따라하자고 마음먹고, 종목을 한 개, 두 개 정도씩 사기 시작했습니다. 몇 백달러짜리 주식은 하나만 사도 100만 원이니 많이 사기도 힘들죠. 균등 방식으로 사라고 조언을 해주시지만, 이상하게 좋아 보이는 주식에 집중하게 되더라고요. 올해부터는 각 종목을 균등하게 사려고 노력 중입니다. 1년을 운용했는데 현재는 수익이 16% 정도 됩니다. 쏠쏠합니다.

일확천금을 노릴 수 있겠지만, 그런 사람은 드뭅니다. 주변에서 그런 사람이 있다더라 해도 그건 가상의 인물인 경우가 많습니다. 그보다는 좋은 주식을 골고루 사서 꾸준히 갖고 가시면 적어도 손해는 안 볼 가능성이 크다, 매년 7~8%는 벌 가능성이 높다는 쪽에 줄을 서 보세요. 맘이 편해집니다.

성공 사례 ❼
세상을 바라보는 현명한 인사이트가 생기다

저는 2021년 3월 9일, 애플 주식 101주(주당 120달러)를 매수하면서 미국 주식에 입문했습니다. 그전까지만 해도 저는 예금 이자 1~2%를 쫓아 은행 이곳저곳을 떠돌기만 할 뿐 '주식은 도박이고, 도박은 반드시 망한다!'는 오랜 민간신앙 같은 주입식 믿음을 가지고 있었습니다.

그때의 제가 왜 그랬는지 돌아보니 이유는 간단하고 명확했습니다. '몰라서'입니다. 정말 미국 주식에 대해 너무나 몰랐습니다. 자본주의 세상 속에서 제 삶에, 아니 우리 모두의 삶에 투자가 얼마나 중요하고, 투자를 하는 것보다 하지 않는 것이 훨씬 더 위험하다는 사실을 그때는 몰랐습니다.

그러던 중 코로나19 사태가 닥쳐왔고 당시 엄청난 사회적 혼란과 자산의 변동성을 겪으며 제 인생 처음으로 숫자의 공포를 경험했습니다. 급등하는 감염자와 사망자 수, 그에 반해 급감하는 여러 금융 지수들 등 숫자로 만들어진 세상 속에서 숫자로 움직이는 것이 어떤 의미인지 처음 느끼고 경험했죠.

저는 당시 20대 중반이었는데, 그때부터 세상에 관심을 가지기 시작했습니다. 세계 금융과 자산의 움직임을 살펴봤고, 덕분에 미국 주식이 유행하던 시기 첫 차를 탈 수 있게 되었습니다.

그때 미주미를 처음 알게 되었습니다. 당시 미국 주식의 정보를 필터 없이 받아드리던 상태라 혼란과 의심이 많았었는데, 우연히 만나게 된 미주미를 통해 미국 주식을 꼭 해야 하는 이유를 담은 영상을 보게 되었고, 이는 개인적으로 투자의 큰 방향을 잡는 계기가 되었습니다.

투자할 기업을 선정할 때 '반드시 실적이 받쳐줄 것, 경제적 해자가 있을 것, 세계 1등 기업일 것'을 강조한 미주미의 원칙이 저에게 큰 도움이 되었고, 저는 이 원칙에 따라 애플을 선택하게 되었습니다.

그리고 분산 투자로 엔비디아, 일라이릴리, 구글, 마이크로소프트, 팔란티어, 웨이스트 매니지먼트 등에 투자하며 현재 만족스러운 수익률을 얻고 있습니다. 모두 미주미를 통해 알게 된 선물 같은 종목입니다.

제 투자에 있어 가장 성공은 계좌에 적힌 숫자들만이 아닙니다. 제가 그동안 몰랐던 우리가 현재 사는 세상에 대해 관심이 생긴 것이 제 투자 인생에 있어 가장 큰 성과라고 생각합니다.

세계가 얼마나 넓고 많은 이야기들로 가득 차 있는지 알게 되었고, 그 중심에 금융이 가진 의미를 공부하니 앞으로도 얼마나 많은 이야기들과 역사가 만들어질지 기대됩니다.

16

미국 주식투자 초보에게
전하는 조언

성공적인 직접 투자를 위해
기억해야 할 사항들

미국 주식투자의 첫 종목, 워런 버핏이 답이다

필자가 처음 미국 주식투자를 시작한 것은 2001년도였다. 여러 가지 투자 동기가 있었지만, 그중에서도 워런 버핏이란 인물의 매력에 이끌렸던 것이 가장 컸다. 그는 버크셔 해서웨이Berkshire Hathaway라는 지주회사를 운영하면서 1964년부터 2015년 12월까지 약 51년간 무려 1,000,000% 이상의 수익을 올렸다. 과거 50년간 미국의 대표지수인 S&P500 지수의 수익률이 3200%임을 감안할 때 실로 엄청난 성과다.

1964년에 100달러로 투자를 시작했다고 가정하면, 51년간 버크셔 해서웨이 주식으로는 100만 달러의 투자 수익이 발생한 데 비해 지수로는 3200달러의 수익이 발생한 셈이니, 진정 투자의 현인이라고 할 수 있겠다.

또 워런 버핏은 훌륭한 투자 감각으로 널리 칭송받고 있다. 그러나 그의 성공의 가장 큰 요인은 올바른 기업을 고르는 것과는 무관하다고 한다. "그의 기술은 투자이지만 그의 비결은 시간입니다. 바로 복리가 작동하는 방식입니다." 모건 하우절은 자신의 베스트셀러 『돈의 심리학』에서 이렇게 썼다.

하우절은 2022년 CNBC와의 인터뷰에서 버핏의 순자산 중 99%가 65세 이후에 축적되었다고 말했다. "버핏이 65세에 은퇴했다면 여러분은 그를 들어본 적도 없었을 것"이라고 하우절은 말했다. 현재 버핏의 총 순자산은 1320억 달러로 추정되는데 이는 하우절의 책이 출간된 2020년 당시 버핏의 순자산 845억 달러보다 크게 증가한 수치이다. 버핏 재산의 대부분은 버핏이 50세가 된 후 842억 달러, 65세가 된 후 815억 달러로 버핏의 말년에 형성되었다고 썼다. 복리 이자는 초기 투자 금액뿐만 아니라 이전 기간의 이자에도 누적된다. 버핏은 이를 언덕 아래로 굴러가는 눈덩이에 비유한 바 있다. 눈덩이가 바닥에 닿을 때는 훨씬 더 커진다. 버핏은 "비결은 언덕이 매우 길다는 것, 즉 아주 어릴 때 투자를 시작하고 아주 오래 살면 됩니다."라고 말했다. 장기투자의 힘을 강조하는 부분으로 꼭 기억해야 할 대목이다.

Salem Investment Counselors의 CEO 데이비드 리David Rea는 "가능한 한 어릴 때부터 시작하고, 적은 금액이라도 계속하세요"라고 말한다. 버핏 자신도 11살에 처음으로 주식을 구매하면서 일찍 시작했다. 버핏도 시티 서비스 주식 3주를 매도한 후 주가가 급등하는 것을 보고 주식을 언제 매수하고 언제 매도할지 예측하기 어렵다는 교훈을 일찍이 얻은 것인데, 이런 교훈이 지금의 버핏을 만들었다고 믿고 있다.

하지만 장기투자도 중간에 언덕은 있다. 예를 들어, 투자 초기에는

100만 달러를 모으기 위해 하루에 5달러를 모아야 했던 것이 30세가 되면 지출이 커지면서 한 달에 500달러로 바뀔 수 있다고 그는 말한다. 좋은 소식은 투자 전략이 복잡할 필요는 없다는 것이다. 버핏은 개인 투자자들에게 저비용 S&P500 인덱스 펀드로 간단하게 투자할 것을 권장했다. "매주 S&P500 인덱스 펀드를 매수하면 복리로 큰 돈을 모을 수 있다"라고 리는 말했다.

어떻게 100달러가 100만 달러가 됐는지 궁금한 독자라면 가까운 서점을 찾아 워런 버핏과 관련된 도서를 읽어보기 바란다. 현재 워런 버핏과 관련된 도서만 120여 권이 검색되며, 이 중 50권 정도는 지금까지도 판매되고 있으니 그 가운데서 증거를 찾으면 된다.

간단하게 설명하자면, 버핏의 놀라운 수익률은 주식의 분할과 배당, 그리고 장기복리 투자와 워런 버핏 특유의 혜안이 만들어낸 것이다. 워런 버

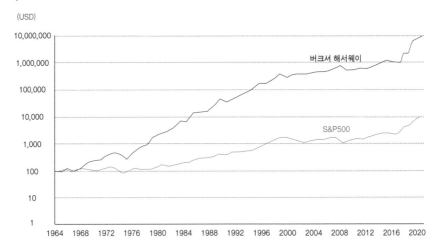

버크셔 해서웨이와 S&P500 주가 비교
자료: www.businessinsider.com

핏의 능력은 침체장에서 더 빛을 발했는데 1980년부터 2015년까지 35년 동안 버크셔 해서웨이는 단 두 해밖에 손실을 보지 않았다. 2000년과 2008년이다.

2000년은 모두가 알고 있듯 닷컴버블로 인한 시장의 붕괴가 있던 해였고, 2008년 역시 금융위기로 인해서 투자자들이 패닉에 빠졌을 때다. 닷컴버블 때는 시장이 3년간 무려 43.09% 하락했고, 2008년에는 한 해 동안 37%의 급락을 보인 반면, 워런 버핏은 버크셔 해서웨이를 운영하면서 2000년에 6.20% 손실과 2008년 9.60% 손실로 선방했다. 시장의 하락에 비하면 놀라운 초과 수익률을 보여준 것이다. 뿐만 아니라 2016년에도 1년간 23.43%의 수익을 올렸고, 2017년에도 20% 이상의 수익을 올렸으니 진정한 투자의 현인이라고 불리는 것이 당연하다.

버핏은 전 세계 주식투자자들의 롤모델이라 할 수 있다. 필자의 어느 지인 또한 워런 버핏과 관련된 책을 모두 섭렵하고, 기법을 연구하고, 그의 가르침대로 주식을 선별한다. 더 나아가 워런 버핏의 유료 강의를 모두 듣기도 한다. 이 지인처럼 버핏의 가치투자를 추종하고 연구하는 투자자들이 대한민국에도 헤아릴 수 없이 많다. 그런데 정작 그의 지주회사인 버크셔 해서웨이에 관해서는 잘 알지 못하는 것이 현실이다.

국내의 미국 주식투자 역사도 벌써 24년이다(2002년 가을 리딩투자증권에서 시작). 이 세월이 무색할 정도로 버크셔 해서웨이에 대해 관심을 갖고 잘 알고 있는 투자자는 매우 드물다. 아니, 심지어는 워런 버핏의 버크셔 해서웨이 주식을 직접 살 수 있다는 사실조차 모르는 경우가 대부분이다.

버크셔 해서웨이의 티커는 BRK.A와 BRK.B로 나뉘는데, BRK.A는 한 주에 70만 달러 정도로 주가가 너무 비싸서 거래가 거의 이뤄지지 않는다.

반면 BRK.A를 1500분의 1로 쪼개 놓은 BRK.B은 520달러 부근에서 거래되며 대중화되어 있다(2025년 3월 기준). 마음만 먹으면 쉽게 살 수 있는 주가라는 의미다.

매년 버크셔 해서웨이 총회가 열리는 시즌(매년 5월)이면 워런 버핏에 관한 기사가 경제지를 뒤덮는다. 누구나 워런 버핏의 명성을 들어보았음에도 투자와 관련된 이런 간단한 사실을 아는 사람이 드문 것은 실로 아이러니다. 만약에 이러한 내용을 조금 더 일찍 알았더라면 우리는 두 마리의 토끼를 잡을 수 있었다. 다시 말해, 버크셔 해서웨이 주식을 단 1주라도 보유했더라면 책이나 강의 없이도 워런 버핏을 더 잘 이해할 수 있었을 것이고, 더불어 투자 수익도 챙길 수 있었을 것이란 뜻이다.

혹시 당신도 워런 버핏의 투자 기법과 철학을 공부하고 있는가? 워런 버핏을 가장 잘 알고 이해하기 위해 필자가 추천하는 방법은 지금이라도 버크셔 해서웨이 주식을 사는 것이다. 주식을 사고 나서 그에 대해 관심을 조금만 기울였다면 투자 방법과 투자에 대한 소신, 투자 수익 등 많은 부분이 변했으리라 확신한다.

단지 추측으로 하는 말이 아니다. 실제 필자의 주변에서 버크셔 해서웨이를 보유한 사람들의 변화를 보고 말하는 것이니 믿어도 된다. 그들은 스스로 장기투자를 지향하고, 가치투자를 연구하고, 20~30년 동안 함께할 재테크 수단이라고 생각하며 긴 안목으로 주식투자를 대한다.

뿐만 아니라 1년에 한 번씩 개최되는 주주 총회에 본인 비용으로 기꺼이 참석하기도 한다. 필자는 2017년과 2018년에 원정대를 꾸려서 주총에 참석했는데, 2018년의 경우 주총이 한국의 연휴와 겹치면서 평상시보다 비용이 많이 추가되었다. 그럼에도 불구하고 워런 버핏을 멀리서나마 보고, 그의 이야기를 들으려 고생도 서슴지 않고 다녀왔다. 오마하라는 미국의 작은 도시에서 3일 동안 진행되는 주주총회에 참석하며 많은 부분을 보고 느낄 수 있기 때문이다. 매년 참여하는 5만 주주들의 마음이 다 이렇지 않겠는가?

만약 당신도 주주총회에 참석하게 된다면, 행사가 끝난 뒤 분명 다음과 같이 말할 것이다. 이미 한국에서 23년 동안 워런 버핏과 미국 주식투자를 겪은 사람으로서 예상하는 한 마디다.

"다음에는 저분들처럼 우리 아이와 함께 오면 좋겠어요."

매년 더 많은 분과 원정대를 꾸려 함께 갈 수 있기를 진심으로 소망한다.

미국 주식은 급등할 때 매수하라

"오늘 장 마감 후 3분기 실적을 발표한 애플이 시간 외에서 6% 이상의 상승을 보이며……."

여러분이 흔히 접하는 미국 기업의 실적 내용 중 일부다. 미국 주식에 투자하지 않는다 해도, 심지어 전혀 관심이 없다 하더라도 주식투자자라면 미국 기업의 실적 발표 내용을 멀리할 수 없다. 애플의 실적이 좋으면 국내 스마트폰 관련주의 주가가 상승하거나 좋은 흐름을 이어갈 것이며, 적어도 국내 시장에 호재로 작용할 가능성이 크기 때문이다.

그런데 여기서 몇 가지만 짚고 넘어가고 싶다.

첫째, 좋은 실적을 발표한 애플의 주가는 오늘 시장에서 급등할 가능성이 큰데, 애플 주식을 보유한 사람이 아니라면 급등할 때 주식을 사야 하는가? 아니면 주가가 하락할 때까지 기다릴 것인가?

둘째, 운 좋게 애플 주식을 이미 보유했다면 급등 시 매도할 것인가? 아니면 장기투자로 더 보유할 것인가?

셋째, 실적이 좋은 것만으로 주식을 매수할 수 있는가?

무척이나 기본적인 질문이지만, 그 결과에 따라서 여러분들의 투자 결과에 큰 영향을 미칠 수 있으니 집중해 보기 바란다.

애플의 경우 좋은 실적을 발표하면서 시간 외, 애프터마켓에서만 1000만 주가 넘는 거래량이 터지면서 6% 급등으로 거래를 마쳤다. 그렇다면 이 거래량은 이익을 실현하는 매도 물량일까? 결론은 그렇지 않다. 지금까지의 경험을 토대로 결론부터 말하자면, 실적이 좋으면 주가가 크게 상승하더라도 미국의 투자자들은 본격적으로 매수를 시작한다. 매수 주체는 기관과 개인이 다르지 않다.

2016년에도 같은 이유로 기관, 헤지펀드, 개인, 연금 등 모든 주체가 가장 많이 매수한 종목이 애플이었다. 이유는 '실적이 좋아서'다. 한때 세계에서 가장 많은 현금을 보유했던 회사로 늘 배당과 자사주 매입을 늘리면서 주주친화정책을 게을리한 적이 없다. 투자의 대가인 워런 버핏도 같은 이유로 애플 주식 보유량을 꾸준하게 늘려 전체 포트폴리오의 43%를 애플로 채웠다. 실적이 좋아진 것을 확인하고 매수했으니 자신 있게 지분을 늘렸을 것이다.

이 부분에서 개인은 달라야 할까? 어차피 기업의 실적은 누구도 정확하게 예측하기 어렵다. 솔직히 전혀 몰라도 된다. 좋은 실적을 발표하면 확인하고 매수하면 그만인데, 굳이 예측할 필요가 없다.

한 예로 2017년 8월 1일 장 마감 후 10분이 지나고 애플의 실적이 발표되었는데, 즉시 주가가 6% 상승으로 고정되었다. 거래량은 무려 1000만 주였다.

미국 주식시장에서는 이처럼 누구라고 할 것 없이, 마치 한 사람처럼 반응한다. 결국 미국 주식투자는 실적이 전부라는 말이다. 6%가 상승한 애플 주식을 매수하고, 실적이 더 좋아져 주가가 추가 상승해서 수익을 내면 그만인 것이다. 국내 주식투자자들은 고개를 갸웃거리겠지만, 이런 교과서적인 일들이 미국 주식시장에서는 흔한 일이니 억지로 부정하지 않기를 바란다. 미국 주식시장의 규모는 6.5경 원이다. 거기에 골드만삭스, 조지 소로스, 워런 버핏 등 이름만 들어도 대단한 투자은행들과 투자의 대가들이 즐비한데 꼼수가 가능할까? 실적이 좋으면 과감하게 매수하고, 운 좋게 실적이 개선되어 급등한 주식을 보유했다면 더 장기적으로 보유하면 된다.

그렇다면 이렇게 실적으로 상승한 주식을 차트로 분석하기란 불가능할까? 직답부터 말하면, 가능은 하지만 필요가 없다. 우리도 지금 차트 분석 없이 애플 주식에 대해서 논하고 있지 않은가?

좋은 주식이 있어도 주가가 비싸다, 대형주라서 무겁다, 이런 주식으로 수익이 날까 하는 괜한 기우로 망설이고, 그 주변 주식을 찾는 어리석은 행동은 당장 그만두자.

상승하는 미국 시장! 쉽게 올라타는 방법은?

미국 주식시장은 중간중간 위기와 부침 속에서도 꾸준히 우상향 그래프를 그리며 안정적인 상승세를 보이고 있다. 하지만 신고가의 시장에서도, 조정기에서도 모든 투자자가 행복한 것은 아니다.

주식을 싸게 매수하려고 기다리는 이들과 시장에서 소위 소외주라는 종목에 투자한 사람들 사이의 상대적 박탈감이 심한 것이다. 기다리고 기다려도 좀처럼 하락하지 않는 시장과 마찬가지로 좀처럼 상승하지 못하는 종목은 그야말로 답이 없어 보인다.

예를 들어보자. 다우 지수 30은 미국을 대표하는 기업으로 구성되어 있는데, 그중 9개 종목은 2017년 한 해 동안 마이너스 수익률을 기록했고, 21개 종목이 플러스 수익률을 기록했다. 정확하게 수익이 나는 종목에 투자할 확률은 70%, 반대로 손해를 보는 종목에 투자할 확률은 30%다. 결국 10명 중 3명은 기록적인 상승을 보이는 주식시장에서 손해를 보았다는 것인데, 특히 GE의 하락 폭이 컸다.

분석을 해보면 하나같이 나름 매수할 만한 충분한 이유가 있고, 가치가 있다. 다만 여러 가지 이유로 지금은 시장의 반대편에 있다는 것인데, 그렇다고 이들 종목을 매수한 투자자는 잘못된 투자를 한 것일까?

사실은 그렇지 않다. 일례로 2017년 한 해 동안 고전한 통신주들을 보자. 미국을 대표하는 통신회사인 AT&T와 버라이즌이 없으면 어떻게 구글이 검색시장에서 일인자가 될 수 있었겠는가? 애플도 마찬가지다. 이들 통신회사의 광대역망을 거치지 않고는 기업의 생존이 불가능한데도 불구하고, 구글은 2017년 35%의 상승을 보였고, 애플은 42%의 상승을 보였다. 억울하지만 이게 현실이다. 결국 어떤 종목에 투자하느냐에 따라서 그 결과는 하늘과 땅 차이라는 것이다.

지금부터는 가장 간단하고 수익을 낼 확률이 높은 투자 방법을 소개하고자 한다. 어떻게 하면 가파른 상승 시장에 성공적으로 올라탈 수 있을까?

정답은 ETFExchange Traded Fund에 투자하는 것이다. PART 1에서도 2개의 챕터에 걸쳐 ETF에 관해 설명했는데, 그만큼 미국 주식투자에서 중요한 존재라 하겠다. 앞서 버핏의 경우에서도 봤듯이 그는 S&P500 지수로도 충분히 복리효과를 누릴 수 있다고 강조했다.

개별 종목이나 업종, 상품 등의 레버리지 ETF에 투자하는 것은 매우 위험하나 세제 개혁안에 대한 기대로 기업의 실적 성장을 예견하는 투자자라면 오히려 지수에 투자하는 것이 가장 올바른 투자 방법이라고 생각했다.

많은 투자자기 ETF와 관련해 마치 펀드처럼 수익률이 형편없을 것 같다고 오해할 수 있으나, 필자는 장기적인 상승 시장에서 시장에 올라타기 가장 쉬운 방법이 ETF라고 다시 한번 강력하게 주장하고 싶다.

중요한 것은 시장의 참여다. AMD나 마이크론 테크놀로지 같은 반도체 기업에 투자하고 싶은 투자자라 해도 상승률을 보면 쉽게 매수하지 못한다. 최근 3년 동안 AMD는 300%, 마이크론 테크놀로지는 75%로 급격한 상승을 보였으니 과감하게 투자가 가능할까?

하지만 반도체 ETF인 SOXXiShares PHLX Semiconductor ETF는 훨씬 투자가 쉽다. 전체 31개의 반도체 기업으로 구성된 SOXX ETF는 편입된 개별 기업 한두 종목이 급락하거나 악재가 나오더라도 그 영향이 적어 장기투자가 가능하며 마음만 먹으면 적립식 투자도 가능하다. 뿐만 아니라 유럽이 좋으면 유럽 지역 ETF에 투자하면 되고, IT기업이 좋으면 관련 ETF에 투자할 수 있다. 참고로, ETF닷컴www.etf.com이나 ETF디비닷컴etfdb.com에 접속하면 더 다양한 관련 정보를 얻을 수 있을 것이다.

17

꼬박꼬박 들어오는
배당수익 얻는 법

한국 주식과는 차원이 다른 배당!
미국 배당주 투자 전략

　미국은 배당주에 대한 투자가 매우 보편화되어 있다. 국내 투자의 경우, 배당 시즌이라 하여 특정 시즌에만 배당을 하는데, 수익률이 낮고 배당금 지급도 늦어서 크게 환영받지 못한다. 그러나 미국 주식은 많이 다르다. 배당주 투자가 일반적인 데다 실제 수익률과 인식 또한 좋다.

　다음 페이지의 첫 번째 그림은 2000년부터 2024년까지의 S&P500 지수의 총 배당금과 주당 배당금(분기별) 추이를 표기한 것인데, 시간이 지날수록 총 배당금(파란 막대)과 주당 배당금(빨간 선)이 증가하는 것을 확인할 수 있다. 이는 미국 기업들이 장기간 배당금을 늘려가고 있으며, 투자자들에게 우호적인 환경이 조성되어 있음을 시사한다. 기업 실적이 상승하면 배당의 증가로 이어진다는 주주친화정책이 미국 주식시장에 오랜 기간 정착했음을 알 수 있는 대목이다.

S&P500 지수의 주당순이익(EPS)과 배당순이익(DPS)의 추이

자료: mymoneyblog.com

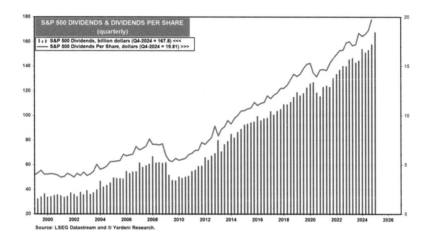

S&P500 지수와 배당 귀족주 수익률 비교 (단위: %)

자료: www.dividendgrowthinvestor.com

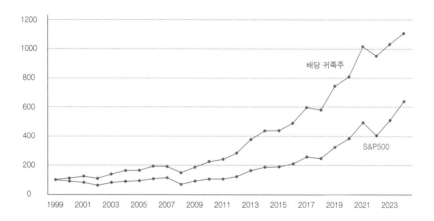

배당주 가운데는 무려 25년 이상 배당을 지속적으로 늘려온 기업들도 있는데 이런 주식을 일컬어 배당 귀족주, 즉 '디비던드 아리스토크래츠 Dividend Aristocrats'라고 부른다. 이러한 배당 귀족주들은 오랜 기간 수익률이 높았는데, 앞 페이지의 두 번째 그림을 통해 알 수 있듯이 S&P500 지수에 비해서 두 배가량 상회하는 모습을 보인다.

이 두 장의 그림만으로도 배당주 투자의 필요성을 충분히 느낄 수 있을 것이다.

미국 배당주들의 특징

미국 주식시장에서 볼 수 있는 배당주들의 특징을 정리하면 다음과 같다.

첫째, S&P500 기업 중에서 약 80% 이상인 400여 개의 기업이 배당을 하고 있다.

둘째, 배당 지급 주기는 월, 분기, 반기, 일 년, 특별 배당 등으로 다양하게 정해져 있으나 보통의 경우 분기(1년에 4번) 배당이 일반적이다.

셋째, 배당금 지급은 보통 1개월 내에 하되 빠른 경우 10일 안에 지급하고 늦어도 두 달 안에는 모두 지급한다(현지 지급일 기준, 단 국내의 경우 시차 문제로 인해서 현지 지급일에서 일주일 이내 시간이 더 소요된다).

넷째, 현금 배당과 주식 배당을 선택할 수 있다면, 현금 배당을 원칙으로 지급받는 편이 유리하다(국내 증권사의 경우 최소 수수료를 부과하는 증권사가 있는데, 소수의 주식 배당을 받는 경우 최소 수수료의 부담이 커져서 투자자들에게 불리할 수 있기 때문이다).

다섯째, 배당투자 시 언제까지 주식을 보유하면 배당을 받을 수 있느냐가 관건인데, 이와 관련해서는 '배당락일Ex-Dividend Date'이라는 용어만 기억하면 된다. 배당락일 전일까지만 매수하면 배당 참여가 가능하나. 예를 들어 12월 2일이 배당락일이면, 12월 1일 장 마감 전까지만 매수하면 배당을 받을 수 있다. 하지만 휴일도 고려해야 함으로 필자는 안전하게 배당락 3일 전에 매수하는 것을 추천한다.

여섯째, 분기 배당의 경우 국내와 달리 배당락의 영향이 극히 미미하거나 없는 경우가 많다.

일곱째, 배당세는 양도세와 별도로 원천징수를 통해서 세금을 떼고 나머지 배당금이 계좌에 입금된다. 일반적인 배당세는 15.4%이며, 리미티드 파트너스Limited Partners, 즉 LP라고 불리는 유한책임사원의 경우 39.6%의 높은 배당세를 적용받는다.

LP의 경우 법인세에 대한 혜택이 커 형평성 차원에서 배당세를 더 많이 부과하는 것이다. 투자하고자 하는 회사의 이름 끝에 LP가 붙어 있다면 이와 같은 사실을 기억해서 투자하는 데 착오가 없었으면 한다.

그렇다면 배당 귀족에는 어떤 기업들이 있는지 알아보자. S&P500 내에 편입된 종목들로 65개의 배당 귀족 전체 종목을 다음 장에 표로 정리했다. 집계 결과, 50년 이상 연속 배당금을 지급한 기업도 4개나 되었다 (2025년 2월 기준).

S&P500 내 배당 귀족 65종목 (2025년 2월 13일 기준)

자료: www.investopedia.com

기업명	티커	섹터	누적지급 연도(년)	연배당률
Dover Corp.	DOV	Industrials	70	1.0%
Procter & Gamble Co.	PG	Consumer sta-ples	69	2.38%
Parker-Hannifin Corpora-tion	PH	Information technology	69	0.94%
Genuine Parts Company	GPC	Industrials	69	3.39%
Emerson Electric Co.	EMR	Industrials	68	1.66%
3M Co.	MMM	Industrials	67	1.92%
Cincinnati Financial Corp.	CINF	Financials	64	2.52%
Johnson&Johnson	JNJ	Consumer sta-ples	63	3.23%
The Coca-Cola Co.	KO	Consumer sta-ples	63	3.0%
Colgate-Palmolive Co.	CL	Consumer sta-ples	62	2.33%
Nordson Corporation	NDSN	Materials	62	1.45%
Hormel Foods Corp.	HRL	Consumer sta-ples	59	3.98%
Stanley Black & Decker Inc.	SWK	Industrials	58	3.82%
Federal Realty Investment Trust	FRT	Real estate	58	3.97%
Altria Group, Inc.	MO	Consumer sta-ples	56	7.75%
Sysco Corp.	SYY	Consumer sta-ples	56	2.86%
Illinois Tool Works Inc.	ITW	Industrials	55	2.35`%
Target Corp.	TGT	Consumer dis-cretionary	54	3.33%
W.W. Grainger Inc.	GWW	Industrials	54	0.78%
PPG Industries Inc.	PPG	Materials	54	2.35%
AbbVie Inc.	ABBV	Health care	53	3.4%

기업명	티커	섹터	누적지급 연도(년)	연배당률
Abbott Laboratories	ABT	Health care	53	1.84%
PepsiCo Inc.	PEP	Consumer sta-ples	53	3.73%
Lowe's Cos. Inc.	LOW	Consumer dis-cretionary	53	1.79%
Becton, Dickinson & Co.	BDX	Health care	53	1.83%
Kimberly-Clark Corp.	KMB	Consumer sta-ples	53	3.92%
Walmart Inc.	WMT	Consumer sta-ples	52	0.81%
S&P Global Inc.	SPGI	Financials	52	0.74%
Consolidated Edison Inc.	ED	Utilities	52	3.56%
Nucor Corp.	NUE	Materials	52	1.65%
Archer-Daniels-Midland Co.	ADM	Consumer sta-ples	52	4.40%
Brown & Brown Inc.	BRO	Financials	52	2.9%
McDonald's Corp.	MCD	Consumer dis-cretionary	50	2.41%
Automatic Data Processing Inc.	ADP	Information technology	50	1.99%
Air Products and Chemicals Inc.	APD	Materials	50	2.18%
Medtronic PLC	MDT	Health care	49	3.0%
Walgreens Boots Alliance Inc.	WBA	Consumer sta-ples	49	9.95%
Sherwin-Williams Co.	SHW	Materials	48	0.78%
The Clorox Co.	CLX	Consumer sta-ples	48	3.31%
Pentair PLC	PNR	Industrials	48	1.0%
Franklin Resources Inc.	BEN	Financials	45	6.22%
ExxonMobil Corp.	XOM	Energy	44	3.65%
Cintas Corp.	CTAS	Industrials	44	0.76%
Atmos Energy Corp.	ATO	Utilities	43	2.43%

기업명	티커	섹터	누적지급 연도(년)	연배당률
T. Rowe Price Group Inc.	TROW	Financials	39	4.45%
Chevron Corp.	CVX	Energy	38	4.5%
McCormick & Co.	MKC	Consumer sta-ples	38	2.33%
Erie Indemnity Company	ERIE	Insurance	35	1.32%
Jack Henry&Associates, Inc.	JKHY	Financials	35	1.27%
General Dynamics Corp.	GD	Industrials	34	2.22%
Chubb Ltd.	CB	Financials	33	1.33%
Roper Technologies Inc.	ROP	Industrials	33	0.57%
Caterpillar Inc.	CAT	Industrials	32	1.54%
Brown-Forman Corp.	BF-B	Consumer sta-ples	32	0.56%
A.O. Smith Corp.	AOS	Industrials	32	2.0%
Expeditors International of Washington Inc.	EXPD	Industrials	30	1.32%
Albemarle Corp.	ALB	Materials	30	2.0%
Church & Dwight Co. Inc.	CHD	Consumer sta-ples	29	1.12%
The J.M.Smucker Company	SJM	Consumer sta-ples	29	4.19%
C.H.Robinson Worldwide, Inc.	CHRW	Supply	27	2.57%

배당 일정은 아래의 홈페이지에서 확인할 수 있다.

www.wsj.com/mdc/public/page/2_3022-dividends.html#dividendsC

바로 보러 가기 ▶

홈페이지에서 'EX-DIV'라는 항목을 참고하면 되는데 이는 STOCKS EX-DIVIDEND의 약자로 배당락일을 뜻한다. 다시 강조하지만, 배당락일 전일까지 매수해야 배당을 받을 수 있다. 배당 일정을 확인할 수 있는 또 다른 홈페이지로는 아래와 같은 곳이 있다.

https://www.nasdaq.com/market-activity/dividends

바로 보러 가기 ▶

18

알아두면 유용한
경제지표

**더욱 전략적인 투자를 위해
챙겨보아야 할 것들**

거듭 말하지만 미국 주식투자 시 가장 중요하게 볼 것은 각 기업들의 실적이다. 여기에 더해 금융시장에 영향을 미치는 전반적인 경제 상황, 산업 동향 등을 파악해 두면 성공적인 투자에 큰 도움이 될 것이다.

현지의 경제 상황과 산업 동향 등을 파악하기 위해서는 경제지표들을 확인하는 것이 필요하다. 나아가 각종 지표들을 해석하는 능력을 갖춘다면 보다 전략적인 투자가 가능해질 것이다.

베이지북Beige Book, 기업재고, 건설지출, 소비자신뢰지수, 소비자신용, 소비자물가지수, 내구재 주문, GDP, 수입 및 수출 물가, 소매판매 등 지금부터 소개하는 대다수의 경제지표들은 브리핑닷컴www.briefing.com에서 확인이 가능하다. 해당 페이지에 접속하면 릴리즈Release 항목에서 다양한 경제지표들을 찾을 수 있다. 다음 장부터 소개되는 이미지들은 2025년 3월 기준이다. 큐알코드를 통해 최신의 그래프를 확인할 수 있으니 참고로 알아두자.

베이지북(Beige Book)

❶ **내용** : 연방준비제도Fed가 정기적으로 발표하는 경기 동향 보고서로, 표지 색이 베이지 색이라서 베이지북이라고 불린다. 초창기에는 레드북Red Book이라 불렸으며, 1970년부터 발행되었다. 당시 레드북은 각 지역별 경제 상황을 요약해 발행했는데, 고위관료들만이 볼 수 있는 고급 자료였다. 이후 1983년 일반에 공개되면서 책 표지가 베이지색으로 바뀌고 현재에 이르렀다.

❷ **판단** : 12개 지역 Fed가 산업생산활동, 소비동향, 물가, 고용시장 상황 등 경제정책 결정의 중요한 지표들을 조사하고 요약한다.

❸ **발표** : 1년에 8번 발표되며 연방공개시장위원회FOMC 개최 전, 해당월 두 번째 주 수요일 오후 2시(동부시간 기준)에 공개된다.

Fed를 통해 공개되는 베이지북

자료: www.federalreserve.gov/monetarypolicy/publications/beige-book-default.htm 바로 보러 가기 ▶

Board of Governors of the Federal Reserve System

The Federal Reserve, the central bank of the United States, provides the nation with a safe, flexible, and stable monetary and financial system.

| About the Fed | News & Events | Monetary Policy | Supervision & Regulation | Financial Stability | Payment Systems | Economic Research | Data | Consumers & Communities |

Home > Monetary Policy

Beige Book

Summary of Commentary on Current Economic Conditions by Federal Reserve District

Commonly known as the Beige Book, this report is published eight times per year. Each Federal Reserve Bank gathers anecdotal information on current economic conditions in its District through reports from Bank and Branch directors and interviews with key business contacts, economists, market experts, and other sources. The Beige Book summarizes this information by District and sector. An overall summary of the twelve district reports is prepared by a designated Federal Reserve Bank on a rotating basis.

📁 Archive ❿

Related Information

Frequently Asked Questions

2025

January 15: HTML | PDF

March 5

April 23

June 4

July 16

기업재고(Business Inventories)

❶ **내용 :** 제조업체, 도매업체, 소매업체가 보유하는 재고량을 달러량으로 측정한다. 재고 목록은 총생산량GDP의 판매되지 않은 물건을 확인하는 데 도움이 되므로 GDP의 중요한 요소가 된다. 따라서 경기 동향의 흐름을 파악하는 지표라고 보면 된다.

❷ **판단 :** 재고량과 판매량이 같이 늘어나는지를 확인하고 만약 두 가지가 모두 늘어난다면 생산 활동이 활발한 경기확장 국면으로 판단한다.

❸ **발표 :** 2개월 전 데이터를 매월 중순(15일 전후) 오전 8시 30분에 발표한다.

기업재고 지표
자료: www.briefing.com

바로 보러 가기 ▶

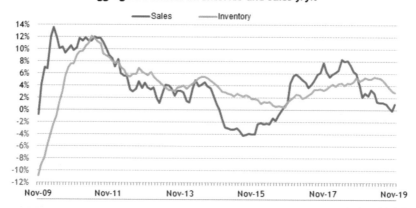

건설지출(Construction Spending)

❶ 내용 : 건설지출은 거주, 비거주, 공공건물 건축비용의 달러화 가치에 대한 데이터다.

❷ 판단 : 향후 건설 경기에 대한 낙관이 건설지출을 증가시켜 건설지출 지표가 증가한다. 하지만 경기가 안 좋거나 전망이 비관적이면 건설지출이 감소한다(그래프를 보면 쉽게 이해할 수 있다). 2007년 금융위기 때는 건설 경기가 안 좋아 건설지출이 감소했다가 이후에 서서히 회복하는 모습을 확인할 수 있다.

❸ 발표 : 2개월 전의 데이터를 매월 첫 영업일 오전 10시에 발표한다.

건설지출 지표

자료: www.briefing.com

바로 보러 가기 ▶

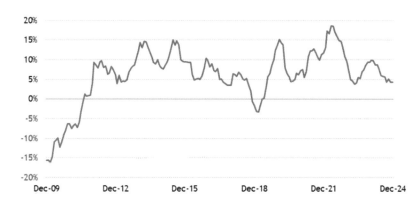

Construction Spending y/y%

소비자신뢰지수(Consumer Confidence)

❶ **내용 :** 매월 5천 가구를 상대로 설문을 통해 소비심리를 파악하는 지표다. 소비자들이 경기를 어떻게 생각하는지 파악하기 위해 만들어진 것으로, 1982년 100으로 시작되었다. 내용 중 60%는 향후 전망, 40%는 현재 상황으로 작성된다.

❷ **판단 :** 미국의 경제 상태를 나타내는 선행지수 중의 하나로, 예상치를 상회하는지 하회하는지 비교하고 전월 수치와 비교해서 판단한다.

❸ **발표 :** 매월 마지막 주 화요일 오전 10시에 발표한다.

소비자신뢰지수 지표
자료: www.briefing.com

바로 보러 가기 ▶

소비자신용(Consumer Credit)

❶ 내용 : 소비자가 소비재를 구입하면서 받은 대출을 수치로 나타낸 지
표이다.

❷ 판단 : 단기적인 대출 감소는 부실채권의 감소를 가져오지만, 이는 경
제 상황이 안 좋아 은행권에서 대출을 줄이고 있다는 의미다.
따라서 경기 호전 국면에서는 소비자대출의 증가가 수반된다
고 판단하면 된다.

❸ 발표 : 2개월 전 데이터를 매월 5영업인 오후 3시에 발표한다.

| 소비자신용 지표
자료: www.briefing.com

바로 보러 가기 ▶

Consumer Credit y/y%

12%
10%
8%
6%
4%
2%
0%
2%
4%

Dec-09   Dec-12   Dec-15   Dec-18   Dec-21   Dec-24

소비자물가지수(Consumer Price Index)

❶ 내용 : 소비자가 구입하는 소비재 및 서비스의 가격 변동을 나타내는 대표적인 물가지수다. 특히 변동성이 큰 에너지와 식품 부분을 제외한 Core CPI가 중요하다.

❷ 판단 : 대표적인 물가지수 가운데 하나로 Fed에서 인플레이션을 판단하는 데 중요한 지표로 사용되고 있으며, 금리 결정의 중요한 요소다.

❸ 발표 : 1개월 전 데이터를 매월 중순 오전 8시 30분에 발표한다.

소비자물가지수 지표
자료: www.briefing.com

바로 보러 가기 ▶

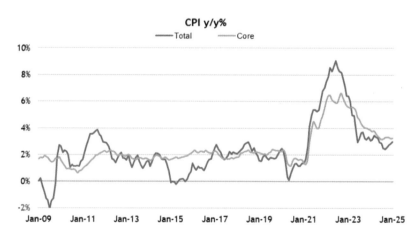

144

미시간 대학의 소비자심리지수

(Univ. of Michigan Consumer Sentiment Index)

❶ 내용 : 콘퍼런스보드Conference Board의 대표적인 선행지표 중 하나다. 소비자신뢰지수와 마찬가지로 미시간 대학에서 500명의 소비자들을 설문조사하는데 현재 또는 미래의 가계 상황, 경기 상황, 구매 계획 등의 내용을 담고 있다.

❷ 판단 : 전월 예비수치와 최종수치를 비교하여 증감을 보고 소비자의 현 상황에 대한 신뢰도를 판단한다. 소비자신뢰지수와 마찬가지로 경기후퇴 시 수치가 감소하고 경기확장 시 수치가 증가한다.

❸ 발표 : 예비수치는 매월 두 번째 금요일 오전 10시에 발표하며, 최종수치는 매월 네 번째 금요일 오전 10시에 발표한다.

미시간 내악의 소비자심리지수 지표

자료: www.briefing.com

바로 보러 가기 ▶

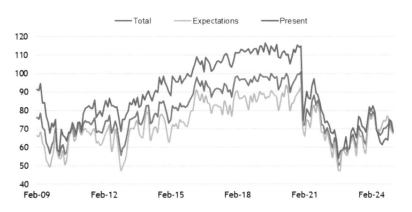

내구재주문(Durable Goods Orders)

❶ **내용** : 내구재 주문, 출하, 재고를 달러량으로 나타낸 지표다. 제조업
활동을 가장 잘 반영하는 선행지표 중 하나이기도 하다. 내구재
주문을 구성하는 방위 산업과 항공 산업은 변동성이 너무 크므
로 제외한다.

❷ **판단** : 제조업 활동이 얼마나 활발한지를 예측할 수 있다. 전월 데이터
와 비교하면서 경기회복의 전환점을 예상할 수 있다.

❸ **발표** : 전월 데이터를 매월 26일 전후 오전 8시 30분에 발표한다.

내구재주문 지표
자료: www.briefing.com

바로 보러 가기 ▶

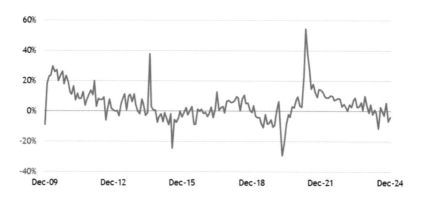

매월 발표되는 고용지표

❶ Average Workweek   주당 평균노동시간

❷ Hourly Earnings   시간당 임금 상승률

❸ Nonfarm Payrolls   비농업부문 고용 상황, 즉 신규 일자리 수를 뜻함

바로 보러 가기 ▶

❹ Unemployment Rate   실업률

❺ 발표 : 전월 데이터를 매월 첫 번째 금요일 오전 8시 30분에 발표한다.

매주 발표되는 고용지표 : 이니셜 클레임(Initial Claims)

❶ 내용 : 주간 신규 실업수당 신청 건수로 매주 새롭게 실직하는 사람들

이니셜 클레임 지표
자료 : www.briefing.com

바로 보러 가기 ▶

Initial Unemployment Claims, 4-Week Average

의 수당을 나타내는 지표다.

❷ 판단 : 30만 건 이하의 수치가 발표되면 대개 고용시장이 안정되었다고 판단한다. 2007년 금융위기 때는 주간 실업수당 신청 건수가 65만 건을 넘어간 일도 있었다.

❸ 발표 : 전주 데이터를 매주 목요일 오전 8시 30분에 발표한다.

기존 주택판매(Existing Home Sales)

❶ 내용 : 판매 계약이 완료된 기존 주택판매 건수에 대한 통계 지표다.

❷ 판단 : 경기가 호전되면 판매가 늘고, 반대로 경기침체 시에는 판매가 부진해진다.

❸ 발표 : 전월 데이터를 매월 25일 전후 오전 10시에 발표한다.

기존 주택판매 지표
자료: fred.stlouisfed.org/series/EXHOSLUSM495S

바로 보러 가기 ▶

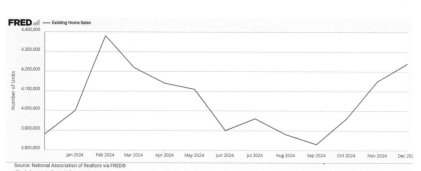

신규 주택판매(New Home Sales)

❶ 내용 : 판매 계약이 체결된 신규주택판매 건수에 대한 통계다.

❷ 판단 : 경기가 호전되면 판매가 늘고, 반대로 경기가 침체되면 판매가
    부진해진다.

❸ 발표 : 전월 데이터를 매월 마지막 영업일 전후 오전 10시에 발표
    한다.

신규 주택판매 지표

자료 : www.briefing.com

바로 보러 가기 ▶

New Home Sales (thousands, SAAR)

주택착공(Housing Starts) / 건축허가(Building Permits)

❶ 내용 : 미국 내 개인 소유의 신규 주택 착공의 수를 집계한다. 다세대
나 아파트 등의 공동주택은 포함되지만, 호텔·모텔·기숙사
등 공동거주지는 포함되지 않는다. 데이터에 포함되는 것은 허
가를 받은 주택의 수, 건축 예정인 주택의 수, 건설 시작·진
행·완료된 주택의 수로 한정된다.

건축허가Building Permits는 주택착공과 같은 날 같은 시간에 발
표되는 지표로써 말 그대로 월별 건축허가 건수를 나타내며, 이
두 지표로 미국의 부동산 경기 흐름을 파악할 수 있다.

❷ 판단 : 금리와 경기에 민감하게 움직이는 지표로 주로 경기선행지표
로 활용된다. 이자율이 상승하면 주택판매가 줄고 뒤이어 주택

주택착공 지표
자료: www.briefing.com

바로 보러 가기 ▶

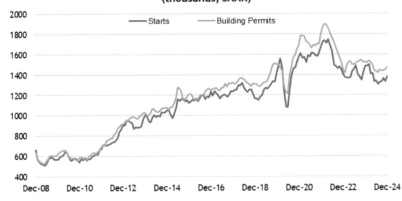

Housing Starts and Building Permits 3-Month Moving Average
(thousands, SAAR)

150

착공도 감소하며, 이자율이 낮아지면 주택판매가 늘고, 따라서 주택착공도 늘어난다.

❸ **발표**: 전월 데이터를 매월 16일 전후 오전 8시 30분에 발표한다.

공장주문(Factory Orders)

❶ **내용**: 내구재(자동차, 전자제품 등) 주문과 비 내구재(의류, 식품 등) 주문을 합친 것으로, 내구재 주문Durable Orders 발표 일주일 후 발표된다. 공장주문 중 내구재와 비 내구재의 비율은 54 : 46으로 내구재 주문만으로도 공장주문의 지표를 미리 예측할 수 있다. 공장주문은 신규 주문, 생산, 반품, 재고 등의 금액을 합해서 발

공장주문 지표
자료: www.briefing.com

바로 보러 가기 ▶

표된다.

❷ 판단 : 미국의 제조업 동향에 중요한 지표로, 전월 수치와 비교하여 증가 시에는 경기호전을 기대하고, 반대로 감소 시에는 경기둔화를 예측할 수 있다.

❸ 발표 : 2개월 전 데이터를 매월 첫째 주 오전 10시에 발표한다.

국내총생산(GDP)

❶ 내용 : 국내·외 자국민의 총생산이 GNP인 반면, GDPGross Domestic Product는 미국 내 총생산을 말한다. GDP는 한 국가에서 생산된 최종생산물을 시장가격으로 환산한 것으로 소비, 투자, 순수출 Net Exports(수출-수입), 정부지출, 재고 등으로 구성되며, 그중 소비가 전체의 2/3 이상을 차지한다.

❷ 판단 : Fed의 많은 정책 수립과 미 의회의 예산 수립에 중요한 지표로 사용된다. GDP가 상승하면 경기확장으로 이어져 금리와 주가의 상승을 불러오며, GDP가 하락하면 경기후퇴로 이어지며 금리가 낮아지고 통화가 시장에 풀리기 시작한다.

❸ 발표 : 전 분기 GDP를 현재 분기 첫 달에는 추정치, 두 번째 달에는 예비치, 현재 분기 마지막 달에 확정치로 발표한다. 매월 셋째 주 내지 넷째 주 오전 8시 30분에 발표된다.

명목GDP(Nominal GDP)와 실질GDP(Real GDP)

❶ **명목GDP** : GDP는 한 국가에서 생산된 최종생산물을 시장가격으로 환산하는데, 그해 시장가격으로 환산한 것이다.

❷ **실질GDP** : 명목GDP를 특정 연도의 물가를 기준으로 환산한 것으로, 쉽게 말하면 GDP를 산출할 때 시장의 물가 변동 분을 제거한 것이다. 따라서 가격은 변함없다는 기준을 두고 생산량의 변동만을 측정한다. 경제성장률을 구할 때는 실질 GDP가 쓰인다.

명목GDP 지표
자료: www.briefing.com

바로 보러 가기 ▶

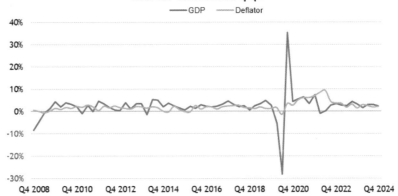

Real GDP and Deflator q/q%
— GDP — Deflator

수입 및 수출물가(Import and Export Prices)

❶ **내용** : 수출·입물가의 가격 변동을 나타내는 지표로, 달러의 강·약세, 즉 환율의 움직임과 밀접한 관계가 있다. 주요 내용은 수입품의 가격 움직임, 오일은 제외한 수입품의 가격 움직임, 수출품의 가격 움직임, 농산물을 제외한 수출품의 가격 움직임이다. 특히 수입품의 가격 움직임은 미국 내 인플레이션에 큰 영향을 미친다.

❷ **판단** : 달러의 강세 시, 수출·입 물가는 하락하는 경향이 있다. OPEC의 결정에 변동성이 커지므로 오일을 제외한 수입물가가 주로 사용된다. 또 날씨로 인해 변동성이 커지므로 농산물을 제외한 수출물가도 주로 사용되며 미국의 경쟁력을 분석하는 지표로 쓰인다.

❸ **발표** : 전월 데이터를 매월 둘째 주 오전 8시 30분에 발표한다.

수입 및 수출물가 지표

자료: www.briefing.com

바로 보러 가기 ▶

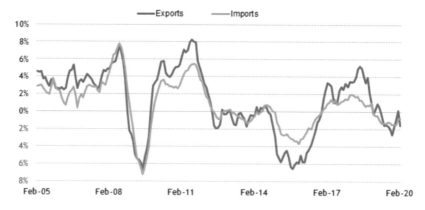

산업생산(Industrial Production)

❶ 내용 : 대표적인 경기동행지표로 제조업, 광업, 유틸리티 업종의 생산량을 측정한다. 제조업 분야가 가장 큰 비중을 차지하며 공장 가동 시간과 밀접한 관계가 있다.

유틸리티 분야는 날씨와 상관관계가 깊으며 혹한기와 혹서기 때 생산량이 부쩍 늘어난다.

❷ 판단 : 공장 가동률을 측정하는 지표로 사용되기도 하는 산업생산 지표는 경기의 호ㆍ불황을 나타내는 지표로 유용하게 사용된다. Fed 역시 한 해의 경제성장률의 측정할 때 산업생산 지표를 사용하기도 한다.

❸ 발표 : 전월 데이터를 매월 15일 전후 오전 9시 15분에 발표한다.

산업생산 지표
자료: www.briefing.com

 바로 보러 가기 ▶

Production and Capacity y/y%

— Production ⸺ Capacity Utilization

ISM 제조업지수(ISM Index)

❶ **내용 :** The Institute for Supply Management's Index의 약자로
서 '공급관리자협회지수'라고 한다. 산출방식은 공급관리자협
회에서 소비자신뢰지수와 같이 설문 조사를 통하는데, 50개 주
의 20가지 업종에 속해있는 400개 회사로부터 새로운 주문
(30%), 생산(25%), 고용(20%), 운송(15%), 재고(10%)에 대한
설문을 토대로 지표를 산출한다. 설문은 개선, 악화, 불변으로
간단하게 체크한다. 50을 기준으로 50 이하 시 경기수축을 반
영하며, 50 이상 시 경기확장을 반영한다.

❷ **판단 :** 미국의 대표적인 선행지표로, 제조업 경제활동을 미리 예상할
수 있으며 주식시장에 큰 영향을 주는 지표다. 미국 월가의 전

ISM 제조업지수 지표
자료: www.briefing.com

바로 보러 가기 ▶

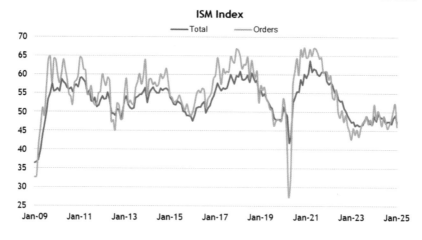

문가들이 가장 신뢰하는 지표 중의 하나이기도 하다. 전 달의 수치 변화와 50을 기준으로 경기 확장과 수축을 가늠한다.

❸ **발표** : 전월 데이터를 매월 첫 영업일 오전 10시에 발표한다.

ISM 서비스지수(ISM services)

❶ **내용** : ISM 제조업지수가 제조업 분야의 지표라면, ISM 서비스지수는 비제조업, 즉 서비스업 분야의 지표다. 370개 회사의 설문 조사를 통하여 지표를 산출하며 나머지 내용은 ISM 제조업지수와 동일하다.

❷ **판단** : ISM 제조업지수보다 중요도는 떨어지지만, 최근 들어 전자상거래의 시장규모가 커지면서 B급 이상의 중요도를 갖는다. ISM

ISM 서비스지수 지표
자료: www.briefing.com

바로 보러 가기 ▶

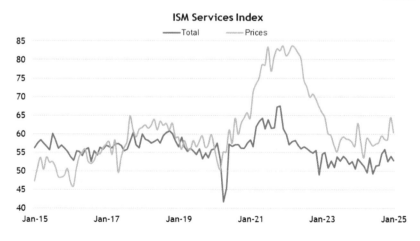

제조업지수와 마찬가지로, 전 달의 수치 변화와 50을 기준으로 경기확장과 수축을 가늠한다.

❸ **발표** : 전월 데이터를 매월 세 번째 영업일 오전 10시에 발표한다(ISM 제조업지수보다 이틀 늦게 발표된다).

트럭, 자동차 매출(Auto, Truck Sales)

❶ **내용** : 미국에서 생산된 자동차와 트럭의 판매량을 나타내는 지표로 전체 소매 판매의 25% 비중을 차지한다. 따라서 개인의 소비 증가를 가늠하고, 대부분의 차량을 할부로 구입하기 때문에 이 자율에 민감하게 반응한다. 또한 특이하게 차량 제조사에서 독 자적으로 데이터를 발표한다.

❷ **판단** : 차량의 판매량을 나타낸 것으로, 개인 소비 및 소매 판매와 관

트럭, 자동차 매출 지표
자료: research.stlouisfed.org/fred2/series/ALTSALES

바로 보러 가기 ▶

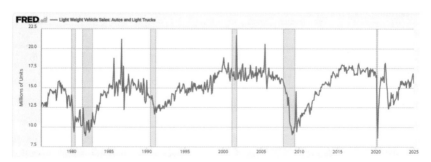

련이 있다. 경기후퇴 시 다양한 판매 전략으로 인해 단기간 판매량이 늘어날 수는 있으나 전체적인 경기와 흐름을 같이 한다.

❸ 발표 : 전월 데이터를 매월 첫 영업일에서 세 번째 영업일 사이에 발표하는데, 발표 날짜가 정해져 있지 않고 차량 제조사의 편의에 따라 수시로 정해진다.

개인소득과 지출(Personal Income & Spending)

❶ 내용 : 개인소득은 급료와 임금이 가장 큰 부분을 차지하며, 그 밖에 임대수익, 정부보조금, 이자소득, 배당소득 등이 있다. 개인소비는 내구재, 비 내구재, 서비스 등으로 분류된다.

개인소득과 지출 지표
자료: www.briefing.com

바로 보러 가기 ▶

❷ 판단 : 개인소득은 고용지표와 연관성이 있으며, 개인지출은 소매 판
　　　매와 관련이 깊다. 따라서 독자적인 지표로써 중요성을 띤다기
　　　보다는 경기 흐름과 비슷한 움직임을 나타내는 것이 특징이다.

❸ 발표 : 2개월 전 데이터를 매월 첫 영업일 전후 오전 8시 30분에 발표한다.

필라델피아 연은지수(The Philadelphia Fed survey)

❶ 내용 : 필라델피아 인근 지역의 제조업 상황을 설문조사해 발표한 것
　　　으로 미국 제조업 활동을 잘 나타내는 지표다.

❷ 판단 : 0 이하이면 경기수축, 0 이상이면 경기확장을 나타낸다.

❸ 발표 : 현재 월의 데이터를 매월 세 번째 목요일 12시에 발표한다. 참고

필라델피아 연은지수
자료: www.advisorperspectives.com

바로 보러 가기 ▶

Philly Fed Manufacturing Index

로 해당 지수는 현재 홈페이지 유료 회원에게만 제공되고 있다.

생산자물가지수(Producer Price Index)

❶ 내용 : 생산자물가지수는 도매 상품가격을 측정하는 지표다. 도매상품
은 세 가지로 분류하는데, 미 가공품과 중간재 그리고 완제품이
있으며 완제품이 생산자물가지수PPI 산출에 큰 비중을 차지한
다. 또한 소비지물가지수CPI에 신행하녀 Core CPI와 같이 변농
성이 큰 에너지와 식품을 제외한 Core PPI가 따로 발표된다.

❷ 판단 : 생산자물가지수는 소비자물가지수에 선행하면서 영향을 준다.
생산자물가지수가 증가하면 물가상승 압력에 의한 인플레이션

생산자물가지수 지표
자료: www.briefing.com

바로 보러 가기 ▶

우려가 발생한다. 반대로 경기가 침체하며 생산자물가지수가 지속적으로 하락하면 금리 인하 요인으로 작용한다.

❸ **발표** : 전월 데이터를 매월 11번째 영업일 전후 오전 8시 30분에 발표한다.

소매판매(Retail Sales)

❶ **내용** : 소매점에서 일어난 모든 매출을 집계해 나타낸다. 특히 소비자 지출과 관련이 깊고, 변동성이 큰 자동차는 지표 산출에서 제외된다. 또한 상품만 집계하며 서비스 부문은 포함하지 않는 게 특징이다.

소매판매 지표
자료: www.briefing.com   바로 보러 가기 ▶

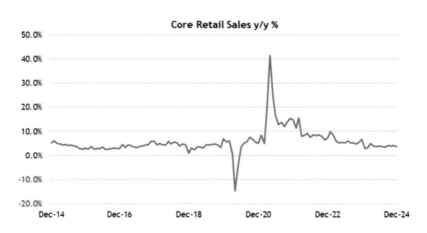

❷ **판단** : 소매판매는 미국경제의 가장 큰 부분인 소비에 대한 부분을 파악할 수 있는 지표다. 하지만 자동차, 서비스 부분이 제외되는 등 전체적인 소비의 정도를 나타내기는 충분하지 않다. 즉 인플레이션을 파악하기에는 부족한 지표다.

❸ **발표** : 전월 데이터를 매월 13번째 영업일을 전후하여 오전 8시 30분에 발표한다.

무역수지(Trade Balance)

❶ **내용** : 수출량에서 수입량을 뺀 수치다. GDP의 중요한 요소이며, 특히 미국의 대외무역의 성장 정도를 알 수 있는 수출 부분이 중

무역수지 지표

자료: www.briefing.com

바로 보러 가기 ▶

Monthly Nominal Trade Balance ($blns, 3-mth MA)

요하다.

❷ 판단 : 순수출Net Exports은 GDP의 중요한 요소 중의 하나이므로 월별
무역수지는 분기 GDP를 결정짓는 기초 자료가 된다. 미국의
골칫덩이인 무역적자의 현황을 한눈에 알 수 있다.

❸ 발표 : 2개월 전 데이터를 매월 10번째 영업일 전후 오전 8시 30분에
발표한다.

재정수지(Treasury Budget)

❶ 내용 : 미국의 재정수지라고 하며, 미국의 무역적자와 함께 재정적자
를 겪으면서 관심도가 올라갔다. 하지만 전문가들은 월보다는

재정수지 지표
자료: www.briefing.com

바로 보러 가기 ▶

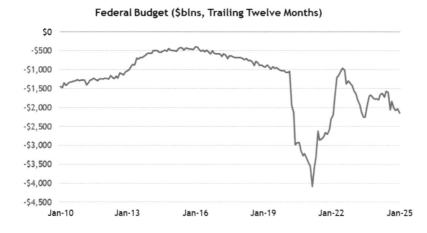

연 단위의 재정수지를 더 신뢰하며, 특히 재정수입의 하나인 세
수입이 크게 늘어나는 매년 4월을 주시한다.

❷ 판단 : 미국은 금융위기 이후 지속적으로 재정적자를 보이고 있다. 건
강보험개혁 등과 같은 복지비용 부담과 경기부양책으로 인하
여 적자가 쉽게 줄어들 것으로 보이지는 않는다.

❸ 발표 : 전월 데이터를 매월 셋째 주 오후 2시에 발표한다.

19

알아두면 유용한
미국 주식 영어 핵심 표현

**실적 및 투자 의견 자료에 자주 등장하는
영어 단어와 표현을 알아보자**

영어를 하지 못해도 누구나 미국 주식을 할 수 있다. 물론 이는 사실이지만 초보자의 단계를 뛰어넘어 진정한 투자자가 되기 위해서는 가공되지 않은 자료 원문을 읽고 해석하는 능력도 필요하다. 스스로 원문을 읽고 해석한 후 이를 현명한 투자의 기준으로 삼는 것은 모든 미국 주식투자자가 언젠가는 거쳐야 할 일이다. 이때 실적 보고서나 투자 의견 리포트에 자주 등장하는 단어와 표현을 미리 습득한다면 큰 도움이 될 것이다. 이 장에서는 실제 미국 기업 자료와 리포트에 자주 등장하는 단어와 표현을 익히는 시간을 갖도록 하겠다.

실적 예시 ❶
애플

Apple reported fiscal third-quarter earnings on Thursday (that beat Wall Street expectations for sales and profit) but showed slowing growth for the iPhone maker.

애플은 (매출과 이익에 있어서 월가의 기대치를 상회하는) 회계 3분기 실적을 목요일에 발표했다. 그러나 아이폰 제조 업체로서는 성장세 둔화를 보여주었다.

- -

Report: 보고하다, 발표하다 | Fiscal: 회계, 재정 | Earnings: 실적 | Beat: 상회하다 | Expectation: 기대치, 예상치 | Sales and Profit: 매출과 이익 | Slowing growth: 둔화하는 성장세 | Maker: 제조업체

Apple stock rose over 3% in extended trading.

애플 주가는 시간외 거래에서 3% 이상 상승했다.

- -

Rise: 상승하다 | Extended trading: 시간외 거래

Here are the key numbers compared to what Wall Street was

expecting, (per Refinitiv estimates):

다음은 (레피니티브 추정에 따른) 월가가 예상한 것과 비교한 핵심 수치다.

Compared to: ~와 비교한 | Key numbers: 핵심 수치

EPS: $1.20 vs. $1.16 estimated, down 8% year-over-year

Revenue: $83 billion vs. $82.81 billion estimated, up 2% year-over-year

iPhone revenue: $40.67 billion vs. $38.33 billion estimated, up 3% year-over-year

Services revenue: $19.60 billion vs. $19.70 billion estimated, up 12% year-over-year

Other Products revenue: $8.08 billion vs. $8.86 billion estimated, down 8% year-over-year

Mac revenue: $7.38 billion vs. $8.70 billion estimated, down 10% year-over-year

iPad revenue: $7.22 billion vs. $6.94 billion estimated, down 2% year-over-year

Gross margin: 43.26% vs. 42.61% estimated

EPS: 주당순이익 | Revenue: 매출 | Estimated: 예상된 | Gross margin: 매출총이익 | Year over year: 전년 대비 | Up: 상승 | Down: 하락

Apple did not provide formal guidance for the quarter.

애플은 분기에 대한 공식적인 전망은 제공하지 않았다.

Analysts expected the company to give fourth-quarter guidance of $1.31 in earnings per share and nearly $90 billion in sales.

애널리스트들은 다음 분기(4분기) 전망치에 대해 주당 1.31달러와 900억 달러의 매출을 예상했다.

Guidance: 전망치 | EPS(earnings per share): 주당순이익 | Sales: 매출

실적 예시 ❷
아마존

Amazon shares climbed more than 13% in extended trading on Thursday (after the company reported better-than-expected second-quarter revenue and gave an optimistic outlook).

아마존의 주가는 목요일 시간외 거래에서 13% 이상 상승했다(회사가 예상치보다 좋은 2분기 매출을 보고하고 낙관적인 전망치를 제시한 후에).

Here's how other key Amazon segments did during the quarter:

분기 동안 다른 주요 부문의 실적은 다음과 같다.

Amazon Web Services: $19.7 billion vs. $19.56 billion expected, according to StreetAccount

Advertising: $8.76 billion vs. $8.65 billion expected, according to StreetAccount

Revenue growth of 7% in the second quarter topped estimates, bucking the trend among its Big Tech peers, which all reported disappointing results prior Thursday. Apple, along with Amazon, beat expectations.

그 외의 실적 관련 주요 단어들

번호	영어 단어	뜻
1	Consensus	예상치
2	Estimate	평가하다
3	Outlook	전망
4	Forecast	예상, 전망
5	Accelerate	가속화하다
6	Decelerate	둔화되다
7	Earnings estimatoc	실직 예상치
8	Move lower	하락하다
9	Full year projection	연간 예측
10	Fall short	미달하다
11	Better than expected	기대치보다 좋은
12	Light guidance	약한 전망치
13	Hiring	고용
14	Executives	임원들
15	Narrower margin	더 좁은 (적은) 마진
16	Retailer	소매상
17	Trim	다듬다, 손질하다
18	Macroeconomic	거시경제
19	EPS / Revenue	주당순이익 / 매출
20	More than tripled	3배 이상
21	Net income	당기순이익
22	Maintain	유지하다

번호	영어 단어	뜻
23	Rebound	재반등하다
24	Book	예약하다
25	Surpass	능가하다
26	Loss per share	주당 손실률
27	Headwind	역풍
28	Net loss	순손실
29	Narrow	좁혀지다
30	Pullback	조정, 하락
31	Reflect	반영하다
32	Concern	우려, 우려하다
33	Continuation	계속
34	Demand / Supply	수요 / 공급
35	Projected decline	예상 감소
36	Market share	시장 점유(율)
37	Turbulent times	격동의 시간
38	Sentiment	감정
39	Acquisition	획득
40	'상승하다'의 동의어들 Increase, jump, surge, hike, pop, rise, soar, blow out	
41	'하락하다'의 동의어들 Tumble, sink, fall, drop, plummet, miss, slip, plunge, lower	

투자 의견 예시 ❶
스타벅스

Premium coffee chain Starbucks (SBUX) is a great candidate for a strong rebound, thanks to its brand strength and its sound finances.

프리미엄 커피 체인인 스타벅스는 브랜드 파워와 재무 덕분에 강한 반등을 보여줄 수 있는 후보다.

Candidate: 후보 | Rebound: 반등 | Thanks to: ~ 덕분에 | Brand strength: 브랜드 파워

Ahead of the release of its third-quarter fiscal 2024 results, slated for Aug. 2,

8월 2일로 예정된 회계연도 2024년 3분기 실적 발표를 앞두고,

Ahead of: ~ 앞두고 | Release: 실적발표 | Slate: 계획하다

Evercore ISI analyst David Palmer appeared to be optimistic about the company.

에버코어 ISI의 애널리스트 데이비드 파머는 회사에 낙관적인 것으로

나타났다.

The analyst believes that the recent surge in subway traffic in China might have had a positive impact on same-store sales growth in the country.
파머는 최근 중국의 지하철 교통량이 급증한 것이 매장 매출 성장에 긍정적인 영향을 줄 것으로 믿었다.

Recent: 최근의 | Surge: 급증 | Positive impact: 긍정적인 영향 | Sales growth: 매출 성장

With these observations, the analyst, (who is ranked No. 657 among nearly 8,000 analysts rated on TipRanks,) reiterated a buy rating and a $95 price target on Starbucks.
이러한 분석을 통해, (팁랭크스 8000명 중 657등을 차지한) 데이비드 파머는 매수 의견 유지와 95달러의 스타벅스 목표가를 재확인했다.

Observation: 관찰, 분석 | Rank: 순위를 차지하다 | Reiterate: 반복하다, 재확인하다, 유지하다 | Buy rating: 매수 의견 | Price target: 목표가

투자 의견 예시 ❷
마이크로소프트

Microsoft faces slowing PC demand and foreign exchange headwinds that could hit profits in the near-term, Citi said Tuesday.

마이크로소프트는 PC 소비 둔화와 고환율 외환 역풍에 단기적으로 수익에 타격을 줄 것이라고 씨티그룹에서 밝혔다.

Face: 직면하다 | Demand: 수요 | Foreign exchange: 외환 | Headwind: 역풍 | Near-term: 단기간

Analyst Tyler Radke wrote in a note to clients as he trimmed the bank's price target from $364 to $330 a share.

애널리스트 타일러 레드케는 은행의 마이크로소프트 목표가를 364달러에서 330달러로 조정한다는 메모를 고객에게 남겼다.

Trim: 다듬다, 조절하다 | From A to B: **A**에서 **B**로

그 외의 투자 의견 관련 주요 단어들

번호	영어 단어	뜻
1	Upgrade	상향조정하다
2	Downgrade	하향조정하다
3	Overweight	비중확대
4	Underweight	비중축소
5	Low valuation	낮은 가치
6	Share price	주가
7	Slowdown	둔화
8	Lowers	낮추다
9	Price target	목표가
10	Supply chain	공급망
11	Near term	단기
12	Intermediate term	중기
13	Long term	장기
14	Margins	이윤
15	input costs	투입비용
16	Reiterate	유지하다, (되풀이) 반복하다
17	Reaccelerating	재가속화
18	Penetration	침투
19	2H22	2022년 하반기
20	1H22	2022년 상반기
21	Downgrade	하향조정하다
22	Neutral	중립
23	Normalizing	정상화

번호	영어 단어	뜻
24	Multiple	기업가치배수
25	Bottom	v. 바닥을 찍다, n. 바닥

배당 및 재무 예시

Dividend investing provides investors with steady cash flow over the long term.

배당 투자는 투자자들에게 장기적으로 안정적인 현금 흐름을 제공한다.

Dividend: 배당 | steady: 꾸준한 | cash flow: 현금 흐름 | long term: 장기간

And when you reinvest dividend income, the magic of compounding can turbocharge your returns.

그리고 배당 소득을 재투자할 때, 복리의 마법이 수익을 극대화할 수 있다.

Reinvest: 재투자하다 | income: 수익 | compounding: 복리 (복합) | turbocharge: 강화하다

Over the last century, dividend payments account for about 40% of the total return of the S&P500.

지난 세기 동안, 배당금 지급은 S&P500 총 수익률의 약 40%를 차지했습니다.

Dividend payment: 배당금 | account for: 차지하다 | return: 수익률

그 외의 배당, 재무 관련 주요 단어들

번호	영어 단어	뜻
1	Financial health	재정적 체력(건강)
2	Payout	지급
3	Dividend payment	배당 지급
4	Amount	쌓이다
5	Free cash flow	잉여 현금 흐름
6	Interest rate	금리
7	Recession	경기침체
8	Fiscal year	회계연도
9	Asset worth	자산 가치
10	Dividend yield	배당 수익률
11	Stake	지분
12	Cash equivalents	현금성 자산

번호	영어 단어	뜻
13	Distribute	배분하다
14	Profitability	수익성
15	reliable metric	신뢰할 수 있는 지표
16	significant expenses	상당한 비용
17	crisis	위기
18	factor	요소
19	strategy	전략
20	beneficiaries	수혜자
21	volatility	변동성
22	bond	채권
23	duration	기간

재무제표 속 주요 단어들

대차대조표(Balance Sheet), 재무상태표 주요 단어들

번호	영어 단어	뜻
1	Total Assets	자산
2	Total Liabilities Net Minority Interest	부채
3	Total Equity Gross Minority Interest	자본

번호	영어 단어	뜻
4	Total Capitalization	총 자본금 (장기부채+자본)
5	Common Stock Equity	보통주
6	Net Tangible Assets	순 유형자산
7	Working Capital	운전 자본 (일상적인 운영자본)
8	Invested Capital	투하 자본
9	Tangible Book Value	유형 순자산 가치
10	Total Debt	총 부채
11	Net Debt	순 부채
12	Share Issued	발행주식 수
13	Ordinary Shares Number	보통주 수

손익계산서(Income Statement) 주요 단어들

번호	영어 단어	뜻
1	Total Revenue	매출
2	Cost of Revenue	매출 원가
3	Gross Profit	매출 총이익
4	Operating Expense	영업비용
5	Operating Income	영업이익
6	Net Non Operating Interest Income Expense	순 비영업 이자 수익 비용
7	Other Income Expense	기타 손익
8	Pretax Income	세전 이익

번호	영어 단어	뜻
9	Tax Provision	법인세
10	Net Income Common Stockholders	주주들의 당기순이익
11	Diluted NI Available to Com Stockholders	주주들의 희석된 당기순이익
12	Basic EPS	주당순이익
13	Diluted EPS	희석된 주당순이익

현금흐름표(Cash Flow) 주요 단어들

번호	영어 단어	뜻
1	Operating Cash Flow	영업활동으로 인한 현금흐름
2	Investing Cash Flow	투자활동으로 인한 현금흐름
3	Financing Cash Flow	재무활동으로 인한 현금흐름
4	End Cash Position	기말 현금 유동성
5	Income Tax Paid Supplemental Data	소득세 납부 보충 자료
6	Interest Paid Supplemental Data	이자 납부 보충 자료
7	Capital Expenditure	자본투자지출
8	Issuance of Capital Stock	자본금발행
9	Issuance of Debt	부채발행
10	Repayment of Debt	부채상황
11	Repurchase of Capital Stock	자본금환매
12	Free Cash Flow	잉여현금흐름

기타 용어들

번호	영어 단어	뜻
1	UPGRADES/DOWNGRADES	투자의견 상향/하향
2	Strong Buy, Conviction Buy	강력매수
3	Buy	매수
4	Outperform	시장수익률상회
5	Overweight	비중확대
6	Neutral	중립
7	Hold	보유
8	Equal Weight	비중중립
9	Market Perform	시장수익률
10	Sell	매도
11	Under Weight	비중축소
12	Under Perform	시장수익률 하회

PART
03

생초보도
돈 버는
글로벌 유망 종목

01

테슬라

Tesla

티커: TSLA (미국: 나스닥 증권거래소)

테슬라는 2003년 마틴 에버하드Martin Eberhard와 마크 타페닝Marc Tarpenning이 공동 설립한 기업으로 시작되었다. 설립 이후 에버하드는 '배터리, 컴퓨터 소프트웨어 및 독전 모터'를 핵심 기술로 사용하여 '기술 회사이기도 한 자동차 제조 업체'를 만들고 싶다는 목표를 공공연하게 밝혔다. 2004년, 페이팔의 창업자이던 일론 머스크Elon Musk가 투자자로 참여했고 이후 2008년 최대 주주로 등극하며 테슬라의 CEO가 되었다. 2007년 8월, 에버하드는 머스크가 이끄는 이사회로부터 CEO에서 물러나라는 요청을 받았지만 2009년 9월 합의를 거쳐 에버하드, 타페닝, 라이트, 머스크, 스트라우벨 다섯 명 모두를 공동 설립자라고 부를 수 있게 되었다.

테슬라는 첫 번째 자동차 로드스터를 2008년부터 2012년까지 생산했고, 2012년 6월에는 두 번째 차량인 럭셔리 세단 모델 S를 출시했다. 모델 S는 2013년 올해의 모터트렌드 상을 포함하여 관련 상을 여럿 수상했으며, 2013년 9월 노르웨이 신차 판매 목록에서 1위를 차지하면서 한 국가의 월간 판매 순위 상위권에 오른 최초의 전기차가 되었다. 그리고 당시 테슬라 모델 S의 성공으로 테슬라 주가는 첫 번째 레벨업을 맞이했다.

2016년 11월, 테슬라는 태양광 에너지 발전 시스템과 관련 제품 및 서비스를 생산하는 기업 솔라시티SolarCity를 2.6억 달러 규모의 전액 계약으로 인수하면서 지금의 테슬라 에너지 사업의 기반을 다졌다. 2017년 7월에는 네 번째 차량 모델인 모델 3 세단을 판매하기 시작했으며 2020년 3월에는 다섯 번째 차량 모델인 모델 Y 크로스오버의 납품을 시작했다. 그리고 2019년 12월 말, 테슬라의 상하이 기가팩토리가 완공되며 모델 3 생산이 기하급수적으로 증가했고 규모의 경제를 바탕으로 테슬라 기업 역사상 처음으로 순이익 흑자 전환이 이루어졌다. 테슬라가 본격적으로 돈을

점차 감소 중인 테슬라의 차량 생산 비용
자료: digitalassets.tesla.com

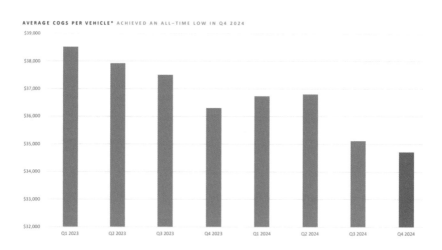

벌기 시작했다는 것을 증명하자 테슬라 주가는 두 번째 레벨업을 맞이하게 된다.

테슬라 주가가 두 번의 레벨업을 하는 동안에는 테슬라가 크게 두 가지 사업 부문으로 평가받고 있었다. 자동차 부문과 에너지 생성 및 서상 부문이다. 자동차 부문은 전기차의 설계, 개발, 제조 및 판매를 담당하고 있으며 에너지 생성 및 저장 부분은 주거 및 상업 고객을 위한 고정 에너지 저장 제품 및 태양 에너지 시스템의 설계, 제조, 설치 및 판매 또는 임대를 주력으로 한다. 또한 태양 에너지 시스템에서 생성된 전기를 고객에게 판매하기도 한다. 머스크는 향후 에너지 사업부가 선기차 사업부만큼 커질 것으로 전망했다. 테슬라의 태양광 모듈과 에너지 저장 시스템ESS, Energy Storage System은 최근 수요가 급증하는 추세다. 이상 기후로 인한 전력 공급 불안정 및 AI 데이터센터 증가에 따른 전력 수요 증가로 에너지 독립

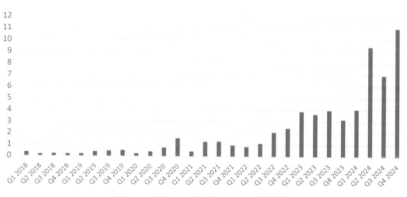

ESS 배치가 증가하는 테슬라
자료: digitalassets.tesla.com

Energy Storage deployments (GWh)

에 대한 수요가 증가한 것이다. 자회사 테슬라 에너지는 미국은 물론이고 전 세계에서 가장 큰 에너지 저장 시스템 기업으로 진화하고 있다. 2024년에 31.4GWh(기가와트시)가 설치된 에너지 저장 시스템은 머지 않아 연간 100GWh 규모로 성장할 예정에 있으며, 궁극적으로 연간 TWh(테라와트시) 규모의 성장이 전망되고 있다.

그리고 이제 테슬라 주가는 자동차, 에너지 부문이 아닌 AI, 로봇 기업으로 진화함에 따라 세 번째 레벨업을 맞이할 준비를 하고 있다. 테슬라는 2024년 10월 10일, 로보택시데이를 개최하며 테슬라의 무인 자율주행 로보택시 사이버캡Cybercab과 내연기관 버스를 대체할 로보밴Robovan을 공개했다. 당초, 자율주행 규제 위험으로 인해 사업 실행력에 의문을 가지는 목소리도 많았지만, 머스크는 2024년 미국 대선 기간 동안 규제 완화를 옹호하는 트럼프에게 모든 것을 쏟아부었고, 결과적으로 트럼프가 대통령에 당선되며 머스크가 추진하던 자율주행 사업 로드맵이 빠르게 진행될 가능성이 높아졌다. 실제로 머스크는 2025년 6월부터 텍사스 오스틴에서 유료 로보택시 서비스를 시작할 예정이라 발표했으며, 2025년 말부터는 운전자의 관리 감독이 필요 없는 완전 자율 주행Unsupervised Full Self Driving을 일부 지역에서 출시할 것이라 밝힌 상황이다. 관리 감독이 필요 없는 완전 자율 주행이 출시되면 해당 서비스를 이용하려는 소비자들을 중심으로 한 테슬라의 소프트웨어 구독 매출이 증가할 것으로 전망되고 있다.

테슬라의 휴머노이드 로봇 옵티머스는 테슬라 주가의 세 번째 레벨업에 가장 중요한 존재다. 머스크는 2025년 말까지 수천 대의 옵티머스를 생산하여 테슬라 공장 내부에서 단순 노동과 인간이 하기에는 위험한 작업을 시킬 예정에 있으며, 2026년 하반기부터는 외부 회사에 테슬라 옵티머스를 판매하길 희망하고 있다. 머스크는 휴머노이드 로봇 옵티머스를 통한 노동 혁명을 예고하고 있으며, 최종적으로 옵티머스가 누적 매출 10조 달러를 넘어설 것이라 자신하고 있다. 이를 바탕으로 머스크는 지금 현재 미국 주식시장에서 시가총액 기준 1위에서 5위까지를 합친 기업 가치보다 테슬라의 기업 가치가 커지게 될 것이라 자신하고 있다.

누군가는 일론 머스크의 말이 허풍이 심하다고 비판할 수 있다. 하지만 머스크는 시기의 차이가 있었을지 몰라도 자신이 구상한 비전을 항상 실현해왔다.

테슬라의 2세대 휴머노이드 로봇 옵티머스 젠 ?
사료: 테슬라 유튜브

테슬라 주가, 분기별 실적 및 전망 추이

자료: zacks.com

바로 보러 가기 ▶

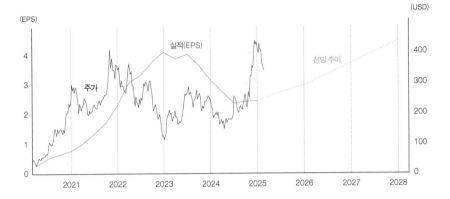

테슬라 연간 이익 (단위: 십억 달러)

자료: www.wsj.com

바로 보러 가기 ▶

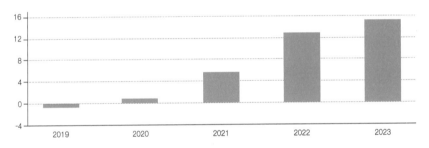

테슬라 매출 추이

자료: www.wsj.com

구분	2023	5년간 트렌드		
순이익 성장 Net Income Growth	+19.20%			
매출액 Sales or Revenue	96.77B			
매출액 성장 Sales or Revenue Growth	+18.80%			
EBITDA	+13.56B			

02

엔비디아

Nvidia
티커: **NVDA** (미국: 나스닥 증권거래소)

엔비디아는 AMD의 마이크로프로세서 설계 엔지니어 출신인 젠슨 황을 비롯하여 커티스 프리엠, 크리스 말라초프스키 세 명이 창립한 기업이나. 이들은 1993년 실리콘밸리의 데니스Jenny's 레스토랑에서 더 나은 비디오 게임 그래픽을 만들기 위한 GPU(그래픽처리장치) 기업 설립을 치열하게 토론했고 그 끝에 엔비디아가 탄생했다. 지금이야 엔비디아는 세계 시가총액 1위 경쟁을 펼치는, AI 데이터센터의 심장과도 같은 기업이지만 창업 초기에는 숱한 파산 위기를 경험했고, 2008년 금융위기 당시에는 한 해 동안 -80%에 가까운 주가 하락과 함께 대규모 구조조정까지 단행했다. 하지만 엔비디아는 2007년 선보인 GPU 프로그래밍 소프트웨어 생태계 쿠다CUDA를 바탕으로 금융위기의 충격에서 빠르게 벗어났다. 엔비디아 GPU가 아닌 다른 회사의 반도체를 사용하면 쿠다 호환성이 떨어져 개발 시간이 늘어나다 보니 쿠다를 바탕으로 엔비디아 제국이 시작되었다 보아도 무방하다.

그리고 지금의 엔비디아를 만든 결정적 요인은 GPU가 슈퍼컴퓨터를 대중화시킬 것이라는 믿음을 바탕으로 2010년부터 인간의 뇌와 닮은 인공신경망으로 AI를 만드는 딥러닝 연구자들을 지속적으로 지원해 온 것이다. 엔비디아는 AI 기업들과 AI 연구자들을 끊임없이 지원하며 쿠다를 기반으로 한 AI 생태계를 구축했고, 사실상 AI 개발자들은 쿠다 때문에 엔비디아 GPU를 사용할 수밖에 없게 된 것이다. 그리고 최근에는 이러한 쿠다 생태계를 더욱더 강화하기 위해 개인용 AI 슈퍼컴퓨터 디지트DIGITS를 출시했다. 엔비디아 디지트는 3000달러의 가격으로 정교한 AI 모델 처리를 원하는 데이터 과학자, AI 연구원 및 학생들에게 판매될 예정이다. 디지트를 통한 AI 개발 사례가 증가하면 증가할수록 엔비디아의 쿠다 생태계는 커질 수밖에 없고, 결국 다른 AI 반도체 기업들은 범접할 수 없는 해자를 구축할

2024~2033년 글로벌 AI칩 시장 규모
자료: market.us

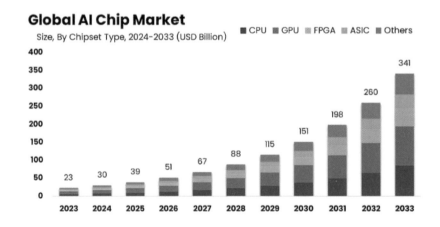

것이다.

쿠다를 통해 AI 생태계를 장악한 엔비디아는 2020년 첫 번째 AI칩 A100을 출시하며 AI 시장의 왕좌를 더욱 견고하게 다졌고, 2022년에는 더 발전된 AI칩 H100을 출시, 2024년에는 현존하는 최고의 AI칩 블랙웰 시리즈를 출시하며 AI 팩토리를 필두로한 차세대 산업 혁명의 선봉장 역할을 하고 있다. 2025년 새해 벽두부터 중국의 AI 스타트업 딥시크DeepSeek가 저비용 AI 모델을 개발하면서 더 이상 값비싼 엔비디아의 최첨단 AI 반도체를 구매할 필요가 있냐는 의문이 시장에 만연하고 있지만, AI의 최종 단계인 일반 인공지능AGI 개발은 아직 갈 길이 멀고 각 국가들의 주권형 Sovereign AI는 아직 본격적으로 시작하지도 않았다. 결국 엔비디아는 계속

GB200 그레이스 블랙웰 슈퍼칩
자료: device-port.kr

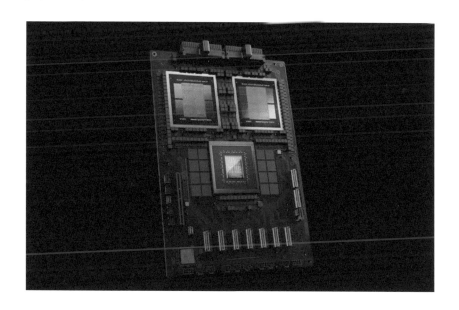

해서 더 성능이 뛰어난 칩들을 경쟁사보다 빠르게 출시함으로써 AI 반도체 시장의 초격차를 유지할 것으로 기대된다.

엔비디아는 이제 생성형 AI를 넘어 자율주행, 에이전트 AI, 물리적 AI 시대를 바라보고 있다. 자율주행 기술을 개발하고 싶은 자동차 기업들은 엔비디아의 범용 스마트 드라이빙칩 토르Thor를 탑재, 주행 데이터와 시뮬레이션 환경을 연결함으로써 반복적인 피드백을 바탕으로 자율주행 기술을 완성할 수 있다. 에이전트 AI를 개발하고 싶은 기업들은 엔비디아의 AI 블루프린트Blueprint를 통해 맞춤형 AI 에이전트를 구축하고 언어모델을 미세 조정 및 관리할 수 있다. AI 기반 로봇을 개발하고 싶은 기업들은 엔비디아의 젯슨 오린 나노Jetson Orin Nano칩을 사용하고 옴니버스Omniverse와 코스모스Cosmos를 통해 데이터 수집부터 디지털 변환, 시뮬레이션을 이용하고 있다.

누군가는 게임 산업에서 엔비디아의 GPU가 사용되어 운이 좋았다 표현하고, 누군가는 비트코인 채굴에 있어서 엔비디아의 GPU가 사용되어 운이 좋았다 표현한다. 또 혹자는 AI 산업의 개화와 함께 엔비디아의 GPU가 사용되어 운이 좋았다 표현하지만, 젠슨 황이 이끄는 엔비디아는 아직은 없지만 미래에는 있을 것이라 믿는 시장을 오랜 시간 동안 개척자 정신으로 치밀하게 준비해 왔다.

최근 젠슨 황은 물리적 AI, 로봇 시장에서의 엔비디아의 역할에 주목하고 있다. 2023년 엔비디아 GTC(엔비디아 개발자 컨퍼런스)에서 챗GPT의 등장을 아이폰 등장의 순간에 비유한 젠슨 황은 2025 CES(소비자 가전 전시회) 로봇공학의 챗GPT 순간이 왔다고 표현했다. AI의 다음 물결인 로봇 시장의 개화가 성큼 다가오고 있고 엔비디아는 이 또한 아무도 관심을 가

2025 CES에서 AI 발전 단계가 생성형 AI에서 에이전틱 AI와 물리 AI로 고도화되는 과정을 설명하고 있는 엔비디아 CEO 젠슨 황
자료: CES 유튜브

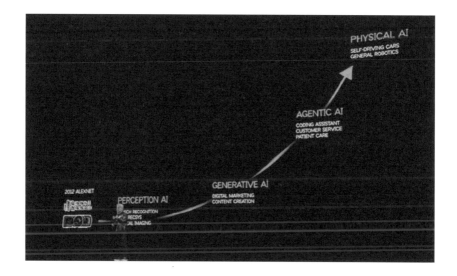

지지 않던 시절부터 준비해 왔다. 로봇공학에 챗GPT 순간이 도래했다. 이후 엔비디아가 또 한번 증명할 미래가 기대된다.

엔비디아 주가, 분기별 실적 및 전망 추이

자료: zacks.com

바로 보러 가기 ▶

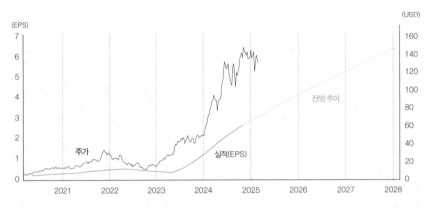

엔비디아 연간 이익 (단위: 십억 달러)

자료: www.wsj.com

바로 보러 가기 ▶

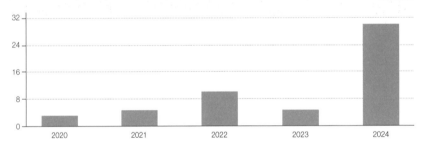

엔비디아 매출 추이

자료: www.wsj.com

구분	2024	5년간 트렌드
순이익 성장 Net Income Growth	+581.32%	
매출액 Sales or Revenue	60.92B	
매출액 성장 Sales or Revenue Growth	+125.85%	
EBITDA	+34.48B	

03

메타 플랫폼스

Meta Platforms

티커: META (미국: 나스닥 증권거래소)

메타 플랫폼스는 2021년 페이스북이 사명을 변경하며 탄생한 기업이다. 2004년 마크 저커버그 CEO가 설립한 페이스북은 단숨에 세계 최대 SNS 플랫폼으로 자리 잡았고, 2011년 메신저 출시, 2012년 인스타그램 인수, 2014년 왓츠앱 인수, 2023년 스레드 출시를 통해 전 세계 일간 활성 사용자 약 33억 명을 보유한 SNS 제국이 되었다.

2010년대 중반까지 전 세계 10대 청소년 사용자들을 기반으로 황금기를 구가했던 과거와 달리, 지금은 10대 청소년 사용자가 크게 줄어들었다. 하지만 과거 페이스북을 이용했던 10대 청소년들이 20대, 30대가 되어서 인스타그램을 사용하고 있으며, Z세대 이하 어린 세대에서도 인스타그램 선호도가 뚜렷하게 높아지고 있다. 국내 10대 청소년들도 카카오톡 대신 인스타그램 DM(다이렉트 메시징)을 선호하는 모습을 나타내고 있듯 메타 플랫폼스의 사용자 기반은 지금도 견고하게 증가하고 있다.

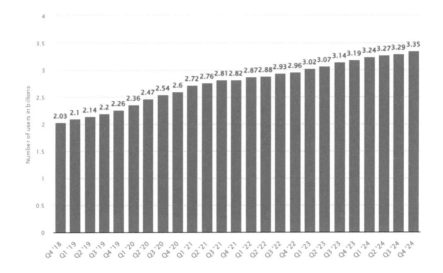

사람이 모이는 곳에는 항상 광고가 따라다니기 마련이고, 일간 활성 사용자 약 33억 명을 보유한 메타 플랫폼스의 애플리케이션들은 명실상부 세계 최대 광고판 역할을 하고 있다. 메타 플랫폼스의 매출 98%가 광고에서 발생하고 있다. 그러다 보니 광고를 보고 제품을 구매할 가능성이 높은 소비자들에게 적합한 광고를 노출시키는 작업이 가장 중요하다 볼 수 있는데, 해당 작업은 AI를 통해 진행되고 있다. 메타는 가장 먼저 AI를 통해 돈을 벌고 있다는 것을 광고 타겟팅 능력 개선을 통해 증명했으며, 마이크로소프트, 알파벳 다음으로 데이터센터 건설에 많은 돈을 지출하며 AI 모델을 계속해서 개선하고 있다.

메타 플랫폼스의 AI 투자는 광고 타겟팅 능력 개선에서 끝이 아니다. 메

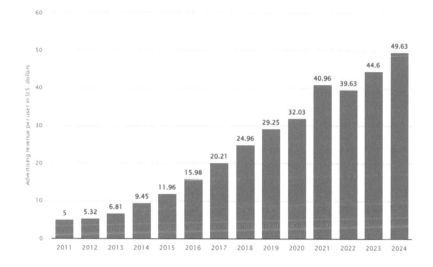

타는 오픈소스 대규모 언어 모델LLM 라마Llama를 출시하고 있으며, 지속적인 성능 개선과 비용 절감이 이루어진 버전 업데이트를 진행하고 있다. 라마는 메타 플랫폼스의 각 애플리케이션에서 사용할 수 있는 메타 AIMeta AI의 기반이 되고 있으며, 사용자들은 인스타그램, 또는 왓츠앱을 통해 이야기를 하다가 궁금한 점이 생기면 메타 AI 어시스턴트를 통해 답을 얻을 수 있고, AI 이미지 생성도 무료로 이용할 수 있다. 또한, 영상 생성 AI 모델인 메타 무비젠Meta Movie Gen 역시 계속해서 주목할 가치가 있다.

메타의 아픈 손가락으로는 VR(가상현실), AR(증강현실) 같은 메타버스 사업부 리얼리티 랩스Reality Labs의 지속적인 손실 확대일 것이다. VR 기기 자체가 대중화가 되어 있지 않다 보니 혼합 현실 VR 헤드셋 메타 퀘스트 3Meta Quest 3가 VR 기기 시장에서 월등한 점유율을 보이고 있음에도 2020년 이후 리얼리티 랩스의 누적 영업 손실은 580억 달러(약 80조 원)를 넘어섰다. 빠른 시일 수익성이 개선될 것이란 기대는 쉽지 않은 게 현실이다.

그럼에도 리얼리티 랩스 사업의 한 가지 희망이 있다면 바로 메타의 스마트 안경이다. 이미 판매 중인 메타 레이밴 스마트 글라스Ray-Ban Meta Smart Glasses와 개발 중인 AR 안경 메타 오라이언Meta Orion은 AI 시대에 걸맞은 차세대 소비자 하드웨어로 꼽히고 있다. 특히, 메타 레이밴 스마트 글라스는 앞서 이야기한 메타의 대규모 언어 모델 라마 기반의 AI 비서가 탑재되며 본격적인 멀티모달 AI(텍스트, 이미지, 영상, 음성 등의 데이터를 동시에 처리하는 것)의 시작을 알리고 있다.

메타와 레이밴이 협업한 스마트 글래스
자료: mashable.com

마지막으로 필자가 메타 플랫폼스의 히든 카드로 보고 있는 것은 주식 분할이다. 현대 미국 주식시장을 상징하는 '빅테크', '매그니피센트 7', '배트맨'으로 불리는 기업 중 단 한 번도 주식 분할을 단행하지 않은 기업은 메타 플랫폼스가 유일하다. 하지만 최근 메타의 실적 성장세와 주주환원정책 강화를 고려하면 머지않아 충분히 주식 분할을 시행하지 않을까 기대해 본다.

메타 플랫폼스 주가, 분기별 실적 및 전망 추이

자료: zacks.com

바로 보러 가기 ▶

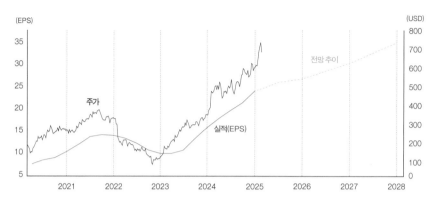

메타 플랫폼스 연간 이익 (단위: 십억 달러)

자료: www.wsj.com

바로 보러 가기 ▶

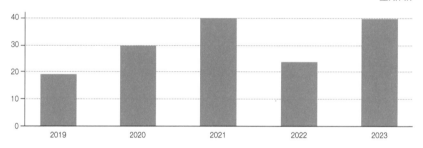

메타 플랫폼스 매출 추이

자료: www.wsj.com

구분	2023	5년간 트렌드
순이익성장Net Income Growth	+68.53%	
매출액Sales or Revenue	134.90B	
매출액성장Sales or Revenue Growth	+15.69%	
EBITDA	+61.38B	

04

마이크로소프트

Microsoft Corportaion
티커: MSFT (미국: 나스닥 증권거래소)

마이크로소프트는 단순한 기술주를 넘어 전 세계 개인과 기업 누구나 필수적으로 사용하는 소프트웨어 및 서비스의 에코시스템을 완벽하게 형성한 기업이다. 윈도우Windows 운영체제를 기반으로 한 마이크로소프트의 제품과 서비스는 컴퓨터 사용자들에게 없어서는 안 될 기본적인 도구로 자리 잡았다. 기술 섹터에 속해 있으면서도 마치 필수 소비재와 같은 안정성을 가진 기업으로 평가받는 이유가 바로 여기에 있다.

전 세계 생태계를 장악한 윈도우와 오피스

윈도우는 전 세계 컴퓨터의 운영체제를 장악하고 있으며 개인 사용자부터 대기업까지 모두가 사용하는 표준 플랫폼으로 자리 잡았다. 이에 더해 마이크로소프트365로 대표되는 생산성 소프트웨어는 워드, 엑셀, 파워포인트와 같은 도구를 통해 개인 및 비즈니스 환경에서 필수적인 역할을 한다.

특히, 마이크로소프트365는 단순한 소프트웨어 판매가 아니라 구독 서비스 모델로 운영되며, 지속적이고 안정적인 현금 흐름을 창출하고 있다. 구독형 비즈니스 모델은 경기 변동에 덜 민감하며 기업이 장기적인 수익을

마이크로소프트365에서 제공하는 다양한 소프트웨어
자료: infocellent.com

확보하는 데 매우 유리하다. 이는 마이크로소프트의 재무 안정성을 뒷받침하는 핵심 요소다.

글로벌 클라우드 시장에서의 압도적 지위

마이크로소프트는 클라우드 컴퓨팅 분야에서도 세계적인 리더로 자리잡고 있다. 마이크로소프트의 애저Azure는 아마존 웹 서비스AWS 및 구글 클라우드와 더불어 글로벌 클라우드 시장을 주도하는 플랫폼 중 하나로, 기업과 정부 기관을 포함한 광범위한 고객층에 서비스를 제공하고 있다.

기업별 클라우드 시장 점유율 추이

자료: holori.com

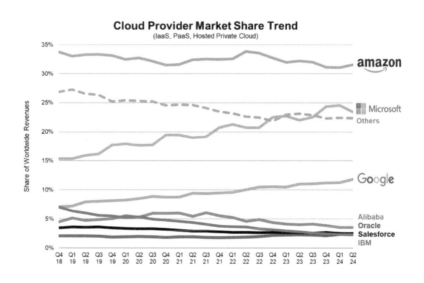

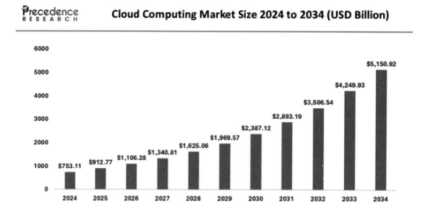

클라우드는 데이터 저장, 분석, 소프트웨어 실행 등 현대 비즈니스의 핵심 인프라를 담당하며, 클라우드 시장의 지속적인 성장은 마이크로소프트의 장기적인 성장 동력을 보장한다. 특히, 애저는 뛰어난 확장성과 보안성을 바탕으로 다양한 산업에서 빠르게 점유율을 확대하고 있다.

AI 선두 기업으로 도약하기 위한 오픈AI와의 협업

마이크로소프트는 AI 기술에서도 경쟁사보다 한발 앞서 나가고 있다. 오픈AI OpenAI와의 전략적 협업을 통해 챗GPT와 같은 혁신적인 AI 기술을 자사 제품 및 서비스에 통합하며 AI 경쟁에서 선두 주자로 자리 잡았다.

현재 마이크로소프트는 코파일럿 Copilot이라는 AI 기반 도구를 마이크로소프트365와 애저 플랫폼에 통합하여 생산성을 획기적으로 높이는 솔루션을 제공하고 있다. 이를 통해 사용자들은 문서 작성, 데이터 분석, 소프트웨어 개발 등 다양한 작업을 보다 효율적으로 수행할 수 있다. AI 기술은 마이크로소프트의 모든 서비스에 스며들어 있으며, 이는 향후 기술 시장에서의 경쟁력을 강화하는 핵심적인 요소로 작용할 것이다.

안정성과 성장성을 동시에 갖춘 투자처

마이크로소프트의 가장 큰 매력은 안정성과 성장성을 동시에 갖춘 기업이라는 점이다. 이미 완성된 에코시스템 덕분에 안정적인 현금 흐름을 창출하고 있으며, 클라우드와 AI와 같은 고성장 분야에서의 선도적 위치는 미래의 추가 성장 가능성을 뒷받침한다.

특히, 구독형 비즈니스 모델, 글로벌 클라우드 시장에서의 지배력, 그리고 AI 기술의 선제적 도입은 마이크로소프트를 장기 투자자들에게 매력적인 선택지로 만들어 준다.

마이크로소프트 주가, 분기별 실적 및 전망 추이

자료: zacks.com

바로 보러 가기 ▶

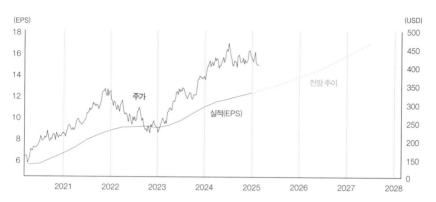

마이크로소프트 연간 이익 (단위: 십억 달러)

자료: www.wsj.com

바로 보러 가기 ▶

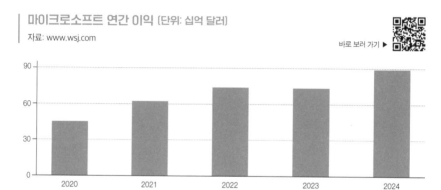

마이크로소프트 매출 추이

자료: www.wsj.com

구분	2024	5년간 트렌드
순이익성장Net Income Growth	+21.80%	
매출액Sales or Revenue	245.12B	
매출액성장Sales or Revenue Growth	+15.67%	
EBITDA	+131.72B	

05

알파벳

Alphabet
티커: GOOGL, GOOG (미국: 나스닥 증권거래소)

알파벳은 전 세계 디지털 생태계를 주도하는 글로벌 기술 기업으로, 현대인의 삶에 깊이 뿌리내린 서비스를 제공하고 있다.

알파벳의 대표 서비스들

- 크롬(Chrome): 인터넷 브라우저 시장의 선두 주자로, 전 세계 사용자들이 가장 많이 사용하는 브라우저다. 빠른 속도와 간편한 인터페이스, 강력한 확장 기능은 크롬을 인터넷 사용의 기본 도구로 자리 잡게 했다.
- 구글(Google): 전 세계 검색 엔진 시장의 절대 강자로, 검색 점유율은 대부분의 국가에서 압도적이다. 구글은 단순한 검색 엔진을 넘어 사용

자 데이터를 기반으로 한 정교한 광고 타겟팅 시스템을 통해 수익을
창출하고 있다.

- 유튜브(YouTube): 세계 최대의 동영상 플랫폼으로, 글로벌 엔터테인먼
트 및 콘텐츠 시장을 주도하고 있다. 유튜브는 광고와 구독 서비스를
통해 막대한 매출을 기록하며, 미디어 소비의 중심지로 자리 잡았다.

디지털 광고: 알파벳의 주요 수익원

알파벳의 가장 큰 수익원은 바로 디지털 광고다. 구글 검색과 유튜브
광고는 전 세계 광고 시장에서 가장 중요한 위치를 차지하며, 광고주들에

주요 기업별 매출 기준 광고시장 점유율 추이. 구글이 수년간 1위를 유지하고 있다
자료: www.theb2bhouse.com

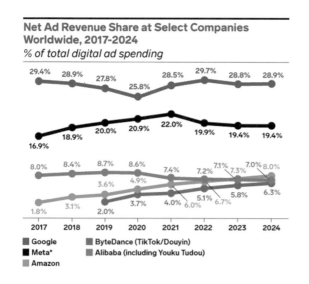

게 뛰어난 타겟팅과 성과를 제공한다.

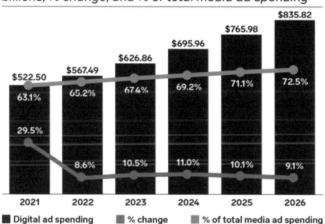

특히, 구글의 광고 도구는 기업들에게 맞춤형 마케팅을 가능하게 하며, 이는 알파벳의 주요 매출 동력으로 작용하고 있다. 알파벳은 디지털 광고 시장에서 단연 글로벌 1위 기업으로, 전 세계 광고 시장의 디지털 전환 흐름 속에서 지속적인 성장이 예상된다.

클라우드 시장: 빠르게 성장하는 신흥 동력

알파벳은 구글 클라우드Google Cloud를 통해 클라우드 시장에서도 강력한 입지를 다지고 있다. 현재 아마존 웹 서비스AWS와 마이크로소프트의 애저에 이어 3위 수준이지만, 높은 성장률을 기록하며 시장 점유율을 빠르게 확대하고 있다.

구글 클라우드는 뛰어난 AI 기술을 기반으로 데이터 분석, 머신러닝, 빅데이터 처리와 같은 고도화된 서비스를 제공하고 있으며, 클라우드 시장의 미래 성장 가능성을 뒷받침하는 중요한 축으로 평가된다.

알파벳은 현대 디지털 사회의 핵심 인프라를 제공하는 기업으로, 안정성과 성장성을 동시에 갖춘 이상적인 투자처다. 초보 투자자라도 알파벳의 생태계와 사업 모델을 쉽게 이해할 수 있기 때문에 빅테크 기업 중 투자에 있어 가장 신뢰할 수 있는 선택지 중 하나로 꼽힌다.

디지털 사회의 핵심 인프라를 제공하는 알파벳
자료: www.mediapost.com

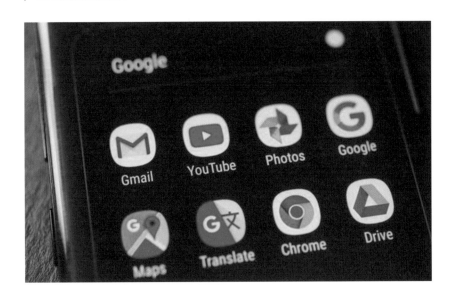

알파벳 플랫폼 주가, 분기별 실적 및 전망 추이

자료: zacks.com

바로 보러 가기 ▶

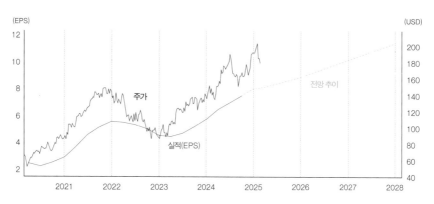

알파벳 연간 이익 (단위: 십억 달러)

자료: www.wsj.com

바로 보러 가기 ▶

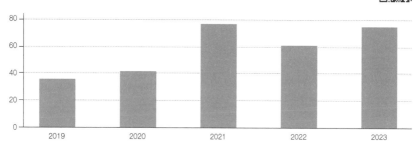

알파벳 매출 추이

자료: www.wsj.com

구분	2023	5년간 트렌드
순이익성장 Net Income Growth	+23.05%	
매출액 Sales or Revenue	307.16B	
매출액성장 Sales or Revenue Growth	+9.36%	
EBITDA	+98.09B	

06

비자

Visa

티커: V (미국: 뉴욕 증권거래소)

비자는 세계 최초의 신용 카드 전문 기업으로, 현대 결제 시장을 지배하는 가장 성공적인 플랫폼 기업 중 하나로 평가받는다. 겉으로는 금융 섹터에 속해 있는 기업처럼 보이지만, 실제로는 결제 플랫폼이라는 성격이 강하며, 이는 비자의 독특한 비즈니스 모델과 투자 매력을 잘 보여준다.

금융 기업 아닌 플랫폼 기업: 비즈니스 모델의 차별화

많은 사람들이 비자를 단순히 금융 회사로 오해할 수 있지만, 비자는 신용을 제공하거나 대출을 운용하지 않는다. 신용공여와 회수라는 순수한 금융업의 역할은 비자 카드 네트워크를 사용하는 회원 은행(발급사)들의 몫이다. 비자는 결제 시스템이라는 플랫폼 사업에만 집중하며, 전 세계에

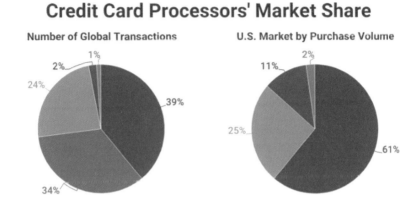

Credit Card Processors' Market Share

Number of Global Transactions

1%
2%
24%
39%
34%

U.S. Market by Purchase Volume

2%
11%
25%
61%

● 비자   ● 유니온페이   ● 마스터카드   ● 아메리칸익스프레스   ● 디스커버

서 발생하는 크레딧 카드, 체크 카드, 모바일 결제의 모든 거래를 연결하는 역할을 한다.

비자의 플랫폼에는 비자 마크가 찍혀 있는 모든 카드와 디지털 결제 서비스가 포함된다. 신용 카드뿐만 아니라 체크 카드, 그리고 애플페이, 구글페이, 삼성페이와 같은 모바일 간편 결제도 비자의 네트워크를 통해 처리된다. 결제 건수가 늘어날수록 비자는 회원사와 고객들에게서 수수료를 받으며, 특히 국경 간 결제에서는 더 높은 수수료가 부과된다. 이러한 비즈니스 모델은 비자를 단순한 금융 기업이 아닌 기술 기반 플랫폼 기업으로 자리매김하게 한다.

현금 없는 사회와 비자의 매력

현금을 사용하는 사회는 점점 줄어들고 있으며, 대신 디지털 결제와 카드 결제가 일상화되고 있다. 독자들 대부분도 현금을 사용하는 빈도가 점점 줄고 있다는 사실을 느낄 것이다. 그러나 소비는 계속 이루어지고 있으며, 그 대부분이 카드 결제나 모바일 결제 형태로 이루어진다. 비자는 바로 이 변화의 중심에 서 있다.

현금 없는 사회가 확대될수록 비자의 결제 네트워크에 연결된 거래 건수는 계속 증가하고, 이는 비자의 수익과 마진율을 높이는 원동력이 된다. 이처럼 비자는 시대의 변화에 따라 자연스럽게 성장하는 비즈니스 모델을 보유하고 있다.

현금 없는 사회의 중심에 서 있는 비자 카드
자료: www.cnbc.com

높은 마진율과 압도적인 수익성

비자의 수익 구조는 단순하면서도 매우 수익성이 높다. 결제 건수가 증가할수록 비자는 결제 수수료와 네트워크 사용료를 통해 수익을 올린다. 특히 비자는 총 마진율이 70~80%에 이를 정도로 압도적인 수익성을 자랑한다. 이는 금융업이 아니라 플랫폼 기업의 비즈니스 모델 덕분이다. 복잡한 자산운용이나 신용 회수와 같은 금융 리스크 없이, 단순히 결제와 연결이라는 플랫폼의 역할만으로도 놀라운 수준의 수익성을 기록하고 있는 것이다.

글로벌 확장성과 국경 간 결제의 성장

비자는 전 세계 결제 네트워크를 보유하고 있으며, 글로벌 거래에서 가장 많이 사용되는 플랫폼이다. 특히 국경 간 결제에서 비자의 역할은 더욱 커진다. 예를 들어, 한 소비자가 해외에서 결제를 하면 비자는 해당 거래에서 더 높은 수수료를 부과하게 되며, 이는 비자의 수익성을 더욱 강화하는 요인이다. 국제적인 상거래와 여행이 늘어날수록 비자의 국경 간 결제 건수와 매출도 지속적으로 증가할 전망이다.

비자는 단순한 카드 회사가 아니다. 현금 없는 사회라는 글로벌 트렌드와 함께 지속적으로 성장할 수 있는 플랫폼 비즈니스를 보유하고 있으며, 높은 마진율과 안정적인 수익 구조로 투자자들에게 매력적인 선택지다.

연평균 8.69% 성장하여 2034년 1조 4334억 달러 규모 시장이 될 것으로 전망되는 글로벌 신용 카드 결제 시장

자료: www.precedenceresearch.com

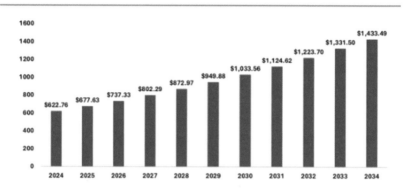

비자 주가, 분기별 실적 및 전망 추이

자료: zacks.com

바로 보러 가기 ▶

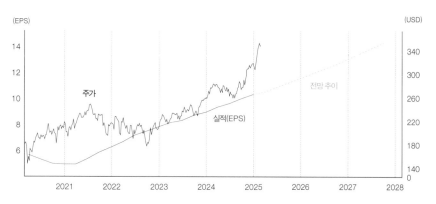

비자 연간 이익 [단위: 십억 달러]

자료: www.wsj.com

바로 보러 가기 ▶

비자 매출 추이

자료: www.wsj.com

구분	2024	5년간 트렌드
순이익 성장Net Income Growth	+14.53%	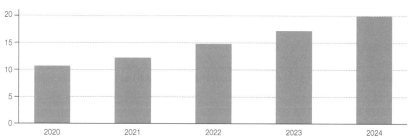
매출액Sales or Revenue	35.93B	
매출액 성장Sales or Revenue Growth	+10.02%	
EBITDA	+25.20B	

07

애플

Apple
티커: APPL (미국: 나스닥 증권거래소)

애플은 아이폰을 중심으로 전 세계적인 에코시스템을 구축하며, 하드웨어와 소프트웨어, 서비스의 통합된 사용자 경험을 제공하는 대표적인 글로벌 리더 기업이다. 아이폰, 맥, 아이패드, 애플워치, 에어팟 등 다양한 기기와 애플의 소프트웨어 및 서비스는 사람들의 일상에서 없어서는 안 될 존재로 자리 잡았다.

전 세계를 아우르는 사용자 기반

2025년 기준 전 세계 아이폰 사용자 수는 14억 명, 활성화된 애플 기기의 수는 22억 대 이상으로 추정된다. 이는 단순히 하드웨어 판매의 강력함을 보여주는 것이 아니라, 애플이 구축한 에코시스템의 깊이를 반영한다.

다양한 제품과 서비스로 견고한 생태계를 구축한 애플

자료: medium.com

23억 대 이상의 활성 장치를 기반으로 연간 천억 달러의 매출을 노리는
애플의 서비스 사업

자료: www.statista.com

Apple Services: A $100-Billion Business

Apple's quarterly services revenue and
launch dates of notable services*

애플 사용자들은 기기 간의 매끄러운 연결성과 통합된 서비스에 높은 충성도를 보이며, 이는 애플의 서비스 매출 확대를 가능하게 하는 중요한 기반이다. 애플뮤직, 애플TV+, 애플페이, 아이클라우드, 앱스토어와 같은 서비스는 고성장세를 이어가며 애플의 장기적인 매출 성장을 뒷받침하고 있다.

하드웨어와 서비스의 조화: AI 시대의 기회

여타 빅테크 기업들과 비교해보면 최근 몇 년간 애플의 매출 성장률이 상대적으로 낮아 보일 수 있다. 그러나 AI 시대가 본격적으로 도래하면서 애플의 강점이 다시 부각되고 있다.

AI 기술은 결국 실생활에서 사용되기 위해 디바이스가 필요하다. 애플은 아이폰, 맥, 애플워치 등 이미 막대한 기기 기반을 보유하고 있어, 온 디바이스 AI의 강점을 극대화할 준비를 마쳤다. 이는 사용자의 개인정보를 보호하면서도 강력한 인공지능 기능을 제공할 수 있는 애플만의 차별화된 접근 방식이다.

애플의 AI 서비스 애플 인텔리전스는 처음에는 영어로 시작되었지만, 점차 다양한 언어로 확장될 전망이다. 이는 글로벌 사용자 기반의 활용도를 극대화하고, 기존 에코시스템 안에서 AI 기반의 새로운 가치를 제공할 것이다. 애플의 CEO 팀 쿡은 2024년 4분기 실적발표를 통해 애플 인텔리전스 발표 이후 기기 변경이 크게 증가했다는 점을 언급하기도 했다.

주주친화정책: 안정성과 장기적 가치를 제공

애플은 투자자 입장에서 매력적인 기업으로 꼽히는 이유 중 하나가 바로 압도적인 주주친화정책이다. 애플은 다음과 같은 방식으로 주주의 가치를 지속적으로 상승시키고 있다.

애플은 매년 배당금을 꾸준히 증액하며, 안정적인 현금 흐름을 기반으로 투자자들에게 정기적인 수익을 제공한다. 또한 막대한 현금을 활용해 매년 자사주 매입을 적극적으로 진행하고 있다. 이는 상장 주식 수를 감소시켜 기존 주식의 가치를 자연스럽게 상승시키는 효과를 가져온다. 참고로 2015년 이후 매년 2~3%씩 주식 수가 꾸준히 줄어들고 있고 2024년에도 전년 대비 약 2.8%의 주식 수가 감소했다.

이 두 가지 정책은 애플 주식을 보유한 투자자들에게 꾸준하고 안정적인 가치를 제공하며, 애플을 장기 투자에 적합한 선택지로 만들어 준다.

애플의 지속 가능한 성장 가능성

애플은 단순히 하드웨어를 판매하는 기업이 아니라, 기술과 서비스를 통합하여 사용자에게 지속 가능한 가치를 제공하는 기업이다. 에코시스템 기반의 수익 모델은 사용자 충성도를 높이고, 서비스 매출과 하드웨어 매출이 서로 상승 작용을 일으키는 구조를 갖추고 있다.

또한, AI 비즈니스의 본격화와 글로벌 확장은 애플의 장기적인 성장 가능성을 더욱 높이고 있다. 막대한 사용자 기반과 결합된 이러한 전략은 애플의 미래 성장을 견고히 뒷받침할 것이다.

애플 주가, 분기별 실적 및 전망 추이

자료: zacks.com

바로 보러 가기 ▶

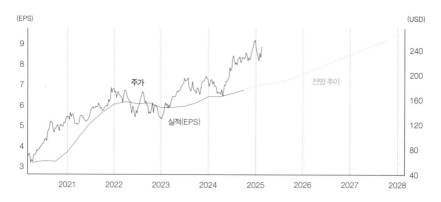

애플 연간 이익 [단위: 십억 달러]

자료: www.wsj.com

바로 보러 가기 ▶

애플 매출 추이

자료: www.wsj.com

구분	2024	5년간 트렌드
순이익 성장Net Income Growth	-3.36%	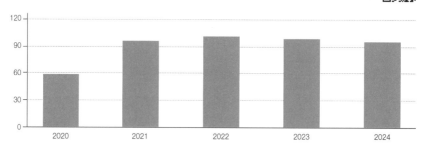
매출액Sales or Revenue	391.04B	
매출액 성장Sales or Revenue Growth	+2.02%	
EBITDA	+134.66B	

08

넷플릭스

Netflix
티커: **NFLX**(미국: 나스닥 증권거래소)

넷플릭스는 세계 최초로 구독형 온라인 영상 스트리밍 서비스를 시작하며, 디지털 영상 엔터테인먼트의 새로운 시대를 열었다. 2024년 말 기준, 전 세계적으로 유료 구독자 수가 3억 명을 넘어섰을 정도로 넷플릭스는 압도적인 성장세를 이어가고 있으며, 글로벌 스트리밍 시장에서 독보적인 1위를 차지하고 있다.

넷플릭스는 단순히 영화를 제공하는 플랫폼을 넘어, 자체 제작 콘텐츠와 기술 혁신을 통해 구독자의 시청 경험을 끊임없이 개선하며 전 세계 영상 콘텐츠 시장을 선도하고 있다.

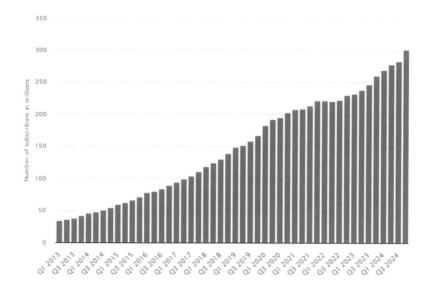

콘텐츠 제작과 데이터 활용의 강점

넷플릭스의 가장 큰 경쟁력은 단순히 콘텐츠를 유통하는 데 그치지 않고, 구독자 데이터를 기반으로 선호도를 분석해 영화, 드라마, 다큐멘터리 등 다양한 장르의 콘텐츠를 직접 제작한다는 점이다.

이 전략은 넷플릭스의 독점 콘텐츠가 전 세계 구독자들에게 큰 매력으로 다가가게 만든다. 「더 크라운」, 「기묘한 이야기」, 「오징어 게임」과 같은 넷플릭스 오리지널 콘텐츠는 전 세계적인 성공을 거두며, 넷플릭스를 단순한 플랫폼이 아닌 콘텐츠 강자로 자리매김하게 했다.

또한, 넷플릭스는 AI와 머신러닝 기술을 활용해 사용자의 시청 기록과 선호도를 기반으로 맞춤형 콘텐츠를 추천하며 구독자 만족도를 높이고 있다. 이 데이터 기반 접근법은 구독자를 유지하고 이탈을 방지하는 데 중요한 역할을 한다.

광고 기반 구독 서비스: 새로운 수익 모델의 성공

2022년부터 넷플릭스는 광고를 보는 조건으로 기존보다 저렴한 광고 기반 구독 서비스를 도입했다. 초기에는 논란이 있었지만, 이제는 넷플릭스의 새로운 수익 모델로 자리 잡으며 성공적인 결과를 내고 있다.

2025년, 광고 매출이 가장 빠르게 선장할 디지털 플랫폼 1위를 치지한 넷플릭스
자료: www.emarketer.com

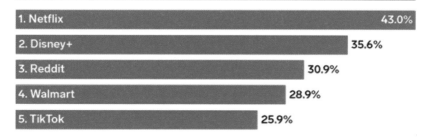

Netflix Will Lead All Digital Platforms in US Ad Revenue Growth in 2025
top 5 digital platforms, ranked by % change in US digital ad revenues, 2025

1. Netflix	43.0%
2. Disney+	35.6%
3. Reddit	30.9%
4. Walmart	28.9%
5. TikTok	25.9%

광고 기반 서비스는 기존 구독료를 부담스러워하는 고객층을 포괄하며, 광고 수익이라는 추가적인 매출원을 창출하고 있다. 이는 넷플릭스의 구독자 저변 확대와 수익 다각화 측면에서 신의 한 수로 평가받는다.

신규 시장 진출: 스포츠와 공연 스트리밍

넷플릭스는 최근 기존의 영화와 드라마에 국한되지 않고, 뮤지션의 공연과 스포츠 라이브 스트리밍 시장으로 진출하며 신규 고객층을 확보하려는 노력을 기울이고 있다. 이는 기존 콘텐츠와는 다른 새로운 경험을 제공하며, 넷플릭스의 서비스 범위를 확장하는 동시에 새로운 성장 동력을 창출할 가능성을 보여준다.

경쟁사와의 차별성

디즈니플러스, 애플TV와 같은 경쟁사들이 있지만, 구독자 수와 시청 시간에서 넷플릭스는 여전히 독보적인 1위를 유지하고 있다. 디즈니플러스는 강력한 콘텐츠 라이브러리를 보유하고 있지만, 넷플릭스가 제공하는 방대한 양의 오리지널 콘텐츠와 전 세계적인 접근성은 경쟁사와 차별화되는 강점이다.

또한, 넷플릭스는 더 많은 데이터를 기반으로 시청자 선호도를 분석하며 콘텐츠 기획과 제작에 활용할 수 있어, 장기적으로 경쟁사들보다 유리한 위치에 있다.

넷플릭스는 영상 스트리밍 시장에서 독보적인 위치를 차지하며, 콘텐츠 제작, 글로벌 확장, 광고 기반 서비스, 신규 시장 진출 등 다양한 성장 전략을 통해 지속적인 성과를 내고 있다.

구독자 수가 3억 명을 넘어선 지금도 여전히 성장 가능성이 높은 넷플릭스는 단순히 영상 스트리밍 기업이 아니라 글로벌 엔터테인먼트 산업의 핵심 축으로 자리 잡고 있다. 이는 넷플릭스가 장기적으로도 투자할 가치가 충분한 매력적인 기업임을 보여준다.

넷플릭스 주가, 분기별 실적 및 전망 추이

자료: zacks.com

바로 보러 가기 ▶

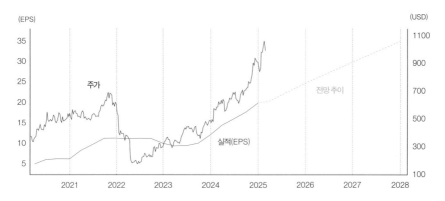

넷플릭스 연간 이익 [단위: 십억 달러]

자료: www.wsj.com

바로 보러 가기 ▶

넷플릭스 매출 추이

자료: www.wsj.com

구분	2023	5년간 트렌드
순이익 성장 Net Income Growth	+20.39%	
매출액 Sales or Revenue	33.72B	
매출액 성장 Sales or Revenue Growth	+6.67%	
EBITDA	+21.51B	

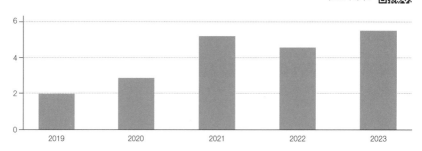

09

액손 엔터프라이스

Axon Enterprise
티커: AXON (미국: 나스닥)

액손 엔터프라이스는 테이저TASER를 비롯한 바디캠 액손 바디Axon Body, 차량용 카메라 액손 플리트Axon Fleet, 클라우드 기반 디지털 증거 관리 소프트웨어를 통해 경찰과 공공 안전을 위한 첨단 기술 솔루션을 제공하는 기업이다.

액손 엔터프라이스의 창업자 릭 스미스Rick Smith와 그의 동생 톰 스미스 Tom Smith는 1991년 난폭 운전 시비 관련 사건으로 친구 두 명이 총에 맞아 사망한 후, 기술 혁신이 공공 안전 문제를 해결하고 세상을 더 안전하게 만들 수 있다는 믿음으로 1993년 액손 엔터프라이스의 전신인 에어 테이저 Air Taser를 설립했다. 이후 릭 스미스 CEO는 전기 충격 무기인 테이저를 개발하고 상용화하는데 성공한 것은 물론이고, 바디캠, 차량용 카메라, 경찰 드론 등 새로운 제품 서비스를 기반으로 지역 사회 구성원들의 안전을 지키기 위한 기술 혁신을 위해 끊임없이 노력하고 있다.

액손 엔터프라이스의 미션은 총알을 쓸모없게 만들고 사회적 갈등을 줄이며,
효율적이고 공정한 시스템을 만드는 것임을 나타내는 홍보 이미지

자료: www.axon.com

액손 엔터프라이스의 주요 제품과 서비스

자료: www.axon.com

액손 엔터프라이스를 단순히 테이저건만 판매하는 기업이라 생각하면 안된다. 액손 엔터프라이스는 경찰들에게 테이저건 판매와 동시에 번들 형태로 바디캠과 실시간 촬영 영상을 저장, 분석하는 클라우드 소프트웨어를 제공하고 있으며, 최근에는 경찰들이 사건 현장 출동 이후 작성하는 보고서를 실시간 영상 기반으로 몇 초 만에 작성해주는 생성형 AI 서비스 액손 드래프트 원Axon Draft One을 출시하며 경찰관의 업무 효율 향상에 크게 기여하고 있다. 특히, 액손 드래프트 원은 액손 엔터프라이스의 모든 소프트웨어 제품 중 가장 빠른 속도로 계약이 증가하고 있다. 충분히 주목할 필요가 있다.

액손 엔터프라이스의 진화는 여기서 끝이 아니다. 2024년, 실시간 범죄 센터 기술 개발 업체 퓨서스Fusus를 인수하며 다양한 경로의 실시간 비디오 데이터를 통해 경찰들의 신속한 의사 결정과 대응 조치를 가능하도록 하고 있다. 대표적인 예시로 퓨서스 AI 이미지 검색을 통해 도난 차량 회수 시간을 30분으로 단축시킨 사례가 있다. 또한, 드론 보안 기업인 니드론Dedrone을 인수하며 실시간 무허가 드론 위협을 감지하고 분석하는 것은 물론이고, 드론 수색 및 드론 응급 구조 프로그램을 확대하고 있다. 이 외에도 도난 방지, 직원 폭력 방지를 목적으로 소매 판매 기업들에 바디캠을 제공하기 시작했고, 월마트, TJ Maxx 같은 미국을 대표하는 소매 판매 기업들은 파일럿 프로그램 일환으로 직원들의 바디캠 착용을 테스트하고 있다.

액손 엔터프라이스의 글로벌 침투율은 여전히 낮은 수준이다. 최대 사업 지역인 미국조차도 연방 정부 차원에서의 테이저건 침투율은 35%에 불과하며, 액손 바디캠 침투율은 14%에 불과하다. 그리고 액손이 제공하는 증거 관리, 영상 분석 클라우드 소프트웨어 침투율은 4% 밖에 되지 않아 경찰들의 업무 효율성 향상 추진 과정에서 계속해서 침투율이 상승할 것으로 기대되고 있다. 미국을 제외한 지역에서는 더 처참한 침투율이 확인되고 있다. 유럽의 경우 테이저건 침투율이 3%, 라틴 아메리카 1%, 아시아의 경우는 0%에 가까울 정도로 테이저건에 대한 인식과 도입이 아직도 낮은 수준이다.

이처럼 테이저건의 낮은 침투율은 액손 엔터프라이스에게 높은 성장 잠재력을 제공할 것으로 기대되고 있다. 대표적인 예시로 한국은 아직도 2003년에 출시된 테이저 x26 모델을 주로 사용하고 있는데, 2018년에 출시된 테이저 7 모델로 이제 막 교체 수요가 발생하고 있는 상황이다. 미국에서는 2023년 출시된 테이저 10 모델로 교체가 나타나고 있다는 점을 국내 사례와 함께 고려해보면 시간이 지나면 지날수록 전 세계적으로 신형 테이저건 모델 교체, 도입 수요가 앞으로도 무궁무진하다고 볼 수 있겠다.

액손 엔터프라이스 주가, 분기별 실적 및 전망 추이

자료: zacks.com

바로 보러 가기 ▶

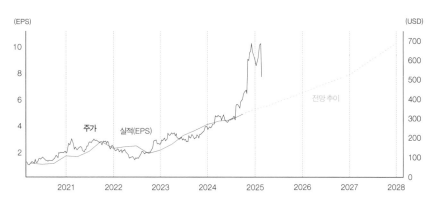

액손 엔터프라이스 연간 이익 (단위: 백만 달러)

자료: www.wsj.com

바로 보러 가기 ▶

액손 엔터프라이스 매출 추이

자료: www.wsj.com

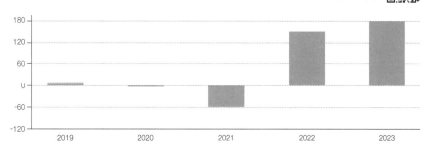

구분	2023	5년간 트렌드
순이익 성장Net Income Growth	+18.41%	
매출액Sales or Revenue	1.56B	
매출액 성장Sales or Revenue Growth	+31.38%	
EBITDA	+187.43M	

10

GE 버노바

GE Vernova

티커: GEV (미국: 뉴욕증권거래소)

GE 버노바는 제너럴 일렉트릭GE의 전력 솔루션, 발전, 풍력 사업부가 2024년에 분사되어 탄생한 기업이다. '세기의 경영자', '경영의 신'이라 불렸던 잭 웰치가 CEO였던 시절 GE는 세계 최고의 기업으로 올라섰지만, 후대 CEO 체제에서 너무 거대해진 조직을 통제할 능력을 상실하며 몰락의 길을 걷게 되었다. 이후 GE는 끊임없는 변화의 노력 끝에 수많은 사업부를 매각하고 기업 분할을 진행하며 2020년대 들어 완벽한 부활을 알리고 있다.

GE 버노바의 사업 부문은 발전Power, 풍력Wind, 전력Electrification 총 3개로 구성되어 있다. 발전 부문이 매출의 약 57%로 가장 많은 부분을 차지하고 있는데 대다수 수익이 발전소 터빈 설치 이후 꾸준히 발생하는 서비스 부문에서 발생하고 있다. 최근 AI 및 데이터센터 붐으로 인해 이들을 운영하기 위한 전력 에너지원으로 천연가스 수요가 급증하고 있는 상황이다.

기존 석탄 발전소들은 환경 규제 문제로 천연가스 발전소로 전환하고 있으며, 기존 가스 발전소들 역시 더 뛰어난 전력 효율을 위해 신규 가스 터빈을 도입하는 사례가 크게 증가하고 있다. 이처럼 AI 데이터센터 산업 초기에는 가스 터빈 설치 사례가 증가함에 따라 수익이 증가하고, 이후에는 설치한 가스 터빈들을 기반으로 꾸준한 서비스 수익 창출이 기대되고 있다.

전력 부문은 전체 매출의 20%를 차지하고 있는데 AI 데이터센터 시대에 전력 수요가 크게 증가할 것으로 전망됨에 따라 전력 인프라 설치에 대한 관심은 계속해서 증가하고 있다. 미국 에너지부US Department of Energy, DoE

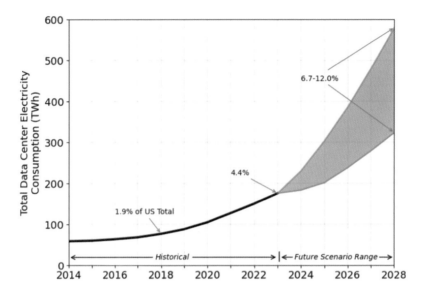

Figure ES-1. Total U.S. data center electricity use from 2014 through 2028.

에 따르면 2023년 미국의 전체 전력 사용량에서 데이터센터가 차지하는 비중은 4.4%에 불과하지만, 2028년에는 최대 12%까지 증가할 것으로 전망되고 있다.

GE 버노바는 가파르게 증가할 것으로 전망되는 전력 수요를 충족시킬 수 있는 변압기, 스위치기어 등 각종 전력 장비들을 판매하고 있다. 독일의 지멘스 에너지, 일본의 히타치, 미쓰비시 일렉트릭, 한국의 HD현대일렉트릭 같은 전력 인프라 경쟁사들이 존재하고 있지만, 미국의 자국우선주의 정책이 더 강화될 것으로 전망되는 상황에서 GE 버노바는 국가 차원에서의 지원 혜택을 받을 수밖에 없다.

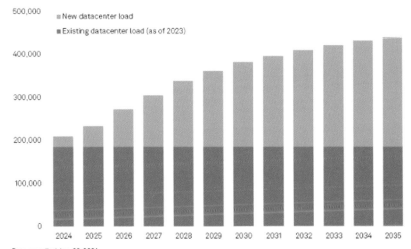

Cumulative electricity demand from US datacenters (GWh)

New datacenter load

Existing datacenter load (as of 2023)

Data compiled Jan. 29, 2024.
Sources: S&P Global Commodity Insights; S&P Global Market Intelligence 451 Research.
© 2024 S&P Global.

전력 인프라 장비 외에도 점점 더 복잡성이 높아지는 전력 인프라 시장에서 GridOS라는 GE 버노바의 AI 기반 소프트웨어도 주목할 필요가 있다. GridOS를 이용하면 전력 공급 업체들은 자동화를 통해 전력 복원력 및 안정성을 향상시킬 수 있고 더 빠른 제어 능력과 강화된 사이버 보안 효과를 누릴 수 있다.

AI 데이터센터 시대에 맞춰서 투자자들의 관심도가 높아지고 있는 소형 모듈 원전SMR 시장에도 GE 버노바는 투자를 진행하고 있다. GE 버노바의 원자력 사업부인 GE 히타치 원자력 에너지는 미국의 여러 유틸리티 회사들과 협력하여 2033년 SMR 상용화 가동을 목표로 제품 개발에 나서고 있다. 이 외에도 탄소 포집, GridOS 소프트웨어, 수소 가스 터빈, 세계 최대 크기의 해상 풍력 발전기 Haliade-X, 장거리 대용량 송전의 핵심 기술로 꼽히고 있는 초고압직류송전HVDC 등 수많은 신기술 분야에도 GE 버노바는 꾸준한 투자를 하고 있다. 이처럼 GE 버노바가 준비하는 미래 친환경 에너지 전환 역시 앞으로 기대감이 크다.

모든 것이 좋아보이는 GE 버노바에도 아쉬운 점이 하나 있다면 전체 매출의 약 33%를 차지하고 있는 풍력 발전 사업의 어려움이다. 해상 풍력 사업 자체가 아직 수익성이 적은 것은 물론이고 2024년에만 GE 버노바의 해상 풍력발전기 블레이드 폭발 사고가 여럿 발생하며 비용 부담이 지속되고 있다. 육상 풍력 사업 역시 신규 계약 확보에 어려움을 겪고 있는 아쉬운 상황이다.

GE 버노바는 2025년부터 주주환원을 시작하고 있다. 과거 제너럴 일렉트릭 시절 2017년, 2018년 연속해서 배당금 삭감에 나서며 분기별 주당 배당금을 1센트밖에 주지 않던 시절이 있었고 GE 버노바 분사 직후에는 주주환원에 신경을 쓸 겨를이 없었다. 하지만 사업이 안정화된 것은 물론이고 성장 가속화가 전망됨에 따라 2025년부터 분기 배당금 지급과 함께 60억 달러(약 9조 원) 규모의 자사주매입 시작을 발표했다.

미국 주식시장은 주주환원 발전과 함께 해왔다는 것을 이해한다면 2025년 이제 막 주주환원정책을 시작하고 있는 GE 버노바의 지속적인 배당 인상, 자사주 매입 확대가 기대된다.

GE 버노바 주가, 분기별 실적 및 전망 추이

자료: zacks.com

바로 보러 가기 ▶

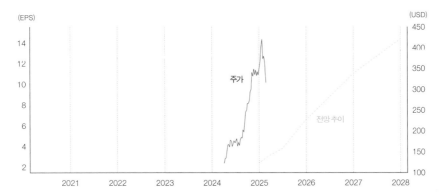

GE 버노바 연간 이익 (단위: 십억 달러)

자료: www.wsj.com

바로 보러 가기 ▶

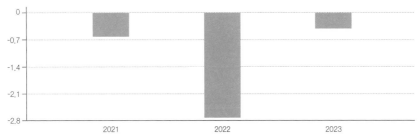

GE 버노바 매출 추이

자료: www.wsj.com

구분	2023	5년간 트렌드
순이익성장Net Income Growth	+83.99%	
매출액Sales or Revenue	33.24B	
매출액성장Sales or Revenue Growth	+12.09%	
EBITDA	+484.00M	

11

어펌 홀딩스

Affirm Holdings
티커: AFRM (미국: 나스닥 증권거래소)

어펌은 2012년에 페이팔 마피아 출신인 맥스 레브친이 전통적인 결제 수단과 신용 평가 모델은 소비자와 판매자 모두에게 해롭고 기만적이라는 이유로 소비자와 판매자 모두에게 이득이 될 수 있는 새로운 신용 평가 모델을 구축하여 설립한 BNPL 기업이다. 이는 'Buy Now, Pay Later(지금 사고, 지불은 나중에)'의 약자로 어펌은 기존 신용 평가 모델보다 신용 손실이 낮은 평가 모델을 통해 소비자에게 더 저렴한 이자율의 할부 결제 옵션을 제공하고 있다.

가장 대표적인 어펌의 서비스는 0% 이자율로 격주 또는 월 단위로 4번에 걸쳐 할부 결제를 하는 일명 'Pay-in-4'다. 소비자가 0% 이자율로 제품을 구매하는데 어펌은 돈을 어떻게 버는지 궁금하지 않은가. 어펌은 판매자 수수료가 가장 우선적인 수익원이다. 판매자 입장에서는 어차피 전통적인 카드사에도 수수료를 지출하기 때문에 어펌을 도입해도 손해보는 것이

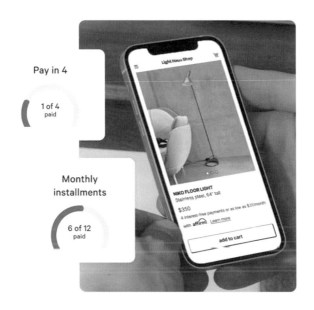

없으며, 오히려 어펌 앱과 웹사이트를 통한 판매도 가능하기 때문에 판매 촉진 효과가 나타날 수 있다.

또한, 기본적으로 0% 이자율을 표방하여 소비자들을 유인하고 있기는 하지만 모든 결제에 대해 0% 이자율을 제공하는 것은 아니다. 소비자의 신용도, 소비자가 선택한 상환 기간, 결제 금액 등 다양한 조건에 따라 이자율이 0%에서 30%까지 다양하게 결정되며, 이를 통해 어펌은 0% 이외의 BNPL 결제를 선택하는 구매자들에게서 할부 이자 수수료를 얻고 있다.

0% 이자율을 제공하는 것이 아니라면 굳이 BNPL 결제를 쓸까 싶기도 하겠지만, 미국에서는 신용카드 발급 조건이 까다로울 뿐만 아니라 개인 신용도 측정 수치인 FICO 점수 관리가 상당히 중요한데 BNPL의 경우,

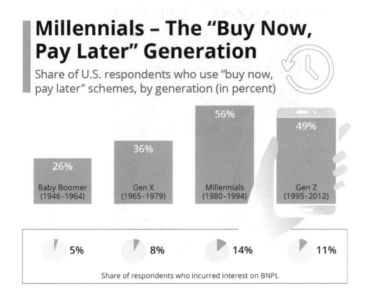

FICO 점수에 영향을 미치지 않다 보니 신용도가 낮고 젊은 세대일수록
BNPL 선호도가 높게 나타나고 있다. 실제로 연말 쇼핑시즌 때만 되면 밀
레니얼 세대와 Z세대의 약 40%가 BNPL을 통해 제품을 구매하는 모습이
확인되고 있으며, 이 비율은 계속해서 증가하는 추세에 있다.

실제로 어펌은 2024 회계연도에 최근 12개월 이내 어펌을 한 번이라
도 이용한 활성 사용자 수가 1870만 명을 기록하며 사용자 증가가 지속
되고 있고, 약 30만 개 이상의 판매자 등록, 총 결제 금액 266억 달러(약
38조 원)를 기록하며 고속 성장을 이뤄내고 있다.

이처럼 BNPL 시장이 빠른 성장을 보이고 있다 보니 시장 경쟁 역시 치

열하다. 어펌 외에도 페이팔, 블록의 애프터페이, 클라르나 등 다양한 기업들이 경쟁을 펼치고 있으나 아직 뚜렷하게 누가 승자 기업이라고 평가하기는 어려운 상황이다. 그럼에도 어펌이 BNPL 시장에서 기대되는 점은 2024년 9월부터 애플과 파트너십을 통해 애플페이에서 어펌을 사용할 수 있게 된 것이다. 미국에서 모바일 결제 플랫폼 점유율 1위를 기록 중인 애플페이를 등에 업고 어펌은 막대한 사용자 기반에 접근할 것으로 기대되고 있다.

또한, 어펌은 2025년부터 GAAP 기준 흑자 전환을 달성할 것으로 시사하고 있다. 미국 주식의 경우 적자 기업이 흑자 기업이 되었을 때, 시장의 평가가 완전히 달라지는 경향이 있으니 이 역시 주목할 가치가 있다.

어펌 홀딩스 주가, 분기별 실적 및 전망 추이

자료: zacks.com

바로 보러 가기 ▶

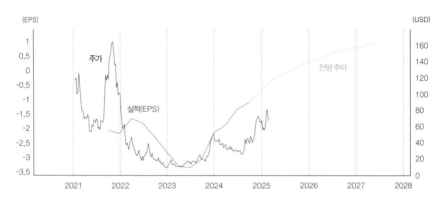

어펌 홀딩스 연간 이익 (단위: 백만 달러)

자료: www.wsj.com

바로 보러 가기 ▶

어펌 홀딩스 매출 추이

자료: www.wsj.com

구분	2024	5년간 트렌드
순이익성장 Net Income Growth	+47.45%	
매출액 Sales or Revenue	2.32B	
매출액성장 Sales or Revenue Growth	+46.29%	
EBITDA	+86.37M	

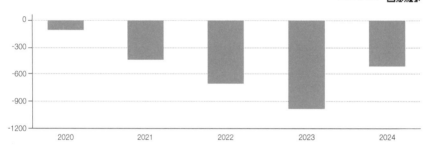

12

스포티파이

Spotify

티커: SPOT (미국: 뉴욕증권거래소)

스포티파이는 2000년대 초반 전 세계적으로 인터넷 보급 확대가 이루어지면서 정식 음원 CD 구매 대신 P2P 사이트에서 불법 음원 다운이 성행하던 시기에 클릭 한 번으로 음악을 들을 수 있는 음원 스트리밍 서비스를 고안하여 탄생한 기업이다.

당시 음반사들은 불법 다운로드로 인해 음악 산업이 쇠퇴할 것을 우려하며 법적 소송을 시작하고 있던 시점이었으나, 스포티파이의 창업자이자 현재까지도 CEO를 역임하고 있는 다니엘 에크Damiel Ek는 이미 변화한 소비자들의 음악 소비 패턴에 주목했다. 그리고 정식 음원 스트리밍 서비스를 만들고 서비스 구독료와 함께 광고를 통해 수익을 내서 아티스트, 플랫폼, 제작자가 나눠가지는 것이 무료 불법 다운로드 문제를 해결할 수 있는 유일한 해결책이라고 음반사들을 설득하는 데 성공하였다.

이후 스포티파이는 2008년 스웨덴에서 서비스를 처음으로 시작하였고

2011년에는 미국에서, 2021년에는 한국에서 서비스를 시작하며 지금 현재도 계속해서 서비스 국가를 확대해 나가고 있다. 2024년 말 기준, 스포티파이는 월간 활성 사용자 수 6억 7500만 명을 기록하였으며, 월 구독료를 지불하며 서비스를 즐기는 프리미엄 가입자는 2억 6300만 명을 기록하고 있다.

스포티파이의 비즈니스 모델은 정말 간단하다. 매달 돈을 지불하고 음악을 무제한으로 스트리밍 할 수 있는 프리미엄 구독 모델이 있고, 광고를 청취하고 무료로 음악을 듣는 무료 구독자 모델이 있다. 오디오 광고를 통한 광고 수익 증가도 중요하지만, 더 주목할 것은 무료 사용자의 프리미엄 가입자 전환이다. 생각해보면 무료로 광고를 듣고 음악을 청취하는 것도 분명 나쁘지 않을 수 있지만, 스포티파이는 음원 청취 외에도 프리미엄 가

스포티파이 월간 활성 사용자 수(연두색) 및 프리미엄 가입자 수(카키색)
자료: statista.com

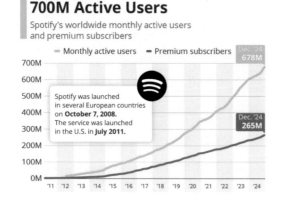

입자들만 청취할 수 있는 팟캐스트와 오디오북 서비스를 적극 홍보하여 무료 사용자들을 프리미엄 가입자로 전환시키고 있다.

특히, 스포티파이가 지배하고 있는 팟캐스트 시장을 주목할 필요가 있다. 12세 이상 미국인의 47%가 매달 팟캐스트를 청취하는 것으로 나타나고 있고, 특히 Z세대는 다른 세대보다도 더 자주 팟캐스트를 듣는 것으로 나타나고 있는데 인기 있는 팟캐스트들은 대부분 다 스포티파이를 통해 들을 수 있다. 그러다 보니 스포티파이 프리미엄 요금제를 가입할 수밖에 없는 게 현실이다. 가장 대표적으로 세계에서 가장 유명하고 인기 있는 팟캐스트 「조 로건 익스피리언스」의 경우 2020년부터 스포티파이를 통해 콘텐츠를 제공하고 있다.

팟캐스트 시장에서 스포티파이의 역량은 단연코 세계 최강이라 볼 수 있는데, 그 이유는 간단하다. 남들은 팟캐스트가 돈이 안된다고 생각해서 2010년대 말부터 2020년대 초에 사업을 철수하던가 매각을 추진했는데, 당시 스포티파이는 시장에 매물로 나온 팟캐스트 콘텐츠 제작 관련 기업이나 팟캐스트 스튜디오들을 대다수 인수하였고 이제는 팟캐스트 시장이 돈을 벌 수 있는 매력적인 산업이라는 것을 증명하고 있다. 실제로 최근 넷플릭스에서도 영상 팟캐스트 시장 진출을 준비하고 있다는 소식이 들리고 있다. 이를 통해 팟캐스트가 얼마나 매력적인 시장인지 추측할 수 있겠다.

스포티파이의 지속적인 구독 요금제 가격 인상에도 주목할 필요가 있다. 스포티파이는 지난 2023년 서비스 시작 이래 처음으로 프리미엄 요금제 가격 인상을 시작했고, 2024년에도 가격 인상을 단행했다. 2025년에도 가격 인상을 지속할지는 아직 알 수 없지만, 최근 넷플릭스, 유튜브 프리미엄 모두 구독 요금제 인상을 단행하고 있는 상황을 고려하면 스포티파이 역시 계속해서 가격 인상을 할 수 있지 않을까 싶다. 가격 인상에서 항상 고려해야 할 요소는 구독자 이탈인데 스포티파이는 가격 인상 정당화를 위해 서비스 개선을 지속하고 있다. 대표적인 사례들로 영상 팟캐스트를 비롯한 양질의 팟캐스트에 지속적으로 투자하고, 오디오북 서비스 강화, 사용자 명령어에 따라 재생 목록을 만들어주는 AI DJ 서비스 출시, 뮤직비디오 서비스 시작 등 다양한 서비스를 지속적으로 선보여 가격 인상에도 구독자 이탈을 최소화하고 있다.

또한, 스포티파이는 2025년에 기존 프리미엄 요금제보다 더 비싸면서 원음에 가까운 Hi-Fi 음원을 제공하는 슈퍼 프리미엄 요금제를 출시할 예정에 있다. 전 세계적으로 아티스트와 팬의 관계가 더 깊어지고 음악 팬이 계속해서 증가하는 시대에 Hi-Fi 음원을 청취하기 위해 슈퍼 프리미엄 요

스포티파이 랩드의 화면
자료: Spotify Wrapped

금제를 가입하는 사용자들도 꽤나 증가하지 않을까 기대해본다.

마지막으로 스포티파이에 주목할 핵심 요소는 스포티파이가 하나의 문화 현상이 되었다는 것이다. 6억 7500만 명이라는 월간 활성 사용자를 확보한 스포티파이는 입소문을 통해 이제 더 이상 마케팅 지출을 적극적으로 하지 않아도 사용자가 계속해서 증가하는 기업이 되었다. 가장 대표적 사례가 한 해 동안 사용자가 들은 음악을 정리해주는 연말결산 서비스 스포티파이 랩드Spotify Wrapped다. 스포티파이 랩드는 한 해 동안 전 세계에서 어떤 가수가 가장 인기가 있었는지, 어떤 음악을 가장 많이 들었는지, 각 사용자별로 어떤 음악을 즐겨 들었는지 등 대중적인 카테고리부터 각 개인별 맞춤 정보를 제공하고 있다. 그리고 매년 연말마다 스포티파이 랩드에서 제공하는 각 개인별 연말 결산 내용을 사용자 자신들의 인스타그램에 공유하는 것이 하나의 문화 현상이 되었다. 즉, 스포티파이는 비싼 돈을 주고 광고를 집행할 필요 없이 스포티파이 랩드 사용자들 스스로가 알아서 홍보해 주는 엄청난 네트워크 효과를 누리는 기업이란 것이다.

스포티파이 주가, 분기별 실적 및 전망 추이

자료: zacks.com

바로 보러 가기 ▶

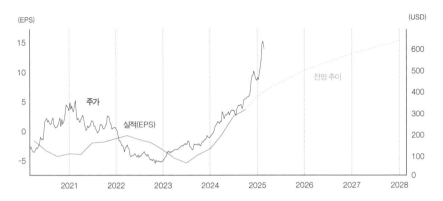

스포티파이 연간 이익 (단위: 백만 달러)

자료: www.macrotrends.net

2021	2022	2023	2024
-60	147	176	377

스포티파이 매출 추이

자료: www.macrotrends.net

	2024	전년도 대비 증감
매출액	2,083B	33.44%
순이익	0.377B	114.49%
EBITDA	0.107B	39.28%

13

로빈후드 마켓츠

Robinhood Markets
티커: HOOD (미국: 나스닥 증권거래소)

2013년 로빈후드는 신분에 상관없이 모든 사람을 위한 현대적인 금융 서비스 플랫폼을 만들어 금융 민주화를 이뤄내겠다는 신념 아래 수수료 없는 주식 거래 시대를 개칙한 기업이다. 고객이 간편하고 편리하게 투자할 수 있도록 심플한 디자인과 직관적인 인터페이스를 제공하고 있으며, 투자자들이 원하는 다양한 기능을 선보이고 있다.

대표적으로 몇 가지 사례를 살펴보면 배당금 자동 재투자 기능, 투자에 이용되지 않고 남아 있는 고객 예수금을 은행의 예금 계좌에 예치하여 이자 수익을 얻는 현금 스윕Cash Sweep, 개인 퇴직 계좌 운용, 24시간 거래 제공, IPO 참여에 필요한 최소 증거금 제거를 통한 손쉬운 IPO 참여, 금융 지식 교육 프로그램 제공, 개별 종목 관련 뉴스피드 제공 등 개인 투자자라면 누구나 좋아하는 기능들을 제공하고 있다. 이 외에도 투자자에게 고위험 금융 상품에 대한 위험성을 충분히 제공하지 않는다는 논란의 여지가 있지

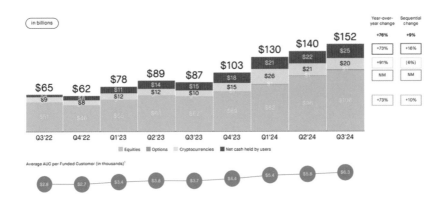

만 마진 거래, 주식 담보 대출을 투자자들이 손쉽게 접근할 수 있도록 만들어 놓아 이로 인한 이자 수익을 쏠쏠하게 올리고 있다.

이처럼 다양한 서비스를 제공하고 있는 로빈후드는 더 많은 고객 유치를 위해 지속적으로 새로운 기능과 상품들을 출시하고 있다. 최근 가장 눈에 띄는 상품 출시 사례는 2024년 선보인 로빈후드 골드 카드이다. 로빈후드 골드 카드는 월 5달러 또는 연간 50달러를 지불하는 로빈후드 골드 멤버십 회원들을 대상으로 발급해주는 카드인데 모든 카테고리 결제에 대해 3% 캐시백을 한도 없이 제공하고 있다. 로빈후드 골드 카드와 함께 로빈후드 골드 멤버십에 가입하는 고객들에게는 다양한 혜택이 기다리고 있다. 고객 예수금에 대해 더 높은 현금 스윕 이자율 제공, 마진 거래에 더 낮은 이자율, 모닝스타의 심층 리포트 무제한 접근 권한 및 나스닥 거래소에서 제공하는 시장 데이터 접근 권한을 로빈후드 골드 회원들에게 제공하고 있

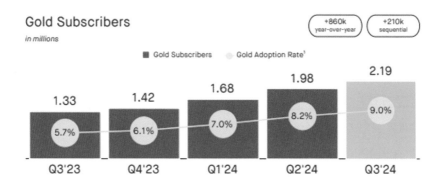

나 보니 로빈후드 골드 카드를 발급함과 동시에 로빈후드에서 투자를 시작하는 고객도 적지 않게 증가하는 추세이다.

그리고 로빈후드는 2025년부터 본격적으로 미래 사업 다각화를 위한 첫사진을 펼치기 시작했다. 싱가포르에 아시아 본사를 실립하고 아시아 전역에서 로빈후드 서비스를 제공할 계획을 밝히며 글로벌 확장 출사표를 던진 상황이다. 또한, 규제 완화에 적극적인 트럼프 행정부가 들어서며 이벤트 계약, 개인 공매도, 뮤추얼 펀드, 채권, 국채, MMF, 외환(F/X) 거래, 신탁 계좌, 후견인 계좌, 자녀 교육 비용 마련 위한 529 플랜 계좌, 고용주 후원 계좌, AI 기반 금융 자문 서비스 등 더 많은 금융 상품, 서비스를 선보일 계획에 있다.

암호화폐 시장 확장 계획도 주목할 필요가 있다. 로빈후드는 2024년 말 기준으로 비트코인, 이더리움, 도지 등 20개의 암호화폐 거래만을 제공하고 있는데 이는 코인베이스가 상장한 260개의 암호화폐에 비하면 현저히 적은 숫자이다. 기존에는 규제 리스크 때문에 더 많은 암호화폐 상장에 미온적이었던 로빈후드가 트럼프 행정부의 규제 완화에 발맞춰 더 많은 암호화폐 상장을 계획하고 있다. 이로 인해 생겨날 기회 역시 기대되는 바이다.

로빈후드의 사용자 기반을 알면 어쩌면 먼 미래에는 대형 은행들과 어깨를 나란히 할지도 모르겠다는 생각이 든다. 로빈후드의 사용자 연령대 통계를 보면 밀레니얼이 50%, Z세대가 25%로 미래 소비의 주역으로 불리는 연령대다. 그리고 최근에는 전체 주식 거래의 50%가 모바일로 이루어지는 시대이다. 국내에서도 최근 토스증권이 증권사 해외주식 체결액 1위에 오르고 있는 상황인데 이처럼 모바일 주식 거래가 각광받는 시대에 미국 모바일 트레이딩 1위 플랫폼 로빈후드의 행보가 더욱 기대된다.

로빈후드 마켓츠 주가, 분기별 실적 및 전망 추이

자료: zacks.com

바로 보러 가기 ▶

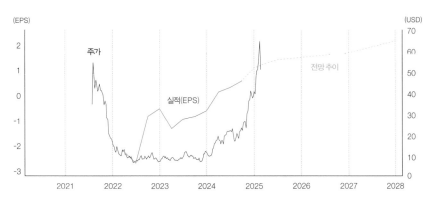

로빈후드 마켓츠 연간 이익 [단위: 십억 달러]

자료: www.wsj.com

바로 보러 가기 ▶

로빈후드 마켓츠 매출 추이

자료: www.wsj.com

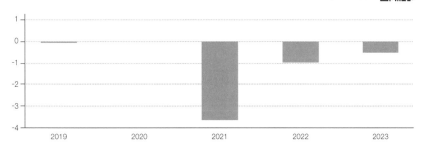

구분	2023	5년간 트렌드
매출액 혹은 판매	1.89B	
총투자이익	-	-
계정 소득	785.00M	
총비용	2.40B	

14

트레이드 데스크

Trade Desk
티커: TTD (미국: 나스닥 증권거래소)

트레이드 데스크는 2009년 설립된 애드테크Adtech, Advertising Technology 기업으로 클라우드 기반 광고 구매 플랫폼DSP, Demand-Side Platform을 제공하고 있다. 애드테크 산업에서 사용되고 있는 용어들이 생소할 수 있지만, 한번 이해하면 전혀 어렵지 않다. 광고 구매 플랫폼은 다양한 디지털 미디어에서 광고를 게재하고자 하는 광고주들이 사용하는 플랫폼인데 여기서 광고주들은 나이키, 코카콜라, 힐튼 같은 제품, 서비스를 판매하려는 측을 일컫는다.

광고주들이 트레이드 데스크 같은 광고 구매 플랫폼을 사용하는 이유는 간단하다. 기존에는 광고를 집행하려면 광고를 게재할 수 있는 여러 개별 광고 인벤토리들을 비교하고 광고주들이 일일이 찾아가서 계약을 진행해야 했으나, 트레이드 데스크를 이용하면 수많은 광고 인벤토리들이 플랫폼 한 곳에 모여 있어 손쉽게 광고 거래를 진행할 수 있게 된다. 이 외에도

광고주가 원하는 예산 내에서 최적의 광고 노출을 제공할 수 있고 광고 성과도 투명하게 측정되어 광고주 입장에서는 만족도가 증가할 수 있다. 즉, 광고주들은 트레이드 네스크를 이용하면 비용 대비 광고 효율이 높아지고 광고 집행 절차가 편리해지는 장점이 있다.

트레이드 데스크를 이야기할 때 반드시 알아야 할 개념이 하나 더 있는데 바로 CTVConnected TV, 즉 커넥티드 TV이다. CTV는 전통적인 TV 라이브 방송 채널에 VOD 컨텐츠를 볼 수 있는 인터넷이 연결된 TV를 말한다. CTV를 예를 들어 설명하자면, 셋톱박스를 연결하는 IPTV(SK Btv, U+tv 등)와 스마트 TV에 기본 앱으로 설치되어 있는 무료 라이브 스트리밍 플랫폼(삼성 TV Plus, Roku 등)이 CTV라 볼 수 있다. 그리고 CTV 시장은 이제 본격적인 성장이 시작되었고 트레이드 데스크는 시류에 올라탈 준비를 하고 있다.

증가하는 트레이드 데스크 플랫폼을 통한 광고 집행 비용
자료: 2024년 4분기 트레이드 데스크 투자 소개서

GROSS SPEND[1]
($ in millions)

- $552 (FY2015)
- $1,027 / 86% (FY2016)
- $1,556 / 52% (FY2017)
- $2,351 / 51% (FY2018)
- $3,130 / 33% (FY2019)
- $4,198 / 34% (FY2020)
- $6,172 / 47% (FY2021)
- $7,741 / 25% (FY2022)
- $9,611 / 24% (FY2023)

전통 TV 광고 시장에서 사용하던 광고 방식은 성별, 연령, 거주 지역을 제외하면 소비자에 대한 세부 데이터를 추적할 방법이 많지 않아 광고 효율이 떨어지지만, CTV 시장이 성장하고 트레이드 데스크 같은 플랫폼들이 등장하여 성별, 연령, 거주 지역 같은 단순한 데이터가 아닌 시청자의 관심사에 따라 타겟팅 광고를 진행할 수 있게 도와주다 보니 광고주들은 광고 효율이 떨어지는 전통 TV 광고 예산을 줄이고 광고 효율이 높은 CTV 광고 예산을 늘리는 상황이다.

CTV 광고 시장은 넷플릭스의 광고 요금제 수익화가 본격적으로 시작되는 2025년부터 성장이 더 가팔라질 것으로 예상되고 있다. 넷플릭스는 2022년 11월, 광고 요금제를 출시했지만 광고주들을 대거 끌어 모으기에는 광고 요금제 가입자 규모가 많지 않았다. 하지만, 2025년부터는 광고 사업을 본격화할 수 있을 정도로 광고 요금제 가입자가 크게 증가하였고

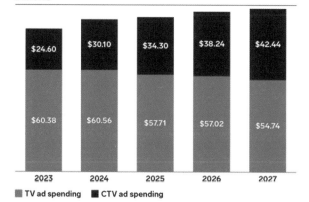

US TV and Connected TV (CTV) Ad Spending, 2023-2027
billions

	2023	2024	2025	2026	2027
CTV ad spending	$24.60	$30.10	$34.30	$38.24	$42.44
TV ad spending	$60.38	$60.56	$57.71	$57.02	$54.74

■ TV ad spending   ■ CTV ad spending

Note: TV includes broadcast TV (network, syndication, and spot) and cable TV; excludes digital; CTV includes digital advertising that appears on CTV devices; includes display ads that appear on home screens and in-stream video ads that appear on CTVs from platforms like Hulu, Roku, and YouTube; excludes network-sold inventory from traditional linear TV and addressable TV advertising
Source: Insider Intelligence | eMarketer Forecast, Oct 2023

283931

Insider Intelligence | eMarketer

2025년 4월부터는 넷플릭스 자체 광고 플랫폼을 출시하여 본격적인 광고 사업 시작을 알리고 있다. 그리고 여기서 넷플릭스는 트레이드 데스크와 파트너십을 통해 광고 구매 기술 개발 협력을 하고 있고, 트레이드 데스크 플랫폼을 통해서도 넷플릭스에 광고 게재를 할 수 있도록 하고 있다.

그리고 트레이드 데스크는 광고주의 총 광고 지출에서 비율에 따라 수수료를 부과하여 수익을 창출하고 있어 넷플릭스를 필두로 CTV 광고 시장이 커지면 커질수록 수익이 증가할 수 있는 위치에 있다.

그렇다고 트레이드 데스크가 넷플릭스의 광고 요금제에만 전적으로 의존하여 성장하는 것은 절대 아니다. 2024년 11월, 트레이드 데스크는 자체 TV 운영체제인 벤츄라TV OSVentura TV OS를 출시하며 비효율적인 광고 공급망을 해결하고 사용자 경험을 개선하고 싶어 하는 TV 디스플레이 제조업체들과 협력하기 시작했다. 이를 통해, 항공사나 호텔 체인 등 광고 없이 TV 디스플레이만 배치되어 있는 산업들이 벤츄라TV OS를 도입하면 각 기업들도 자체 광고 비즈니스를 구축할 수 있게 된다. 결국 더 많은 광고 인벤토리가 생겨나게 되고 새롭게 생겨난 광고 인벤토리에 대해 광고주들의 최적의 광고 집행을 트레이드 데스크가 도와주게 될 것이다. 트레이드 데스크의 수익이 증가할 수밖에 없는 구조다. 이 외에도 벤츄라TV OS를 통해 트레이드 데스크는 더 많은 퍼스트파티(잠재 고객 혹은 기존 고객) 데이터에 접근할 수 있게 되어 광고 타겟팅 효과를 극대화할 수 있다.

또한, 트레이드 데스크는 2025년부터 세계 최대 음원 스트리밍 플랫폼 스포티파이의 광고 사업에서도 수익이 본격적으로 발생할 예정이다. 2024년 11월, 트레이드 데스크와 스포티파이는 광고 연결 파트너십을 맺으면서 광고주들은 이제 트레이드 데스크를 통해 스포티파이에도 광고 게재가 가능하게 되었다. 스포티파이의 경우 글로벌 월간 활성 사용자 수가 6억 명을 넘어서고 있는 만큼, 트레이드 데스크를 통해 스포티파이에 광고를 게재하고 싶은 광고주들이 줄을 서지 않을까 싶다.

마지막으로 필자가 트레이드 데스크에 기대하고 있는 깜짝 이벤트 중 하나는 S&P500 지수 편입이다. 트레이드 데스크는 2023년 7월 나스닥 100 지수에 편입되었고, 이제 남은 것은 S&P500 지수 편입이다. 트레이드 데스크는 진작에 편입 기준을 충족했으며 S&P500 지수에 편입되지 않은 기업들 중 시가총액 기준으로도 TOP 5에 들고 있다 보니 향후 몇 년 내로 충분히 편입되지 않을까 기대해 본다.

트레이드 데스크 주가, 분기별 실적 및 전망 추이

자료: zacks.com

바로 보러 가기 ▶

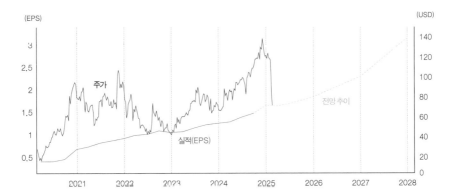

트레이드 데스크 연간 이익 (단위: 백만 달러)

자료: www.wsj.com

바로 보러 가기 ▶

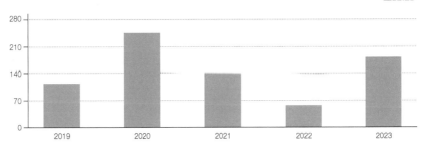

트레이드 데스크 매출 추이

자료: www.wsj.com

구분	2023	5년간 트렌드
순이익 성장Net Income Growth	+235.19%	
매출액Sales or Revenue	1.95B	
매출액 성장Sales or Revenue Growth	+23.34%	
EBITDA	+280.90M	

15

트랜스다임 그룹

TransDigm Group
티커: TDG (미국: 뉴욕 증권거래소)

트랜스다임 그룹TransDigm Group은 글로벌 항공 산업의 핵심적인 역할을 수행하는 항공기 부품 제조 및 애프터마켓AS 서비스 전문 기업이다. 민간 항공과 군사 항공 부문 모두에서 높은 점유율을 보유하고 있으며, 특히 고도로 전문화된 부품과 안정적인 비즈니스 모델을 통해 꾸준한 성장을 이어오고 있다. 이 회사의 성공은 글로벌 항공 수요의 확대와 시장 특성에 적합한 전략적 운영을 통해 이루어졌다.

전 세계 항공 산업은 팬데믹 이후 항공 여행 수요의 급격한 회복과 각국의 국방 예산 확대에 힘입어 지속적인 성장을 기록하고 있다. 트랜스다임 그룹은 이러한 산업 성장의 수혜를 직접적으로 누리고 있는 대표적인 기업으로, 민간 및 군사용 항공기 부품과 유지보수 서비스를 공급하며 시장 내 독보적인 위치를 유지하고 있다. 트랜스다임 그룹의 성공 요인은 다음과 같다.

독점적이고 고마진의 제품 포트폴리오

　트랜스다임 그룹은 항공기에 필요한 고도로 전문화된 부품을 설계, 제조, 공급하며 내부분의 세품에서 독점직인 지위를 유지하고 있다. 이러한 제품들은 대체품이 드물어 가격 경쟁력이 높고 안정적인 마진 구조를 확보할 수 있다. 이는 회사의 수익성을 강화하는 핵심적인 요소로 작용하고 있다.

트랜스다임 그룹의 제품 포트폴리오
자료: www.transdigm.com

항공 애프터마켓 서비스의 안정성

트랜스다임 그룹의 애프터마켓 부문은 항공기 유지보수와 부품 교체 수요에 기반한 안정적인 매출을 제공한다. 항공기 운용 과정에서 필수적으로 발생하는 부품 교체 수요는 경기 변동에 크게 영향을 받지 않기 때문에, 트랜스다임 그룹은 시장 불확실성 속에서도 안정적인 성과를 낼 수 있는 구조를 갖추고 있다.

연평균 6.1%의 성장이 예상되는 비행기 유지, 수리 및 애프터마켓 서비스 시장
자료: www.thebusinessresearchcompany.com

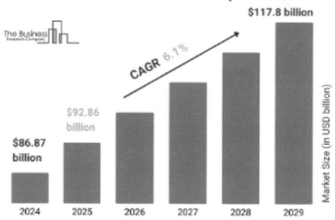

민간 및 군사 항공시장 양측에서의 확고한 입지

트랜스다임 그룹은 민간 항공과 군사용 항공 부문 모두에서 강력한 고객 네트워크를 보유하고 있다. 펜데믹 이후 민간 항공 수요가 폭발적으로 증가하며 항공사들의 운항 확대가 이루어지는 가운데, 군사용 항공 부문에서도 각국의 국방 예산 증대와 신기술 도입이 이어지고 있다. 트랜스다임 그룹은 양쪽 시장 모두에서 안정적인 성장 기반을 구축하고 있다.

트렌스다임 그룹 매출 비중,
상업 부문과 국방 부문이 각각 6:4로 좋은 균형이 잡혀 있다.
자료: www.transdigm.com

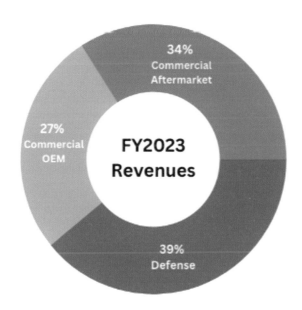

주가 수익률의 신뢰성

트랜스다임 그룹은 2009년 이후 2024년까지 한 해도 빠짐없이 매년 주가 상승을 기록했다. 전 세계 선진국에 상장된 대표 기업 1500개로 구성된 지수에 포함되어 있는 트랜스다임 그룹은 최근 10년 동안 한 해도 빠지지 않고 오른 단 3개 주식 중 하나이다. 특히 2009년 이후 16년 연속 주가가 상승했다. 이러한 안정적인 주가 흐름은 회사의 비즈니스 모델이 시장 변동성에도 견고하게 유지되고 있음을 보여준다. 장기 투자자들에게는 높은 신뢰를 제공하며, 지속 가능한 투자처로 자리 잡고 있다.

트랜스다임 그룹 주가, 분기별 실적 및 전망 추이

자료: zacks.com

바로 보러 가기 ▶

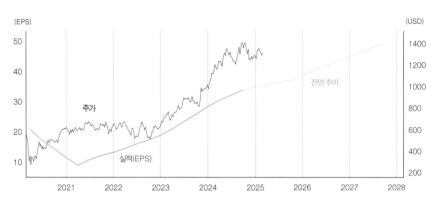

트랜스다임 그룹 연간 이익 [단위: 백만 달러]

자료: www.wsj.com

바로 보러 가기 ▶

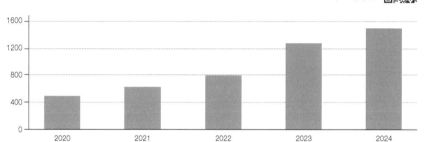

트랜스다임 그룹 매출 추이

자료: www.wsj.com

구분	2024	5년간 트렌드
순이익 성장Net Income Growth	+17.54%	
매출액Sales or Revenue	7.94B	
매출액 성장Sales or Revenue Growth	+20.52%	
EBITDA	+3.94B	

16

월마트

Walmart
티커: **WMT**(미국: 나스닥 증권거래소)

월마트Walmart는 세계 최대 소매기업으로, 연간 매출 기준 세계 1위의 자리를 오랫동안 지키고 있다. 강력한 오프라인 유통망을 기반으로, 변화하는 소비자 트렌드와 기술 발전에 발맞춰 혁신을 이루고 있는 월마트는 전통적인 소매기업의 틀을 넘어 디지털 시대를 주도하는 기업으로 자리 잡고 있다.

팬데믹 이후 합리적 소비 시대가 시작된다

팬데믹과 인플레이션이라는 경제적 도전은 소비자들의 행동에 큰 변화를 가져왔다. 불확실한 경제 상황 속에서 가성비를 중시하는 소비자들은 고품질의 제품을 합리적인 가격으로 제공하는 대형 마트를 선호하게 되었고, 월마트는 이러한 소비 트렌드 변화의 중심에 서 있었다. 광범위한 제품군과 경쟁력 있는 가격 정책을 바탕으로 월마트는 미국 내 주요 소비자들의 신뢰를 강화하며 매출을 지속적으로 확대해 나갔다.

특히 월마트는 경제적 압박 속에서도 소비자들이 필수품을 보다 합리적인 가격에 구입할 수 있도록 다양한 할인 전략과 서비스를 제공하며 충성도 높은 고객 기반을 더욱 공고히 했다. 이는 대형 마트로 월마트의 존재감을 더욱 부각시키는 계기가 되었다.

마트에도 불어온 디지털 혁신

월마트는 급변하는 디지털 쇼핑 시대에 대응하기 위해 적극적으로 변화를 모색하고 있다. 대표적으로, 월마트 플러스Walmart+라는 구독 서비스를 도입하여 고객들에게 다양한 혜택을 제공하고 있다. 월마트 플러스는 무료 배송, 특별 할인, 주유비 절감 등의 실질적 혜택으로 소비자들의 만족도를 높였으며, 구독형 서비스라는 새로운 소비 트렌드를 성공적으로 반영하고 있다.

또한, 월마트는 온라인 쇼핑과 오프라인 매장을 결합한 옴니채널 전략을 통해 소비자 경험을 극대화하고 있다. 소비자들은 온라인으로 상품을 주문한 뒤 매장에서 바로 픽업 하거나, 집으로 배송받는 옵션을 선택할 수 있어 쇼핑의 편의성이 크게 향상되었다. 이러한 전략은 월마트를 단순한 대형 유통기업에서 고객 중심의 혁신적 소매 플랫폼으로 변모시키고 있다.

멤버십 가입자 수가 지속적으로 증가하는 월마트+

자료: www.emarketer.com

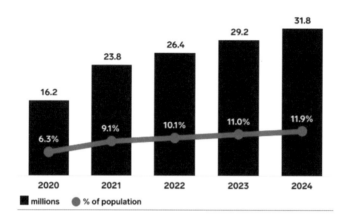

Walmart+ Users
US, 2020-2024

	millions	% of population
2020	16.2	6.3%
2021	23.8	9.1%
2022	26.4	10.1%
2023	29.2	11.0%
2024	31.8	11.9%

적극적인 AI 활용으로 기업의 효율성 증대

월마트는 최신 기술인 AI를 적극적으로 도입하여 운영 효율성을 극대화하고 있다. AI는 재고 관리, 물류 최적화, 가격 책정, 그리고 소비자 수요 예측 등에 활용되고 있으며, 이를 통해 비용을 절감하는 동시에 매출을 증가시키고 있다. 예를 들어, AI 기반의 수요 예측 시스템은 각 매장의 재고를 정확히 관리하여 공급망 효율성을 높이고, 소비자들이 필요한 제품을 적시에 제공할 수 있도록 돕고 있다.

또한, 물류 체계의 자동화는 배송 속도를 높이고 비용을 줄이는 데 기

AI를 활용해 물류 최적화를 꾀하는 월마트

자료: corporate.walmart.com

AI 기술로 사용자 관심사에 맞춘 콘텐츠를 제공하는 월마트 모바일페이지

자료: www.adweek.com

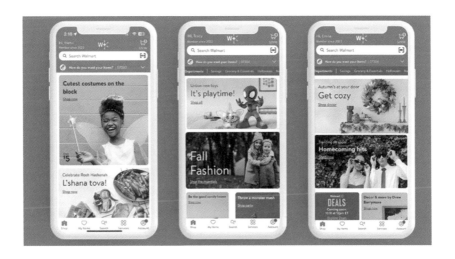

여하며, AI를 활용한 디지털 마케팅은 고객 데이터를 기반으로 개인화된 쇼핑 경험을 제공하여 고객 충성도를 강화하고 있다. 이러한 기술적 혁신은 월마트의 지속 가능한 성장과 수익성 강화를 뒷받침하는 중요한 원동력이다.

결론적으로 월마트의 성공은 단순히 매출 규모에 그치지 않는다. 변화하는 소비자 트렌드와 기술 혁신에 발맞춘 전략적 대응은 월마트를 단순한 유통기업에서 기술과 혁신을 겸비한 글로벌 플랫폼으로 자리 잡게 만들었다. 이는 월마트가 소매업계에서 지속적으로 주목받는 이유이자, 향후에도 지속 가능한 성장과 안정적인 수익을 기대할 수 있는 이유다.

월마트 주가, 분기별 실적 및 전망 추이

자료: zacks.com

바로 보러 가기 ▶

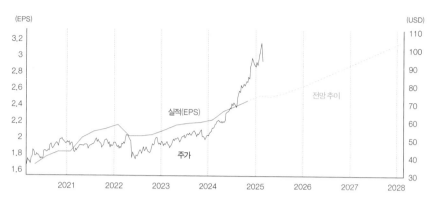

월마트 연간 이익 (단위: 십억 달러)

사료: www.wsj.com

바로 보러 가기 ▶

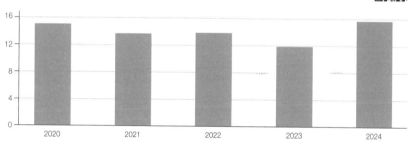

월마트 매출 추이

자료: www.wsj.com

구분	2024	5년간 트렌드		
순이익성장 Net Income Growth	+32.80%			
매출액 Sales or Revenue	648.13B			
매출액성장 Sales or Revenue Growth	+6.03%			
EBITDA	+38.87B			

277

17

블랙록

BlackRock
티커: BLK (미국: 뉴욕 증권거래소)

1988년, 래리 핑크Larry Fink 회장은 동료들과 함께 자산운용사 블랙록
BlackRock을 설립했다. 설립 당시 블랙록은 채권 운용과 리스크 관리 솔루션
에 중점을 둔 소규모 회사로 시작했지만, 이후 금융시장의 트렌드를 읽고
이를 선제적으로 반영하며 비약적인 성장을 이루었다. 오늘날 블랙록은 약
10조 달러 이상의 운용 자산AUM을 기록하며 글로벌 자산운용 시장에서 압
도적인 1위를 차지하고 있다.

블랙록은 설립 초기부터 위험 관리와 기술 혁신을 핵심으로 삼아, 금융
업계에서 신뢰를 구축해왔다. 특히 금융위기와 같은 어려운 시기에도 독창
적인 전략으로 고객 자산을 안정적으로 운용하며 업계에서 독보적인 위치
를 확립했다. 이러한 성과는 래리 핑크 회장의 비전과 리더십이 결합된 결
과로 평가받고 있다.

블랙록의 AUM(왼쪽)과 순 자금 유입(오른쪽)

자료: www.reuters.com

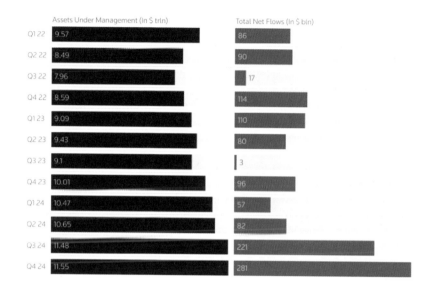

	Assets Under Management (in $ trln)	Total Net Flows (in $ bln)
Q1 22	9.57	86
Q2 22	8.49	90
Q3 22	7.96	17
Q4 22	8.59	114
Q1 23	9.09	110
Q2 23	9.43	80
Q3 23	9.1	3
Q4 23	10.01	96
Q1 24	10.47	57
Q2 24	10.65	82
Q3 24	11.48	221
Q4 24	11.55	281

브랜드 가치 평가 기관인 브랜드 파이낸스는 블랙록을 가장 가치 있는 자산 관리 브랜드로 선정했다

자료: financialpromoter.co.uk

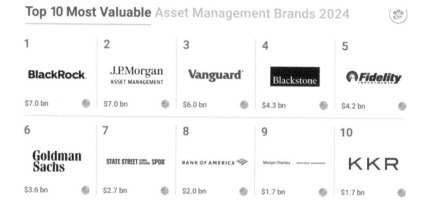

Top 10 Most Valuable Asset Management Brands 2024

1	2	3	4	5
BlackRock	J.P.Morgan ASSET MANAGEMENT	Vanguard	Blackstone	Fidelity INVESTMENTS
$7.0 bn	$7.0 bn	$6.0 bn	$4.3 bn	$4.2 bn

6	7	8	9	10
Goldman Sachs	STATE STREET SPDR	BANK OF AMERICA	Morgan Stanley INVESTMENT MANAGEMENT	KKR
$3.6 bn	$2.7 bn	$2.0 bn	$1.7 bn	$1.7 bn

블랙록의 강점은 다음과 같다.

압도적인 시장 지배력

블랙록은 전 세계 주요 시장에 광범위한 네트워크를 구축하며 글로벌 금융시장에서 지배적인 역할을 하고 있다. 약 9조 달러라는 운용 자산 규모는 타의 추종을 불허하며, 이를 통해 고객들에게 신뢰와 안정성을 제공하고 있다.

높아지는 주식 분할 가능성

현재 블랙록의 주가는 1주당 약 1000달러 수준으로 형성되어 있다. 이는 고액 자본 투자자들에게 적합한 반면, 소액 투자자들에게는 진입 장벽이 될 수 있다. 이러한 상황에서 블랙록의 주식 분할 가능성은 많은 투자자들의 기대를 모으고 있다. 주식 분할이 이루어진다면, 더 많은 투자자들에게 접근성이 열리며 시장 유동성을 높이는 계기가 될 것이다.

디지털 자산 시장에 대한 성공적인 진출

최근 블랙록은 비트코인을 비롯한 가상화폐 시장으로 투자 영역을 확장하고 있다. 특히 비트코인 현물 ETF 출시는 가상화폐 시장에서 큰 관심을 받았으며, 디지털 자산 투자에 대한 신뢰를 한층 강화하는 계기가 되었다. 이는 전통적인 자산운용사의 틀을 넘어, 혁신적인 디지털 금융 상품으로 포트폴리오를 다각화하려는 블랙록의 전략을 보여준다.

안정적 성장과 네트워크에 대한 긍정적인 평가

블랙록은 전 세계 주요 시장에서 강력한 네트워크를 구축하고 있으며, 이를 기반으로 안정적인 성장을 이어가고 있다. 기관투자자와의 협력 관계는 장기적으로 자금 유입의 안정성을 보장하며, 이는 블랙록의 수익성과 지속 가능성을 뒷받침하는 중요한 요인이다.

블랙록 주가, 분기별 실적 및 전망 추이
자료: zacks.com

바로 보러 가기 ▶

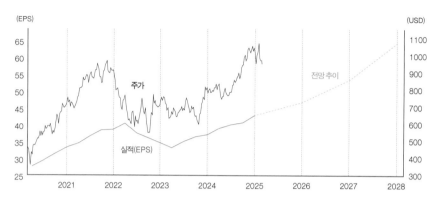

블랙록 연간 이익 [단위: 십억 달러]
자료: www.wsj.com

바로 보러 가기 ▶

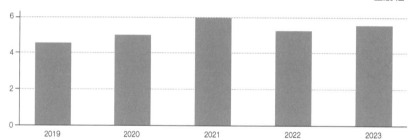

블랙록 매출 추이
자료: www.wsj.com

구분	2023	5년간 트렌드
매출액 혹은 판매	18.66B	■ ■ ■ ■ ■
총 투자이익	699.00M	▬ ■ ■ ＿ ■
계정 소득	-	-
총비용	11.62B	■ ■ ■ ■ ■

18

라이브 네이션

Live nation
티커: LYV (미국: 뉴욕 증권거래소)

라이브 네이션은 세계 최대의 공연 기획 및 티켓팅 기업으로, 글로벌 공연문화 시장을 선도하고 있다. 팬데믹 이후 경험 소비가 주요 트렌드로 자리 잡으면서 라이브 네이션은 공연 기획과 티켓 판매, 굿즈 및 광고 사업 등에서 독보적인 위치를 차지하며 지속적인 성장세를 이어가고 있다. 이러한 특성은 주식투자자 관점에서 라이브 네이션을 긍정적으로 평가할 수 있는 중요한 이유가 된다.

글로벌 공연 산업의 고성장의 최대 수혜 기업

경험 소비는 글로벌 소비 트렌드로 확고히 자리 잡고 있으며, 사람들은 물건을 구매하는 대신 공연, 축제, 스포츠 경기와 같은 경험에 더 많은 비

용을 지출하고 있다. 라이브 네이션은 이러한 변화의 중심에서 대규모 공연과 축제를 기획하며 글로벌 시장을 주도하고 있다.

특히, 미국의 유명 팝스타부터 국내 대표적인 K-팝 아티스트에 이르기까지, 세계적으로 영향력 있는 뮤지션들의 글로벌 투어 대부분이 라이브 네이션의 협력을 통해 이루어지고 있다. 예를 들어, 미국 팝스타 테일러 스위프트의 에라스 투어와 같은 대규모 공연뿐만 아니라 BTS, 블랙핑크와 같은 K-팝 아티스트들의 글로벌 투어에서도 라이브 네이션은 중요한 파트너로 활약했다. 이는 라이브 네이션이 글로벌 공연 시장에서 필수적인 역할을 하고 있음을 보여준다.

지속적으로 성장할 것으로 전망되는 온라인 티켓 마케팅 시장

자료: ecommercedb.com

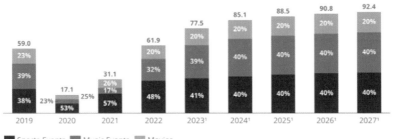

ONLINE TICKETING MARKET REVENUE WORLWIDE BY SEGMENT, 2019-2027
in billion US$

티켓마스터와의 협업을 통한 디지털 전환의 성공

온라인과 모바일 티켓팅은 현대 공연문화의 핵심 요소로 자리 잡았다. 라이브 네이션은 자사의 티켓팅 플랫폼 티켓마스터Ticketmaster와의 협업을 통해 이 분야에서 독보적인 경쟁력을 확보하고 있다. 티켓마스터는 전 세계 공연 및 스포츠 이벤트의 온라인 및 모바일 티켓 판매를 담당하며, 사용자 경험을 혁신적으로 개선해왔다.

또한, 강력한 디지털 네트워크를 통해 티켓의 배포 효율성을 높이고 불법 티켓 거래를 줄이며 고객 신뢰도를 확보하고 있다. 이는 라이브 네이션의 매출 증대뿐 아니라 브랜드 이미지 향상에도 크게 기여하고 있다.

가시되는 온라인 스트리밍 시장의 확대

팬데믹 시기에는 오프라인 공연이 어려워지면서 온라인 공연 스트리밍 시장이 급격히 성장했다. 라이브 네이션은 이러한 환경 변화에 발맞춰 디지털 스트리밍 플랫폼을 통해 팬들에게 공연 경험을 제공하며 새로운 수익원을 창출했다. 이 시장은 팬데믹이 끝난 이후에도 디지털 공연 소비를 즐기는 팬층이 확산되며 꾸준히 성장하고 있다. 이는 라이브 네이션이 오프라인 공연뿐만 아니라 디지털 플랫폼에서도 지속 가능한 비즈니스 모델을 확립했음을 보여준다.

굿즈 판매와 광고 사업의 강점

라이브 네이션의 또 다른 수익원으로는 공연 현장에서 판매되는 굿즈와 이를 지원하는 광고 사업이 있다. 대형 공연은 단순히 티켓 판매로 끝나지 않는다. 현장에서 팬들은 아티스트와 관련된 굿즈를 구매하며, 이는 공연당 큰 매출을 창출하는 중요한 요소로 작용한다.

또한, 라이브 네이션은 공연 현장과 디지털 플랫폼 모두에서 광고 기회를 제공하며 브랜드와 스폰서십을 통해 수익을 극대화하고 있다. 글로벌하게 확산된 라이브 네이션의 영향력은 광고주들에게도 매력적인 플랫폼으로 작용하며, 지속적인 매출 확대의 원동력이 되고 있다.

티켓 수입 외 광고 수입도 성장세를 보이는 라이브 네이션

자료: 2024년 3분기 라이브 네이션 리포트 자료

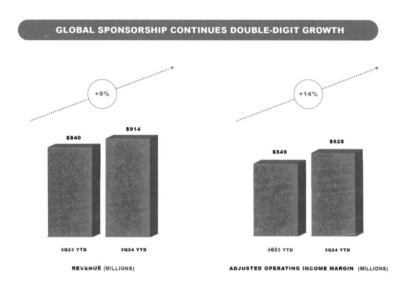

라이브 네이션 주가, 분기별 실적 및 전망 추이

자료: zacks.com

바로 보러 가기 ▶

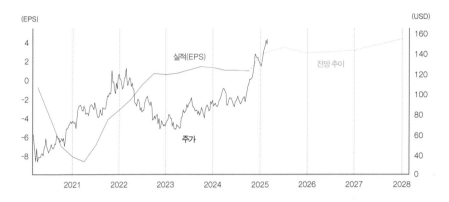

라이브 네이션 연간 이익 (단위: 십억 달러)

자료: www.wsj.com

바로 보러 가기 ▶

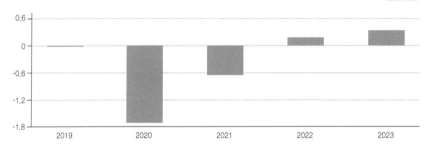

라이브 네이션 매출 추이

자료: www.wsj.com

구분	2023	5년간 트렌드
순이익성장 Net Income Growth	+111.67%	
매출액 Sales or Revenue	22.75B	
매출액성장 Sales or Revenue Growth	+36.38%	
EBITDA	+1.65B	

19

인튜이티브 서지컬

Intuitive Surgical

티커˙ ISRG (미국˙ㅏ스닥 증권거래소)

인튜이티브 서지컬은 로봇 수술 기기 시장에서 글로벌 1위를 차지하고 있는 기업으로, 최첨단 의료 기술의 상징으로 자리 잡았다. 이 기업의 대표 브랜드 '다빈치Da Vinci'는 로봇 수술의 대명사로 불릴 만큼 업계 내 독보적인 신뢰와 인지도를 자랑한다. 다빈치는 최소 침습 수술을 가능하게 하는 혁신적인 의료기기로, 전 세계 의료진과 환자들에게 더 나은 수술 결과와 회복 속도를 제공하며 의료 기술의 새로운 기준을 정립했다.

업계 최초의 기업이 누리는 압도적 신뢰

인튜이티브 서지컬은 로봇 수술 기기를 최초로 상용화한 기업으로, 업계 내에서 쌓아온 신뢰와 선도적 위치가 가장 큰 강점이다. 의료 분야에서

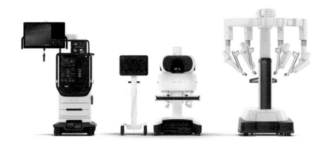

의 혁신은 그 자체로 높은 진입 장벽을 갖추고 있으며, 특히 고가의 의료 장비는 신뢰와 안정성이 중요한 요소다. 인튜이티브 서지컬은 수년간의 임상 데이터와 성공 사례를 통해 이러한 요구를 충족시켰고, 이는 경쟁사들이 넘기 어려운 벽으로 작용하고 있다.

병원과 의료진은 장비의 성능뿐만 아니라 제조사의 지원 체계를 신뢰하며 장기적인 협력 관계를 구축하는데, 인튜이티브 서지컬은 이 측면에서도 높은 평가를 받고 있다. 세계적으로 수술 로봇의 표준처럼 자리 잡은 다빈치는 인튜이티브 서지컬의 브랜드 파워와 기술력을 잘 보여주는 사례다.

판매에서 끝나지 않는 지속 가능한 매출 모델

다빈치 시스템의 매출 구조는 단순히 장비를 판매하는 데서 끝나지 않는다. 한 번 장비가 설치되면, 유지보수 서비스, 소모품 공급, 소프트웨어

연평균 12.1% 증가하고 있는 다빈치 수술 시스템

자료: FinChat

다양한 종류의 수술에서 사용되고 있는 다빈치 로봇

자료: isrg.intuitive.com

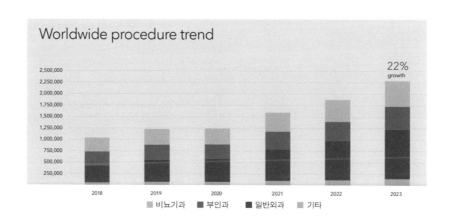

업그레이드와 같은 추가적인 수익이 꾸준히 발생한다.

이러한 비즈니스 모델 덕분에 인튜이티브 서지컬은 장비 판매 이후에도 지속적인 매출과 현금 흐름을 창출하는 구조를 갖추고 있다. 이는 의료 장비 업계에서 보기 드문 장점으로, 안정적인 재무 기반을 제공하며 투자자들에게 매력적인 요소로 작용한다.

글로벌 시장에서의 성장 가능성

인튜이티브 서지컬의 다빈치 시스템은 미국뿐만 아니라 유럽, 아시아, 중동 등 전 세계 의료 시장으로 확산되고 있다. 특히 의료 서비스가 고도화되고 있는 신흥 시장에서는 최소 침습 수술에 대한 수요가 지속적으로 증가하고 있다. 이러한 시장에서는 인튜이티브 서지컬의 제품이 선호될 가능성이 높으며, 이는 회사의 장기적인 성장 가능성을 뒷받침한다.

인류이티브 서지컬 주가, 분기별 실적 및 전망 추이

자료: zacks.com

바로 보러 가기 ▶

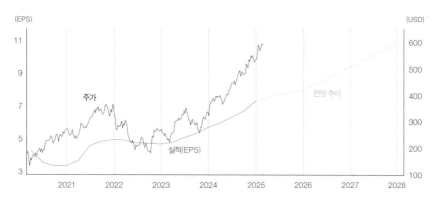

인류이티브 서지컬 연간 이익 [단위: 십억 달러]

사료: www.wsj.com

바로 보러 가기 ▶

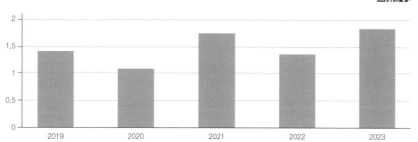

인류이티브 서지컬 매출 추이

자료: www.wsj.com

구분	2023	5년간 트렌드
순이익 성장Net Income Growth	+35.98%	
매출액Sales or Revenue	7.12B	
매출액 성장Sales or Revenue Growth	+14.49%	
EBITDA	+2.20B	

20

미래 산업을 선도하는
미국 기술 혁신주에 투자하라

iShares U.S. Tech Breakthrough Multisector ETF
티커: **TECB** (운용사: 블랙록)

TECB(iShares U.S. Tech Breakthrough Multisector ETF)는 블랙록 자산운용이 운용하는 ETF로, 기술 혁신을 선도하는 미국 기업들에 투자하는 상품이다. 이 ETF는 로보틱스와 인공지능, 클라우드 및 데이터 기술, 사이버 보안, 유전체학과 면역학, 그리고 금융 기술 등 여섯 가지 주요 혁신 분야의 기업들로 포트폴리오를 구성하고 있다.

로보틱스와 인공지능은 자동화 기술과 AI 알고리즘을 활용해 산업 생산성을 높이고, 자율주행, 스마트 로봇, AI 기반 서비스 등의 혁신을 촉진하는 분야다. 클라우드 및 데이터 기술은 기업과 개인이 데이터를 저장, 분석, 활용할 수 있도록 지원하는 기술로, 디지털 전환의 핵심적인 역할을 한다. 사이버 보안은 해킹, 데이터 유출, 디지털 자산 보호를 위한 보안 솔루션을 제공하는 산업으로, 기업과 개인의 정보 보호가 필수적인 시대에 더욱 중요성이 커지고 있다. 유전체학과 면역학은 DNA 분석, 맞춤형 치료, 차세대

백신 개발 등 생명과학 기술을 활용하여 질병을 예방하고 치료하는 의료 혁신 분야다. 금융 기술은 디지털 결제, 블록체인, AI 기반 금융 서비스 등 전통적인 금융 시스템을 혁신하는 기술로, 금융 서비스의 접근성과 효율성을 높이는 데 기여한다.

TECB는 이러한 혁신 분야에서 두각을 나타내는 기업들로 포트폴리오를 구성하고 있다. 대표적인 기업으로 엔비디아가 있다. 엔비디아는 고성능 그래픽처리장치로 유명하며, AI와 머신러닝 분야에서 핵심적인 역할을 한다. AI 연산 능력을 기반으로 데이터 처리 속도를 높이고, 다양한 산업에서 활용되고 있다.

클라우드 및 데이터 기술 분야에서는 마이크로소프트가 주목할 만하다. 마이크로소프트는 클라우드 플랫폼인 애저를 통해 기업들의 디지털 전환을 지원하며, 데이터 분석과 관리 솔루션을 제공하고 있다. 클라우드 컴퓨팅 시장에서 점유율을 높이며 지속적으로 성장하고 있는 기업이다.

사이버 보안 분야에서는 팔로알토 네트웍스Palo Alto Networks가 있다. 이 회사는 네트워크 보안 솔루션을 제공하여 기업과 기관의 디지털 자산을 보호하는 데 중요한 역할을 한다. 지속적인 보안 위협에 대응하는 기술을 개발하며, 기업들의 사이버 보안 인프라 강화를 돕고 있다.

금융 기술 분야에서는 페이팔PayPal이 있다. 페이팔은 디지털 결제 솔루션을 제공하며, 전자상거래와 모바일 결제의 성장과 함께 지속적으로 발전하고 있다. 글로벌 결제 시장에서의 입지를 강화하며, 핀테크 산업을 선도하는 기업 중 하나다.

TECB는 다양한 혁신 분야의 선도 기업들에 투자하여, 기술 발전과 함께 성장할 수 있는 기회를 제공한다. 미래 기술이 경제와 산업 전반에 미치는 영향이 커지는 가운데, 투자자들은 이 ETF를 통해 첨단 기술의 발전을 활용할 수 있는 기회를 얻을 수 있을 것이다.

TECB ETF의 최근 수익률 추이

자료: etf.com(2025년 2월 기준)

바로 보러 가기 ▶

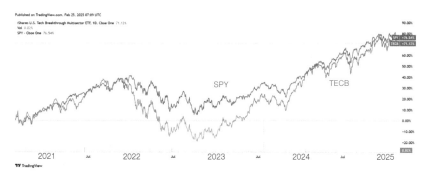

주요 섹터와 기업 보유 비중

자료: etf.com(2025년 3월 기준)

섹터	비중(%)	섹터	비중(%)
기술 서비스	48.83	금융	3.45
전기기술	20.37	산업 서비스	0.65
헬스케어	12.39	제조생산	0.63
광고 서비스	7.34	소비자 서비스	0.27
소매업	5.87	현금	0.15

기업	비중(%)	기업	비중(%)
넷플릭스	4.42	엔비디아	3.84
메타 플랫폼스	4.38	비자	3.51
구글	4.26	세일즈포스	3.23
머크 앤 코	4.12	팔로알토 네트웍스	3.04
애플	3.95	오라클	3
마이크로소프트	3.94	페이팔	0.42
아마존	3.92		

21

10년 이상 꾸준히 배당을 높인 안전하게 신뢰도 높은 기업들

Vanguard Dividend Appreciation ETF
티커: VIG (운용사: 뱅가드)

VIG(Vanguard Dividend Appreciation ETF)는 뱅가드 자산운용이 운용하는 배당 성장주에 초점을 맞춘 ETF로, 최소 10년 이상 배당금을 지속적으로 늘려온 기업들에 투자하는 상품이다. 이 ETF는 안정적인 배당 성장을 통해 투자자들에게 꾸준한 수익을 제공하면서도 성장 가능성을 겸비한 기업들에 분산 투자하는 전략을 채택하고 있다.

VIG는 미국 주식시장에서 배당 성장이 안정적으로 이루어지고 있는 기업들 중에서 엄격한 기준을 바탕으로 종목을 선별한다. 특히, 최소 10년 이상 연속으로 배당금을 증가시킨 기업을 포함하는데, 이는 기업의 재무 안정성과 현금 흐름 관리 능력을 보여준다. 또한, 건전한 재무 상태와 안정적인 수익 구조를 유지하며, 배당 성장이 가능한 기업들은 일반적으로 낮은 부채 비율과 꾸준한 수익성을 가진다. 시장 지배력이 높은 기업일수록 장기적인 배당 성장이 가능하다는 점도 선별 기준 중 하나다. 이러한 엄격한 기준을 통해 VIG는 안정적이면서도 성장성이 높은 기업들로 구성된 포트폴리오를 제공한다.

VIG는 다양한 산업에 걸쳐 배당 성장이 두드러진 기업들에 투자하고 있다. 대표적인 종목으로 마이크로소프트가 있다. 마이크로소프트는 기술 기업임에도 불구하고 꾸준한 배당 성장을 보여주는 대표적인 기업이다. 클라우드 사업 부문인 애저를 중심으로 안정적인 현금 흐름을 확보하고 있으며, 이를 기반으로 지속적으로 배당금을 증가시키고 있다.

존슨앤드존슨도 포함된 기업 중 하나다. 헬스케어 분야의 글로벌 리더로, 의약품, 의료기기, 소비자용 헬스케어 제품 등 다양한 포트폴리오를 보유하고 있다. 존슨앤드존슨은 60년 이상 배당을 지속적으로 증가시키며, 안정성과 성장성을 동시에 보여주는 기업이다.

또 다른 대표적인 기업으로 코스트코가 있다. 글로벌 유통 기업인 코스트코는 회원제 모델을 통해 꾸준한 수익성을 확보하고 있다. 소비재 유통에서의 상당한 시장 지위를 바탕으로 꾸준히 배당금을 인상하고 있으며, 고객 충성도를 바탕으로 장기적인 성장이 기대되는 기업이다.

VIG는 단순히 고배당주에 투자하는 ETF와는 차별화된 전략을 가지고 있다. 일반적인 고배당주 ETF는 높은 배당 수익률을 제공하는 기업에 집중하지만, VIG는 배당 성장성에 초점을 맞추어 장기적인 관점에서 배당과 자본 이득의 균형을 추구한다. 배당을 꾸준히 늘려온 기업들에 투자함으로써 안정성과 성장성을 동시에 제공하며, 배당 성장이 가능한 기업들은 재무적으로 안정적이기 때문에 시장 변동성에 비교적 강한 면모를 보인다. 또한, 배당금 증가를 통한 복리 효과를 극대화할 수 있어 장기 투자자들에게 유리하다.

VIG ETF의 최근 수익률 추이

자료: etf.com(2025년 2월 기준)

바로 보러 가기 ▶

주요 섹터와 기업 보유 비중

자료: etf.com(2025년 1월 기준)

섹터	비중(%)	섹터	비중(%)
전기기술	18.67	광고 서비스	6.76
금융	15.62	소비재	6.45
기술 서비스	10.26	제조생산	4.14
헬스기술	10.11	헬스 서비스	3.44
소매업	8.27	가공업	3.12

기업	비중(%)	기업	비중(%)
브로드컴	5.35	엑손모빌	2.46
애플	4.75	마스터카드	2.37
JP모건	3.91	코스트코	2.25
마이크로소프트	3.57	월마트	2.21
비자	2.95	홈디포	2.13
유나이티드헬스그룹	2.59	존슨앤드존슨	1.9

22

성장성과 재무 건전성까지
미국 대표 모범생 기업에 투자하라

WisdomTree U.S. Quality Dividend Growth Fund
티커: DCRW (운용사: 위즈덤트리)

DGRW(WisdomTree U.S. Quality Dividend Growth Fund)는 위즈덤
트리WisdomTree에서 운용하는 배당 성장주 ETF로, 퀄리티 지표와 배당 성
장 지표를 모두 고려하여 종목을 선정하는 것이 특징이다. 이 ETF는 배당
수익뿐만 아니라 기업의 성장성과 재무 건전성까지 포괄적으로 평가하여
우수한 기업들로 포트폴리오를 구성한다는 점에서 차별화된 전략을 취하
고 있다.

DGRW의 종목 선별 기준은 두 가지 주요 지표를 기반으로 한다. 첫 번
째는 퀄리티 지표로, 기업의 수익성, 자기자본이익률ROE, 그리고 자본 구조
의 안정성 등을 분석한다. 이는 배당금을 지속적으로 성장시킬 수 있는 재
무적 기반이 튼튼한 기업들을 선정하기 위함이다. 두 번째는 배당 성장 지
표로, 과거 배당 성장률과 미래 배당 증가 가능성을 함께 고려한다. 이러한
접근은 배당이 단순히 높은 기업이 아니라, 배당을 지속적으로 증가시키는

기업들에 집중할 수 있게 한다.

ETF에 포함된 대표적인 종목 중 하나는 애플이다. 애플은 기술 분야에서 세계적인 리더로, 강력한 브랜드 파워와 안정적인 현금 흐름을 기반으로 배당을 꾸준히 증가시키고 있다. 클라우드 서비스, 하드웨어, 소프트웨어 등 다양한 사업 부문에서 수익을 창출하며, 미래 성장 가능성도 매우 높다.

마이크로소프트도 DGRW의 주요 종목에 포함되어 있다. 마이크로소프트는 클라우드 컴퓨팅, 생산성 소프트웨어, 게임 등 여러 산업 분야에서 선도적인 위치를 차지하고 있다. 안정적인 수익 구조와 지속적인 현금 흐름 덕분에 배당을 꾸준히 늘려오고 있으며, 이러한 배당 성장성이 ETF의 전략과 잘 부합한다.

DGRW는 여타 배당주 ETF와 비교했을 때 몇 가지 차별점이 있다. 일반적인 배당 ETF는 단순히 배당 수익률이 높은 종목에 집중하는 반면, DGRW는 배당 성장 가능성에 더 초점을 맞춘다. 또한, 퀄리티 지표를 활용해 재무적으로 안정적이고 수익성이 높은 기업들을 선별함으로써 시장 변동성에 대한 내성을 강화하고 있다. 이로 인해 단기적인 수익보다는 장기적인 성장과 안정성을 중시하는 투자자들에게 적합하다.

DGRW ETF의 최근 수익률 추이

자료: etf.com(2025년 2월 기준)

바로 보러 가기 ▶

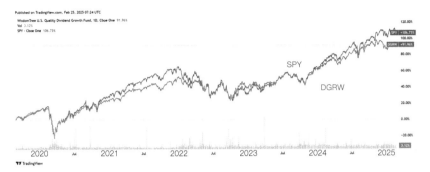

주요 섹터와 기업 보유 비중

자료: etf.com(2025년 3월 기준)

섹터	비중(%)	섹터	비중(%)
기술 서비스	16.09	소매업	8.45
전기기술	14.71	금융	7.8
소비재	10.31	제조 생산	5.75
헬스 기술	8.83	소비자 서비스	3.64
에너지 광물	8.64	광고 서비스	3.58

기업	비중(%)	기업	비중(%)
마이크로소프트	7.53	필립모리스	2.62
엑손모빌	4.87	홈디포	2.58
애플	4.68	머크 앤 코	2.58
엔비디아	3.28	펩시코	2.21
P&G	3.19	월마트	2.15
셰브론	3.05		

23

성장성은 물론 합리적인 가격까지
지금 사야 하는 유망 기업들

Invesco S&P 500 GARP ETF
티커: SPGP (운용사: 인베스코)

SPGP(Invesco S&P 500 GARP ETF)는 인베스코에서 운용하는 ETF 로, 성장성과 가치 지표를 함께 고려하여 종목을 선정하는 전략을 사용한 다. 기업의 성장 가능성이 높으면서도 합리적인 가격에 거래되는 종목들을 중심으로 포트폴리오를 구성한다는 점에서 차별화된 접근 방식을 취하고 있다.

SPGP의 종목 선별 기준은 크게 두 가지다. 첫 번째는 성장성 지표로, 기업의 매출 성장률과 이익 성장률을 중심으로 평가한다. 지속적으로 높은 성장세를 보이는 기업들이 포함될 가능성이 높으며, 미래 수익 증가 가능 성이 중요한 요소로 고려된다. 두 번째는 가치 지표로, 주가수익비율(P/E), 주가순자산비율(P/B) 등의 밸류에이션 지표를 활용하여 기업이 과도하게 고평가되지 않았는지를 확인한다. 이를 통해 성장성과 가치의 균형을 맞춘 기업들로 포트폴리오를 구성한다.

ETF에 포함된 대표적인 종목 중 하나는 셰브론Chevron이다. 셰브론은 글로벌 에너지 기업으로, 석유 및 천연가스 생산뿐만 아니라 신재생 에너지 사업에도 투자하며 포트폴리오를 다각화하고 있다. 에너지 시장의 변동성이 존재하지만, 배당 성향이 높고 안정적인 현금 흐름을 유지하고 있어 장기적인 투자 가치가 높은 기업이다.

어메리칸 익스프레스American Express도 SPGP의 주요 구성 종목 중 하나다. 신용카드 및 금융 서비스 분야에서 강력한 브랜드 파워를 보유하고 있으며, 소비자와 기업을 대상으로 다양한 금융 상품을 제공한다. 경제 활동이 활발해질수록 결제 및 금융 서비스에 대한 수요가 증가하며, 이를 통해 꾸준한 성장과 수익 창출이 가능하다.

SPGP는 여타 배당주 ETF와 비교했을 때 차별점이 있다. 일반적인 배당주 ETF는 높은 배당 수익률을 중심으로 종목을 선정하지만, SPGP는 배당뿐만 아니라 성장성과 가치의 균형을 맞춘 기업을 선별한다. 이러한 접근 방식 덕분에 단순히 고배당 기업에 집중하는 것이 아니라, 미래 성장이 기대되면서도 안정적인 재무 구조를 갖춘 기업들에 투자할 수 있다. 또한, 지나치게 고평가된 성장주보다는 상대적으로 합리적인 가격에 거래되는 종목들을 중심으로 구성되어 시장 변동성에 대한 방어력을 갖추고 있다.

SPGP는 성장성과 가치를 동시에 고려하는 GARPGrowth at a Reasonable Price, 즉 합리적 가격의 성장주 전략을 통해 장기적인 성장을 추구하는 투자자들에게 적합한 ETF다. 배당뿐만 아니라 성장성과 밸류에이션을 동시에 고려하는 전략은 장기적인 투자 가치를 극대화하는 데 유리하며, 안정적이면서도 성장 가능성이 높은 기업에 투자하고자 하는 투자자들에게 매력적인 선택지가 될 수 있다.

SPGP ETF의 최근 수익률 추이

자료: etf.com(2025년 2월 기준)

바로 보러 가기 ▶

주요 섹터와 기업 보유 비중

자료: etf.com(2025년 3월 기준)

섹터	비중(%)	섹터	비중(%)
에너지 광물	22.12	운송	4.92
금융	16.72	천연광물	4.74
전기기술	9.42	가공업	4.5
기술 서비스	8.57	물류 서비스	3.83
소매업	7.67	생산 관리	3.35

기업	비중(%)	기업	비중(%)
EOG 리소시스	2.45	코테라 에너지	1.93
발레로 에너지	2.41	뉴코 코퍼레이션	1.9
엔비디아	2.34	NXP 세미콘덕터	1.89
마라톤 석유 회사	2.22	TJX 컴패니	1.88
코노코필립스	2.21	셰브론	1.86
스틸 다이나믹스	2.04	아메리칸 익스프레스	1.3

24

AI 시대 유망 기업들만 모았다
잠재력 있는 기업에 집중 투자하라

iShares A.I. Innovation and Tech Active ETF
티커: BAI (운용사: 블랙록)

블랙록 자산운용의 BAI(iShares A.I. Innovation and Tech Active ETF)는 인공지능과 기술 분야의 혁신 기업에 집중 투자하는 액티브 ETF다. 이는 전 세계 다양한 규모의 AI 및 기술 관련 주식을 선별하여 포트폴리오를 구성하며, 철저한 기업 분석과 연구를 기반으로 종목을 선정한다.

BAI의 종목 선별 기준은 기업의 혁신 역량, 성장 잠재력, 그리고 시장에서의 경쟁 우위를 중심으로 한다. 특히, AI 기술의 개발 및 적용에서 두각을 나타내는 기업들을 우선적으로 고려하며, 재무 건전성과 수익성도 중요한 평가 요소다. 이러한 접근을 통해 장기적인 가치 창출이 가능한 기업들을 포트폴리오에 포함시킨다.

이 ETF에 포함된 대표적인 종목으로는 메타 플랫폼스Meta Platforms가 있다. 메타 플랫폼스는 AI 기술을 기반으로 메타버스와 소셜미디어 플랫폼을 혁신하며, 데이터 활용과 머신러닝을 통해 광고 및 콘텐츠 추천 알고리즘을 정교화하고 있다. AI 기반 광고 최적화 기술과 증강현실AR 및 가상현실VR 기술의 발전을 통해 시장 경쟁력을 지속적으로 강화하고 있다.

또 다른 주요 종목으로는 브로드컴Broadcom이 있다. 브로드컴은 반도체 및 네트워크 솔루션 분야에서 강력한 입지를 구축하고 있으며, AI 가속 칩과 데이터센터 인프라를 지원하는 반도체 설계를 통해 AI 및 클라우드 시장의 핵심 기업으로 자리 잡고 있다. AI와 5G, 고속 데이터 전송 기술 발전과 함께 지속적인 성장이 기대되는 기업이다.

마지막으로, 테슬라는 AI 기반 자율주행 기술과 전기차 시장을 혁신하는 대표적인 기업이다. 테슬라는 자체 개발한 FSDFull Self-Driving 시스템을 통해 AI 기술을 자동차 산업에 접목하고 있으며, 자율주행 기술뿐만 아니라 AI 기반 로보틱스와 에너지 저장 솔루션 등 다양한 분야에서 미래 성장

AI 시장은 연평균 37.44% 성장하여 2032년에는 3조 1762억 달러 규모가 될 것으로 전망된다
자료: www.marketdataforecast.com

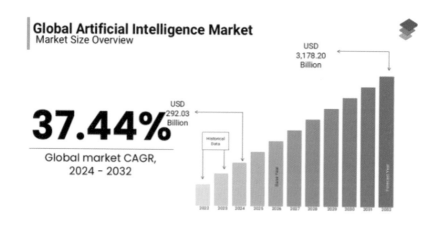

을 위한 기술 개발을 이어가고 있다.

BAI는 여타 AI ETF와 비교했을 때 액티브 운용 전략을 채택하고 있다는 점에서 차별화된다. 일반적인 패시브 AI ETF는 특정 지수를 추종하지만, BAI는 운용팀의 전문성을 바탕으로 우수한 기업을 선별하여 투자한다. 이를 통해 빠르게 변화하는 기술 산업에서 유연하게 대응하며, 잠재력 있는 기업에 집중 투자할 수 있다.

BAI는 인공지능과 기술 혁신을 선도하는 기업들에 대한 투자를 통해 장기적인 성장 잠재력을 추구하는 투자자들에게 매력적인 선택이 될 수 있다. 액티브 운용 방식을 통해 변화하는 시장 환경에 능동적으로 대응하며, 혁신 기업들의 성장을 포착하고자 한다.

BAI ETF의 최근 수익률 추이

자료: finance.yahoo.com(2025년 2월 기준)

바로 보러 가기 ▶

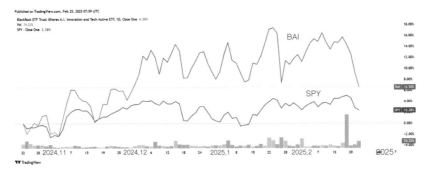

주요 섹터와 기업 보유 비중

자료: finance.yahoo.com(2025년 3월 기준)

섹터	비중(%)	섹터	비중(%)
기술	70.19	산업	7.48
커뮤니케이션 서비스	15.91	소비재	6.51

기업	비중(%)	기업	비중(%)
엔비디아	8.08	아마존	3.96
메타 플랫폼스	7.97	스노우플레이크	3.50
마이크로소프트	6.48	오라클	3.29
브로드컴	5.47	타이완 반도체 생산	3.26

25

시총 상위 70%
성장주 메가캡 기업에 투자한다

Mega Cap Growth ETF
티커: **MGK** (운용사: 뱅가드)

MGK(Mega Cap Growth ETF)는 뱅가드에서 운용하는 대형 성장주 중심의 ETF로, 미국 대형주 중 성장 가능성이 높은 기업에 집중 투자하는 상품이다. MGK는 투자자들에게 대형 성장주에 분산 투자할 수 있는 효과적인 도구를 제공하며, 다양한 장점과 기회요인을 지닌다.

우선 MGK의 가장 큰 특징은 초대형 성장주 중심의 구성이다. MGK는 Russell 1000 Growth Index를 추종하며, 애플, 마이크로소프트, 알파벳, 아마존, 테슬라 등 미국 경제와 기술 혁신을 주도하는 대형 성장주를 주요 포함하고 있다. 이러한 구성은 투자자들에게 세계적으로 영향력 있는 기업들의 성장을 포트폴리오에 포함할 수 있는 기회를 제공한다.

또한 MGK는 낮은 운용 비용으로 잘 알려져 있다. MGK의 운용 보수 Expense Ratio는 0.07%로, 이는 업계 평균보다 훨씬 낮은 수준이다. 이러한 비용 효율성은 장기 투자자들에게 특히 유리하며, 높은 수익을 추구하면서도 비용 부담을 최소화할 수 있는 장점을 제공한다.

MGK는 성장주 투자에 특화된 ETF로 시장의 주도 섹터에서 초과 수익을 낼 가능성을 제공한다. 특히 기술주, 소비재, 헬스케어 섹터에 큰 비중을 두고 있어, 미래 지향적인 산업에 대한 노출을 원하는 투자자들에게 매력적인 선택지가 된다. 뱅가드라는 안정적이고 신뢰받는 자산운용사가 운용하는 상품이라는 점도 MGK의 안정성과 신뢰성을 뒷받침하는 요인이다.

MGK에 투자할 때 주목할 만한 기회요인으로는 기술 혁신과 성장 동력을 꼽을 수 있다. MGK의 주요 보유 종목들은 클라우드 컴퓨팅, 인공지능, 전기차, 반도체 등 첨단 기술 산업에서 리더십을 발휘하고 있다. 예를 들어, 애플과 마이크로소프트는 글로벌 IT 산업의 선두 주자이며, 테슬라는 전기차와 에너지 혁신의 대표 주자다. 이러한 기업들의 성장 잠재력은 MGK의 성과에도 긍정적인 영향을 미칠 수 있다.

MGK를 QQQ ETF와 비교해보면, 두 상품은 구성과 투자 전략에서 차이가 있다. QQQ는 나스닥100을 추종하며, MGK와 마찬가지로 기술주 중심의 ETF다. QQQ는 애플, 마이크로소프트, 엔비디아 등 MGK와 일부 겹치는 종목을 보유하고 있지만, 나스닥100 특성상 기술 섹터 비중이 더 높다. 반면, MGK는 기술주 외에도 소비재와 헬스케어 섹터의 비중이 상대적으로 크다. 따라서 MGK는 QQQ 대비 다소 분산된 포트폴리오를 제공하며, 안정적인 투자를 선호하는 투자자들에게 더 적합하다.

성과 측면에서는 최근 몇 년간 QQQ가 기술주 강세에 힘입어 MGK보다 높은 성과를 기록한 경우가 많다. 그러나 MGK는 QQQ 대비 변동성이 낮은 편이며, 다양한 섹터에 노출되어 있어 특정 섹터의 변동성에 덜 민감하다. 운용 비용 면에서도 MGK는 QQQ 대비 비용 효율성이 높다. MGK

의 운용 보수는 0.07%로, QQQ의 0.20%에 비해 훨씬 낮다. 이러한 낮은 비용 구조는 장기 투자 시 비용 절감 효과를 크게 기대할 수 있는 장점이다.

MGK의 보유 종목 또한 차별화된 포트폴리오 구성을 보여준다. MGK는 Russell 1000 Growth Index를 기반으로 애플, 마이크로소프트, 알파벳, 아마존, 테슬라를 상위 보유 종목으로 두고 있으며, 기술주 외에도 소비재와 헬스케어 섹터의 비중이 높다. 반면, QQQ는 나스닥100을 기반으로 하며, 엔비디아와 같은 기술주 비중이 더 크다. 따라서 MGK는 상대적으로 섹터 분산이 잘 되어 있어 QQQ보다 안정적 투자 성향을 가진 투자자에게 적합하다.

결론적으로, MGK는 낮은 비용, 성장주 중심의 안정적 구성, 그리고 장기적인 미국 경제 성장 가능성을 활용할 수 있는 효과적인 ETF다. QQQ와 비교했을 때 더 분산된 포트폴리오와 낮은 비용 구조를 제공하며, 안정성과 성장성을 동시에 추구하는 투자자에게 적합하다. 반면, QQQ는 기술주 강세 국면에서 MGK보다 더 높은 성과를 기대할 수 있으므로, 투자자는 자신의 위험 성향과 투자 목적에 맞게 상품을 선택해야 한다.

MGK ETF의 최근 수익률 추이
자료: etf.com(2025년 2월 기준)

바로 보러 가기 ▶

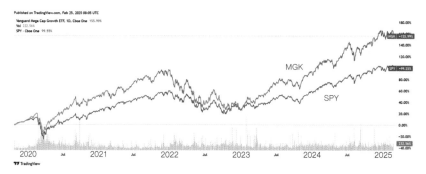

주요 섹터와 기업 보유 비중
자료: etf.com(2025년 1월 기준)

섹터	비중(%)	섹터	비중(%)
기술 서비스	33.29	내구소비재	4.51
전기기술	29.24	소비자 서비스	3.92
소매업	11.3	생산제조	1.82
헬스 기술	5.95	금융	1.58
광고 서비스	5.63	가공업	0.82

기업	비중(%)	기업	비중(%)
애플	13.21	구글	2.9
마이크로소프트	11.33	일라이릴리	2.88
엔비디아	10.22	비자	2.48
아마존	7.89	알파벳	2.35
메타 플랫폼스	5.41	브로드컴	2.2
테슬라	4.51		

26

인구 고령화, 헬스케어 산업과 의료 혁신 기업에 투자하라

iShares US Medical Devices ETF
티커: IHI (운용사: 블랙록)

IHI(US Medical Devices ETF)는 블랙록에서 운용하는 의료기기 섹터에 특화된 ETF로, 헬스케어 산업의 핵심 분야인 의료기기 제조 및 혁신 기업에 집중 투자하는 상품이다. IHI는 의료 기술 발전과 글로벌 헬스케어 트렌드를 반영한 포트폴리오를 구성하며, 투자자들에게 여러 장점과 기회요인을 제공한다.

IHI의 가장 큰 특징은 의료기기 중심의 특화된 포트폴리오라는 점이다. IHI는 S&P Healthcare Equipment Select Industry Index를 추종하며, 세계적인 의료기기 제조 기업들로 구성되어 있다. 주요 보유 종목으로는 메드트로닉Medtronic, 애보트Abbott Laboratories, 스트라이커Stryker, 인튜이티브 서지컬 등이 포함되어 있나. 네드드로닉은 심장 박동 조율기 및 신경 조절 장치 분야에서 강력한 기술력을 보유하고 있으며, 애보트는 체외 진단 장비와 웨어러블 혈당 측정기에서 두각을 나타낸다. 스트라이커는 정형외과 및 외상 치료 기기에서 강점을 보이며, 인튜이티브 서지컬은 세계적으로 유명한 다빈치 로봇 시스템을 통해 로봇 보조 수술 시장을 선도하고 있다. 이 시스템은 정밀성과 안전성을 겸비하여, 환자와 의료진 모두에게 높은 신뢰를 얻고 있다.

인구 고령화로 인한 의료 서비스 수요 증가와 만성 질환 관리의 필요성도 주목해야 한다. 예를 들어, 고령화로 인해 심혈관 질환, 관절 질환, 신경계 질환과 같은 만성 질환 관리 및 치료를 위한 의료기기 수요는 꾸준히 증가하고 있다. 이러한 트렌드는 메드트로닉과 스트라이커 같은 기업들이 제공하는 제품에 대한 수요를 촉진하며, 장기적인 성장 가능성을 보여준다.

더불어, 인공지능 기술의 도입은 의료기기 산업의 혁신을 가속화하고 있다. AI 기반 기술은 의료기기의 정밀도를 향상시키고, 진단 및 치료의 효

지속적인 성장이 기대되는 글로벌 의료 장비 시장
자료: www.novaoneadvisor.com

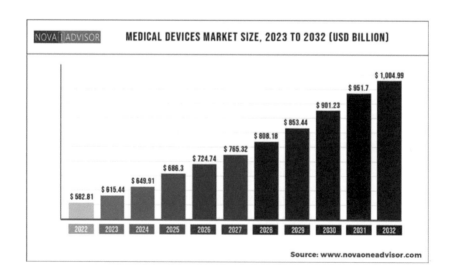

MEDICAL DEVICES MARKET SIZE, 2023 TO 2032 (USD BILLION)

2022	2023	2024	2025	2026	2027	2028	2029	2030	2031	2032
$ 582.81	$ 615.44	$ 649.91	$ 686.3	$ 724.74	$ 765.32	$ 808.18	$ 853.44	$ 901.23	$ 951.7	$ 1,004.99

Source: www.novaoneadvisor.com

율성을 극대화하는 데 중요한 역할을 한다. 인튜이티브 서지컬의 다빈치 로봇 시스템은 고도의 정밀함과 안전성을 제공하며, AI 기술과의 접목을 통해 더욱 발전하고 있다. AI는 정밀 진단 장치에도 적용되어 질병 조기 발견과 개인 맞춤형 치료를 가능하게 하며, 이러한 기술 발전은 IHI가 포함하는 기업들의 지속적인 성장과 의료 산업 혁신을 더욱 뒷받침하고 있다.

세계적으로 의료 전문 인력의 부족 문제 또한 IHI의 주요 보유 종목들이 해결책을 제시하는 중요한 이유 중 하나다. 인튜이티브 서지컬과 같은 기업들이 개발한 수술 로봇은 의료진의 부담을 줄이고, 높은 정밀도를 요구하는 수술에서도 안정적인 결과를 제공한다. 이는 의료 인프라 부족 문제를 보완하며, 고령화와 만성 질환 증가로 인해 급증하는 의료 수요를 충족시키는 데 기여한다.

IHI ETF의 최근 수익률 추이

자료: etf.com(2025년 2월 기준)

바로 보러 가기 ▶

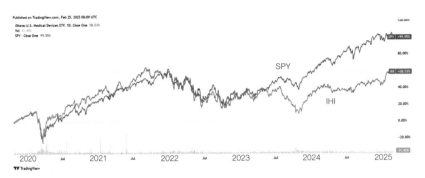

주요 섹터와 기업 보유 비중

자료: etf.com(2025년 3월 기준)

섹터	비중(%)	섹터	비중(%)
헬스 기술	99.74	가정용품	0.1
기술 서비스	0.18	현금	0.01

기업	비중(%)	기업	비중(%)
애보트	18.61	GE 헬스케어	4.36
인튜이티브서지컬	14.61	에드워드라이프사이언스	4.31
보스턴 사이언티픽	12.13	아이덱스 래버러토리스	3.96
메드트로닉	5.15	레스메드	3.84
벡톤 디킨슨	4.69	덱스콤	3.22
스트라이커	4.51		

27

글로벌 투자자 확대,
금융시장의 미래에 투자하라

iShares US Broker-Dealers & Securities Exch ETF
티커: IAI (운용사: 블랙록)

IAI(iShares U.S. Broker-Dealers & Securities Exchanges ETF)는 블랙록에서 운용하는 ETF로, 미국 금융시장에 상장된 주요 투자 관련 금융 기업들에 집중 투자하는 상품이다. 이 ETF는 증권 브로커, 투자은행, 자산운용사, 증권거래소 등 금융시장의 핵심 기업들로 구성되어 있으며, 금융 산업의 성장과 미국 자본시장에 대한 직접적인 노출을 원하는 투자자들에게 매력적인 선택지로 평가된다.

미국 금융시장은 전 세계에서 가장 크고 발전된 시장으로, 글로벌 투자자들에게 높은 관심을 받고 있다. IAI ETF는 미국에 상장된 투자 관련 금융 기업들에 투자함으로써 이러한 글로벌 자본의 흐름과 금융시장의 성장을 직접적으로 활용할 수 있는 기회를 제공한다. 특히 미국 금융시장에 대한 글로벌 투자자들의 관심이 증가함에 따라 브로커, 투자은행, 거래소 등 금융 서비스와 상품에 대한 수요가 자연스럽게 확대되고 있다. 이는 IAI

금융시장은 연평균 8.74% 성장하여 2030년까지 3조 4744억 달러로 규모가 형성될 전망이다.

자료: www.zionmarketresearch.com

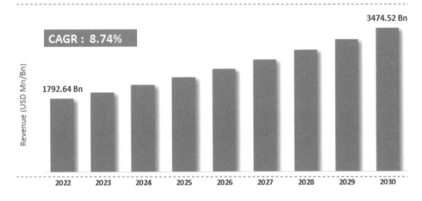

ETF가 포함하는 기업들의 장기적인 성장 가능성을 뒷받침하는 중요한 요인 중 하나다.

금융 산업은 투자 시장의 변동성에 영향을 받을 수 있지만, 금융 서비스 자체는 비교적 안정적인 수요를 유지하는 특성을 지닌다. 투자은행, 증권 거래소와 같은 기업들은 금융시장의 거래량 증가, 새로운 상품 출시, 자본 유입 등과 같은 흐름에서 안정적인 수익을 창출한다. 이러한 서비스는 경기 변동에도 일정한 수요를 유지하기 때문에 금융 산업의 구조적 안정성을 강조하며, IAI ETF는 이를 통해 장기적으로 안정적인 투자 기회를 제공한다.

IAI ETF에는 미국 금융 시장에서 중추적인 역할을 하는 주요 기업들이 포함되어 있다. 예를 들어, 찰스 슈왑Charles Schwab Cor-poration은 미국의 대표적인 증권 브로커이자 자산운용사로, 개인과 기관 투자자들에게 브로커리지 서비스, 투자 자문, ETF 및 기타 금융 상품을 제공하며, 디지털 플랫폼과 투자 편의성을 강조하여 지속적으로 고객층을 확대하고 있다.

모건 스탠리Morgan Stanley는 글로벌 투자은행 및 자산운용사로, 기업 금융, 자산운용, 주식 및 채권 중개 서비스 등 다양한 금융 서비스를 제공하며, 특히 고액 자산가와 기관 투자자를 대상으로 강력한 경쟁력을 보유하고 있다.

또한 CME 그룹CME Group은 세계 최대의 파생상품 거래소로, 선물과 옵션을 포함한 다양한 금융 상품 거래를 지원하며, 거래량 증가와 함께 금융시장의 파생상품 수요를 기반으로 안정적인 수익 구조를 구축하고 있다.

IAI ETF의 최근 수익률 추이

자료: etf.com(2025년 2월 기준)

바로 보러 가기 ▶

Published on TradingView.com, Feb 25, 2025 08:15 UTC
iShares U.S. Broker-Dealers & Securities Exchanges ETF, 1D, Cboe One 134.40%
Vol 19,110,635
SPY - Cboe One 101.85%

주요 섹터와 기업 보유 비중

자료: etf.com(2025년 2월 기준)

섹터	비중(%)	섹터	비중(%)
금융	76.23	가정용품	0.2
광고 서비스	17.34	현금	0.01
기술 서비스	6.23		

기업	비중(%)	기업	비중(%)
골드만삭스	14.97	무디스	4.43
S&P글로벌	12.91	로빈후드 마켓츠	4.08
모건 스탠리	12.46	MSCI	4.05
찰스 슈왑	5.91	나스닥	3.74
CME그룹	4.68	코인베이스	3.31
ICE	4.67		

28

밀레니얼과 Z세대의
소비 트렌드에 투자하라

Invesco Leisure and Entertainment ETF
티커: PEJ (운용사: 인베스코)

PEJ(Invesco Leisure and Entertainment ETF)는 미국 레저 및 엔터테인먼트 산업에서 상품 또는 서비스를 판매하는 기업 30개로 구성된 'Dynamic Leisure & Entertainment Intellidex' 지수를 추종하는 ETF다. 이 지수는 가격 모멘텀, 이익 모멘텀, 퀄리티, 경영 활동, 가치 등 다양한 투자 기준에 따라 기업을 철저하게 평가하여 종목을 구성하고 있다.

영화, 카지노, 호텔, 레스토랑 기업들이 포함되어 있는 소비자 서비스 섹터가 63% 비중을 차지하고 있고, 항공, 크루즈 등을 제공하는 운송 섹터가 22%로 두 섹터가 전체의 약 80% 이상을 차지하고 있다. 대표적으로는 유나이티드 에어라인, 델타 에어, 로얄 캐리비안 크루즈, 힐튼 같은 기업들이 종목에 포함되어 있으며 배달 기업인 도어대시, 그랩 같은 기업도 포함되어 있다.

인구 구조학적 변화에 따른 경험 소비 선호 현상 역시 주목할 필요가

전체 소매 성장률보다 높은 경험 소비 성장률

자료: www.deloitte.com

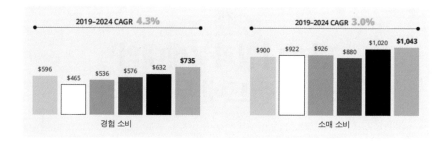

있다. 전 세계적으로 밀레니얼과 Z세대는 점점 더 소비시장의 주축으로 부상하고 있으며, 이들은 과거 세대와 달리 단순한 물건 구매 같은 소유의 개념보다 여행, 공연, 이색 액티비티 등 독특한 경험을 중시하는 소비 트렌드를 보이고 있다. 특히, 점점 더 많은 Z세대가 사회에 진출하는 시기가 도래함에 따라 이들의 소비력 증가가 주도할 경험 소비 산업 성장은 계속될 것으로 예상된다.

베이비부머 세대의 은퇴 쓰나미도 경험 소비 산업에 긍정적 영향을 미칠 수 있다. 전 세계적으로 2차 세계대전 이후 태어난 베이비부머 세대의 은퇴는 현재 진행형이며, 이들 대다수가 은퇴 이후 가장 하고 싶은 활동으로 여행을 주로 꼽고 있다. 사람들마다 경제적 상황이 다르다 보니 여행 스타일과 예산은 차이가 나겠지만, 은퇴자들의 여행에 대한 관심은 계속될 것이다.

PEJ ETF의 최근 수익률 추이

자료: etf.com(2025년 2월 기준)

바로 보러 가기 ▶

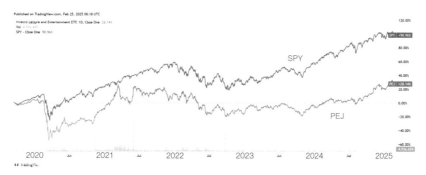

주요 섹터와 기업 보유 비중

자료: etf.com(2025년 3월 기준)

섹터	비중(%)	섹터	비중(%)
소비자 서비스	63.63	기술 서비스	3.02
운송	22.19	소비재	2.64
물류 서비스	8.45	가정용품	0.09

기업	비중(%)	기업	비중(%)
시스코 코퍼레이션	5.57	유나이티드 에어라인	4.32
도어대쉬	5.43	델타 에어	4.28
워너 브라더스	5.4	스포츠레이더	3.02
로얄 캐리비안	5.05	그랩	2.97
힐튼	5.04	다르덴 레스토랑	2.9
카니발	4.7	모나코 카지노	2.9

29

AI 혁명의 다음 단계,
소프트웨어에 투자하자

iShares Expanded Tech-Software Sector ETF
티커: IGV (운용사: 블랙록)

    IGV(iShares Expanded Tech-Software Sector ETF)는 기술 및 통신 서비스 분야에서 미국 소프트웨어 기업들을 중심으로 투자하는 ETF로, AI 혁명에서 반도체, 데이터센터 인프라 다음의 물결로 꼽히고 있는 AI 소프트웨어 기업들에 집중 투자하는 상품이다. IGV ETF는 초대형 소프트웨어 기업뿐만 아니라 잘 알려지지 않았지만 잠재적으로 고성장할 수 있는 중소형 소프트웨어 기업에도 투자함으로써 아직 결정되지 않은 차세대 AI 시장의 승자가 될 수 있는 기업을 알고 싶은 투자자들에게 충분히 매력적일 수 있다.

    오픈AI와 손을 잡고 AI 매출이 빠르게 증가하고 있는 마이크로소프트, 역사상 최대 규모 AI 인프라 프로젝트인 스타게이트 프로젝트의 핵심 역할을 맡고 있는 오라클, 인간의 개입 없이도 스스로 문제를 해결하고 작업을 수행하는 AI 에이전트 시장에서 두각을 드러내고 있는 세일즈포스와 서비스나우가 대표 기업들로 구성 종목 상위에 포함되어 있으며, 크라우드스트라이크, 팔로알토 네트웍스, 포티넷 등 AI 시대에 반드시 필요한 사이버 보안 플랫폼 기업들도 IGV ETF에 포함되어 있다. 그리고 AI 시대의 총아로 평가받으며 미국 국방 산업의 AI 현대화에 앞장서고 있는 것은 물론이고 미국 제조업을 AI를 통해 송두리째 바꾸고 있는 팔란티어 역시 IGV ETF의 핵심 구성 종목 중 하나이다.

아직까지는 소프트웨어 기업 대다수가 AI에 대한 투자 대비 수익을 눈에 띌 정도로 크게 증가시키고 있지는 못하지만, AI 모델이 점진적으로 진화하고 각 기업들의 소프트웨어에 AI가 결합됨에 따라 결국에는 AI로 인한 성장 가속화가 나타날 것으로 예상되고 있다. 최근 소프트웨어 기업들은 AI 사용 사례가 증가함에 따라 월정액 구독 모델에서 AI 사용량만큼 돈을 받는 종량제 구독 모델로 전환하고 있다. 앞으로 더 많은 AI 사용 사례가 등장하면 등장할수록 결국 AI 사용량은 증가하게 될 것이고 소프트웨어 기업들의 수익은 증가할 것으로 전망된다. 기존 월정액 구독 모델을 유지하는 소프트웨어 기업들의 경우, AI를 소프트웨어 기본 기능으로 결합시키며 구독 가격을 인상하는 추세가 나타나고 있다. 그러다 보니 결국 소프트웨어 기업들은 AI 투자를 통한 매출 성장이 나타날 수 있는 위치에 있다.

일각에서는 소프트웨어 기업들이 AI에 투자하는 비용 대비 수익을 끌어내지 못하고 있다는 비판도 있지만, 중국의 AI 스타트업 딥시크가 저비용 AI 모델을 개발하면서 AI 소프트웨어 시장에는 화색이 돌기 시작했다. 소프트웨어 기업들 입장에서는 대규모 언어 모델 개발 비용이 낮아질 수 있고, 더 저렴한 가격으로 고객들에게 AI를 배포할 수 있다 보니 증가하는 사용 사례에 따른 수익 증가와 개발 비용 하락을 동시에 경험할

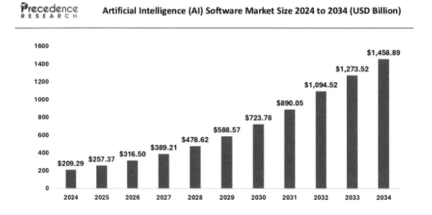

가능성이 높아졌다.

챗GPT, 퍼플렉시티, 구글 제미나이, 마이크로소프트 코파일럿, 메타 AI 등 AI 서비스를 직접 사용해본 독자들이라면 결국 AI의 발전 흐름이 하드웨어를 넘어 소프트웨어와 서비스로 이어진다는 것을 이해하지 않을까 싶다. 그러나 소프트웨어 기업들은 시장에서 항상 고평가를 받고 있기 때문에 S&P500 대비 주가 변동성이 크다는 특징도 인지할 필요가 있겠다.

IGV ETF의 최근 수익률 추이

자료: etf.com(2025년 2월 기준)

바로 보러 가기 ▶

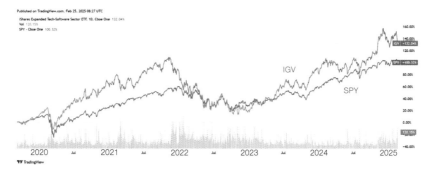

주요 섹터와 기업 보유 비중

자료: etf.com(2025년 3월 기준)

섹터	비중(%)	섹터	비중(%)
기술 서비스	99.45	광고 서비스	0.11
현금	0.37	전기기술	0.05

기업	비중(%)	기업	비중(%)
마이크로소프트	8.6	인튜이트	5.96
오라클	8.48	팔로알토 네트워크	4.35
세일즈포스	7.77	크라우트스트라이크 홀딩스	3
서비스나우	6.3	시놉시스	2.5
어도비	6.3	카덴스 디자인	2.47
팔란티어	6.21		

PART
04

ETF 투자
가이드 &
주요 테마별 ETF

ETF
투자 가이드

ETF, ETN, ETP에 대한 이해와
매매하는 법

    ETFExchange Traded Fund는 '상장지수펀드'라고 불리며 지수 펀드를 주식의 형태로 만든 후 증권거래소에 상장시켜 거래소에서 거래되는 개방형 펀드다. 주요 주가지수(S&P500 지수), 업종별지수(반도체 지수), 상품지수(금, 은, 원자재) 등과 연동되어 움직이는 펀드로, 쉽게 말하면 거래소에서 거래되는 펀드다.

ETF의 특징

❶ 기초자산NAV을 보유하고 있다.
❷ ETF를 기초자산으로 교환할 수 있다.
❸ 교환을 통해 기초자산의 가격을 추적하게 되기 때문에 기초자산과

의 괴리율이 발생할 수 있다.

❹ 일반 펀드와는 달리 거래소에서 일반 주식처럼 거래가 되기 때문에 주식계좌를 통하여 매매가 가능하다.

❺ 일반 펀드와는 달리 주식 매매 수수료가 적용된다.

❻ 소액의 투자로 ETF가 연동하는 지수에 속해 있는 모든 종목에 투자하는 효과가 있다.

❼ 일반 펀드는 일반적으로 그날 종가 또는 다음날 종가로 환매가 되나 ETF는 실시간으로 매매할 수 있으며, 언제든지 시장가로 사고팔 수 있다.

❽ 자산 규모가 꾸준히 우상향하는 모습으로 장기투자 시 안정적인 수익률 창출이 가능하다. 미국의 ETF 규모는 2020년 5.49조 달러에서 2024년 12월 기준 8.87조 달러로 61.3% 상승했다.

2006년부터 2024년까지 미국 ETF 규모 추이
자료: etfgi.com

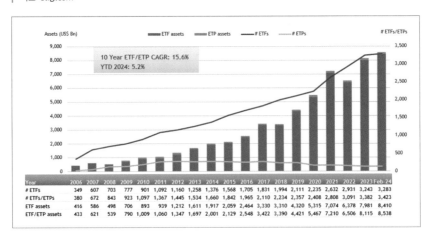

Year	2006	2007	2008	2009	2010	2011	2012	2013	2014	2015	2016	2017	2018	2019	2020	2021	2022	2023	Feb-24
# ETFs	349	607	703	777	901	1,092	1,160	1,258	1,376	1,568	1,705	1,831	1,994	2,111	2,235	2,632	2,931	3,243	3,283
# ETFs/ETPs	380	672	843	923	1,097	1,367	1,445	1,534	1,660	1,842	1,965	2,110	2,234	2,357	2,408	2,808	3,091	3,382	3,423
ETF assets	416	586	498	706	893	939	1,212	1,611	1,917	2,059	2,464	3,330	3,310	4,320	5,315	7,074	6,378	7,981	8,410
ETF/ETP assets	433	621	539	790	1,009	1,060	1,347	1,697	2,001	2,129	2,548	3,422	3,390	4,421	5,467	7,210	6,506	8,115	8,538

ETF의 장점

❶ 저렴한 수수료: 일반 펀드와 같이 중도 해지로 인한 환매 수수료나 판매, 수탁, 운용 등의 수수료가 없고 일반 주식처럼 주식 거래 수수료만 있다.

❷ 분산투자: ETF는 대상 주가지수에 포함된 종목 대부분에 투자하는 펀드를 세분화한 것이기 때문에 1주만 매입해도 분산투자 효과가 있다. ETF의 종류에 따라 미국 시장을 통해서 전 세계 시장에 투자할 수 있다.

❸ 실시간 매매: 거래소에서 실시간으로 거래되므로, 즉시 사고팔 수 있고 매매 체결 및 결제 방법 역시 일반 주식과 동일하다.

❹ 손쉬운 투자 판단: ETF는 개별 종목이 아닌 국가 지수나 상품 지수 등에 투자하는 것이므로 일반 투자자가 쉽게 접할 수 있는 뉴스로도 투자 판단이 가능하다. 주식 바스켓 내역과 순자산 가치를 매일 공표하기 때문에 투명성이 높다.

❺ 언제나 수익 창출 가능: ETF의 종류에 따라 시장의 방향(하락장/상승장)과 상관없이 수익을 낼 수 있다.

❻ 매니징 리스크Managing Risk: 일반 펀드와는 다르게 펀드 매니저들의 운영 방식에 따른 리스크가 없다.

미국의 TOP 3 ETF 운용사 (2025년 1월 기준)

자료: www.morningstar.com

운용사	운용 규모	점유율
iShares	3.16조 달러	30.5%
Vanguard	2.99조 달러	28.8%
state street	1.50조 달러	14.4%

미국의 자산 순위 TOP 20 ETF (2025년 3월 기준)

자료 www.binance.com

이름	티커	운용 규모 (백만 달러)
Vanguard S&P 500 ETF	VOO	583,728
iShares Core S&P 500 ETF	IVV	586,155
iShares Bitcoin Trust	IBIT	51,721
Vanguard Total Stock Market ETF	VTI	456,412
Invesco QQQ Trust	QQQ	318,799
SPDR S&P 500 ETF Trust	SPY	626,343
iShares Core U.S. Aggregate Bond ETF	AGG	119,803
SPDR Portfolio S&P 500 ETF	SPLG	53,583
Vanguard Total Bond Market ETF	BND	120,980
Invesco S&P 500 Equal Weight ETF	RSP	72,136
Vanguard Growth ETF	VUG	155,321
Invesco NASDAQ 100 ETF	QQQM	39,001
iShares 0-3 Month Treasury Bond ETF	SGOV	29,750
Fidelity Wise Origin Bitcoin Fund	FBTC	18,870

이름	티커	운용 규모 (백만 달러)
BlackRock U.S. Equity Factor Rotation ETF	DYNF	13,613
iShares Core MSCI EAFE ETF	IEFA	117,813
Vanguard FTSE Developed Markets ETF	VEA	133,329
Janus Henderson AAA CLO ETF	JAAA	16,585
JPMorgan Nasdaq Equity Premium Income ETF	JEPQ	20,800
Vanguard Total International Stock ETF	VXUS	74,828

ETF의 단점

❶ 잦은 매매 유도: 손쉽게 매매가 가능하므로 시장의 흐름에 따라 잦은 매매를 할 경우 장기투자가 힘들어질 수 있다.

❷ 경영 참여 불가: ETF 투자자들은 ETF에 속해 있는 주식의 주주로서 권리를 행사할 수 없다.

ETN(Exchange Traded Note, 상장지수채권)의 특징

❶ 운용사에서 추종하는 지수를 보증해 준다.

❷ 만기일이 있으며, 만기일에 운용사에서 지수 수익률을 보장하고 지급해 준다.

❸ 운용사의 신용 위험이 존재한다.

④ 운용사의 보증으로 인해 ETF보다 괴리율이 낮다. 단, 운용사의 신용에 문제기 생길 경우 지수와 상관없이 괴리율이 생길 수 있다.

ETP란?

상장지수상품Exchange Traded Product이라고 불리며, ETF와 ETN을 합친 것이다. ETF와 ETN 모두 거래소를 통해 주식처럼 사고팔 수 있는데 ETF는 자산운용사에서 출시하고, ETN은 증권사에서 발행한다는 차이점이 있다. 2023년 3월 말 기준으로 ETP의 국내 시장 규모는 100조 1454억 원 규모에 달한다.

ETF의 분류

❶ 국가/지역별: 선진국, 이머징, 아시아, 중국, 북미 등
❷ 상품별: 원유, 천연가스, 금, 은, 농산물, 구리 등
❸ 전략별: 레버리지, 인버스
❹ 스타일별: 대형주, 중형주, 소형주, 배당주 등
❺ 섹터별: 소비재, 에너지, 금융, 헬스케어, 유틸리티 등
❻ 채권별: 국채, 정부채, 지방채, 회사채 등
❼ 기타: 통화, 금리, 환경 등

미국 섹터별 ETF 분류

자료: www.etf.com/etfanalytics/etf-finder

Sectors

Basic Materials	Cons. Cycl.	Cons. Non Cycl.	Energy	Financial	Health Care	Industrial	Real Estate	Tech	Telecom	Utilities
BROAD	BROAD	BROAD	BROAD	BROAD	BROAD	BROAD	BROAD	BROAD	BROAD	BROAD
XLB 1.31	XLY 1.73	XLP 0.29	XLE 0.96	XLF 1.59	XLV 1.31	XLI 1.10	IYR 1.13	XLK 1.57	IYZ 1.06	XLU -1.32
MINING	HOMEBLD	FOOD	EQUIP.	BANKS	BIOTECH	DEFENSE	BROAD	INTERNET	BROAD	BROAD
XME 0.83	XHB 1.19	PBJ 0.83	IEZ 0.29	KBWB 1.96	IBB 0.06	PPA 0.97	VNQ 1.14	FDN 2.53	VOX 1.61	VPU -0.83
	MEDIA		EXPLOR	BANK&IN	MED. DEV	TRANSPO.		SEMIS		
	PBS -1.90		XOP 1.05	IAI 1.20	IHI 1.64	IYT 2.12		XSD 0.59		
	RETAIL			INSURAN.	PHARMA.	ENGINEER		SOFTWARE		
	XRT 1.71			KBWI 0.00	IHE 0.91	PKB 0.99		IGV 1.91		
	LEISURE			SERVICES	EQUIPMENT					
	PEJ 1.58			IYG 2.25	XHE 1.35					
					SERVICES					
					IHF 2.18					

미국 국가별 ETF 분류

자료: www.etf.com/etfanalytics/etf-finder

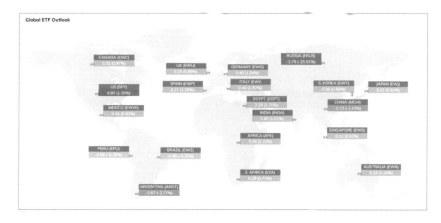

Global ETF Outlook

ETF 매매하는 법

다음 차트 예시는 나스닥100 지수를 추종하는 ETF인 QQQ의 매수·매도 신호를 발생시켜 매매하는 방법이다. 흔히 알고 있는 스톡캐스틱과 파라볼릭이라는 간단한 기술적 지표를 적용시킨 것인데, ETF의 특성상 철저하게 기술적 분석을 바탕으로 투자하면 제법 놀라운 성과를 낼 수 있다.

상품 ETF는 그 흐름을 예상하기 어려워 단순한 추측으로 매매할 경우 투자 실패로 이어지는 경우가 많은데, 아무 것이든 상관없으니 본인에게 맞는 기술적 지표를 적용시켜 보면 그 답이 보일 것이다.

강세 ETF만 따로 보여주는 홈페이지도 도움이 된다. Barchart.com에서는 다음 그림처럼 매일 매수 신호가 발생한 ETF를 추려서 보여주기 때문에 ETF 발굴이 가능하다.

Symbol	Name	Last	Change	%Chg	Price Vol.	Time	Links
SPY	S&P 500 SPDR	575.46	+1.38	+0.24%	22,072,172	03/25/25	⋮
QQQ	Nasdaq QQQ Invesco ETF	493.46	+2.80	+0.57%	12,847,329	03/25/25	⋮
IWM	Russell 2000 Ishares ETF	207.70	-1.16	-0.56%	3,704,703	03/25/25	⋮
VOO	S&P 500 ETF Vanguard	530.65	+1.26	+0.24%	3,321,922	03/25/25	⋮
LQD	Invst Grade Corp Bond Ishares	108.40	-0.11	+0.10%	2,465,439	03/25/25	⋮
HYG	High Yield Corp Bond Ishares I...	79.41	-0.04	-0.05%	2,308,886	03/25/25	⋮
IVV	S&P 500 Ishares Core ETF	577.96	+1.24	+0.22%	2,104,237	03/25/25	⋮
TLT	20+ Year Treas Bond Ishares ETF	89.76	-0.01	-0.01%	2,004,682	03/25/25	⋮
BIL	1-3 Month T-Bill Barclays Capita...	91.67	+0.01	+0.01%	1,726,797	03/25/25	⋮
DIA	Dow Industrials SPDR	425.82	+0.33	+0.08%	1,702,258	03/25/25	⋮

또한 ETF 맵을 통해서도 수시로 강한 흐름을 보이는 ETF를 선별할 수 있다. 아래의 그림은 finviz.com에서 제공하는 ETF 맵이다. 기간별로 흐름을 파악하는 홈페이지로 따로 매매 신호를 제공하지는 않지만, 시가총액별로 흐름을 파악하는 데 도움이 된다.

이어서 테마별로 분류한 ETF 리스트를 다음 페이지부터 수록했다. ETF는 개별 종목에 대한 리스크가 없고, 한 종목이 아닌 다양한 편입 종목

의 주가를 반영하므로 보수적이고 장기적인 투자자에게 맞는 상품이다. 하지만 역방향 1~3배, 정방향 1~3배짜리 ETF가 많이 출시되면서 시장이 하락하든 상승하든 양방향으로 몇 배의 수익을 올릴 수 있게 되어 투기적이고 변동성이 큰 상품으로 변모하고 있다. 레버리지 ETF는 가능한 한 매매에 신중을 기했으면 하는 바람이다.

미국 지수 관련 ETF

Dow Jones

DIA SPDR Dow Jones Industrial Average ETF Trust 다우30 지수를 추종하는 ETF

DJD Invesco Dow Jones Industrial Average Dividend ETF 다우 지수 배당 ETF

▶ **역방향(다우 지수가 하락할 때 수익)**

DOG ProShares Short Dow30 Daily target: −1x (역방향 1배)

DXD ProShares UltraShort Dow30 Daily target: −2x (역방향 2배)

SDOW ProShares UltraPro Short Dow30 Daily target: −3x (역방향 3배)

▶ **정방향(다우 지수가 상승할 때 수익)**

DDM ProShares Ultra Dow30 Daily target: 2x (정방향 2배)

UDOW ProShares UltraPro Dow30 Daily target: 3x (정방향 3배)

S&P500

▶ **S&P500 지수를 추종하는 ETF (운용사별)**

SPY SPDR S&P500 ETF Trust

IVV iShares Core S&P500 ETF

VOO Vanguard 500 Index ETF

▶ **역방향(S&P500 지수가 하락할 때 수익)**

SH ProShares Short S&P500 Daily Target: −1x (역방향 1배)

SDS ProShares UltraShort S&P500 Daily Target: −2x (역방향 2배)

SPXS Direxion Daily S&P500 Bear 3X Shares Daily Target: −3x (역방향 3배)

SPXU ProShares UltraPro Short S&P500 Daily Target: −3x (역방향 3배)

▶ 정방향(S&P500 지수가 상승할 때 수익)

SPUU Direxion Daily S&P500 Bull 2X Shares Daily Target: 2x (정방향 2배)

SSO ProShares Ultra S&P500 Daily Target: 2x (정방향 2배)

SPXL Direxion Daily S&P500 Bull 3x Shares Daily Target: 3x (정방향 3배)

UPRO ProShares UltraPro S&P500 Daily Target: 3x (정방향 3배)

▶ S&P500 고퀄리티 ETF

여기서 퀄리티는 품질을 뜻하는 것으로 높은 ROE, 낮은 부채비율, 꾸준한 성장세를 겸비했다는 뜻.

SPHQ Invesco S&P500 Quality ETF

▶ S&P500 고 베타 ETF

베타계수가 1인 종목의 주가는 주가지수와 거의 동일한 움직임을 보이고 1보다 큰 것은 시장 수익률의 변동보다 더 민감하게 반응하는데, 이를 고 베타라고 칭한다. 반대로 저 베타는 1보다 낮은 변동성을 뜻한다. 보통 시장이 상승할 때는 고 베타, 하락할 때는 저 베타가 투자 전략에 적합하다.

SPHB Invesco S&P500 High Beta ETF

▶ S&P500 저 베타 ETF

SPHD Invesco S&P500 High Dividend Low Volatility ETF

▶ 특정 업종을 제외하고 S&P500 지수를 추종하는 ETF

SPXE ProShares S&P500 Ex-Energy ETF 에너지 업종을 제외한 S&P500 지수 추종

SPXN ProShares S&P500 Ex-Financials ETF 금융 업종을 제외한 S&P500 지수 추종

SPXT ProShares S&P500 Ex-Technology ETF 기술 업종을 제외한 S&P500 지수 추종

SPXV ProShares S&P500 Ex-Health Care ETF 헬스케어 업종을 제외한 S&P500 지수 추종

▶ 동일 비중 중심의 S&P500 지수를 추종하는 ETF(업종별 동일 비중)

RSP Invesco S&P500 Equal Weight

EQL ALPS Equal Sector Weight ETF

▶ 지난 12개월간 발행 주식의 최소 5% 이상의 자사주 매입을 실행한 기업 중심의 ETF

PKW Invesco BuyBack Achievers ETF (미국 기업)

IPKW Invesco International BuyBack Achievers ETF (미국 외 기업)

▶ 성장 기업 중심의 S&P500 지수를 추종하는 ETF (운용사별)

RPG Invesco S&P500 Pure Growth ETF

IVW iShares S&P500 Growth ETF

SPYG SPDR Portfolio S&P500 Growth ETF

VOOG Vanguard S&P500 Growth Index Fund

▶ 모멘텀 기업 중심의 S&P500 지수를 추종하는 ETF

SPMO Invesco S&P500 Momentum ETF

MTUM iShares MSCI USA Momentum Factor ETF

▶ 가치 기업 중심의 S&P500 지수를 추종하는 ETF

RPV Invesco S&P500 Pure Value ETF

IVE iShares S&P500 Value ETF

SPVU Invesco S&P500 Enhanced Value ETF

SPYV SPDR S&P500 Value ETF

VOOV Vanguard S&P500 Value ETF

▶ 배당 기업 중심의 S&P500 지수를 추종하는 ETF

SPHD Invesco S&P500 High Dividend Low Volatility ETF   배당이 높은 기업 중심의
S&P500 지수 추종 (높은 배당 수익률과 낮은 변동성의 종목 중심)

NOBL ProShares S&P500 Aristocrats ETF 배당귀족주 기업 중심의 S&P500 지수 추종 (25
년간 배당금을 매년 인상한 기업을 배당귀족주라고 한다.)

SPYD SPDR Portfolio S&P500 High Dividend ETF 높은 배당률을 보인 기업 중심의
S&P500 지수 추종

S&P400은 미국 거래소에 상장된 400개의 중기업으로 구성된 지수로 S&P Mid-Cap 400이라고도 한다.

▶ S&P400 지수를 추종하는 ETF (운용사별)

IJH iShares Core S&P Mid-Cap ETF

MDY SPDR S&P MIDCAP 400 ETF Trust

IVOO Vanguard S&P Mid-Cap 400 Index Fund

SPMD SPDR Portfolio S&P 400 Mid Cap ETF

▶ 성장 기업 중심의 S&P400 지수를 추종하는 ETF (운용사별)

RFG Invesco S&P MidCap 400 Pure Growth ETF

IJK iShares S&P Mid-Cap 400 Growth ETF

MDYG SPDR S&P 400 Mid Cap Growth ETF

IVOG Vanguard S&P Mid-Cap 400 Growth ETF

▶ 가치 기업 중심의 S&P 400 지수를 추종하는 ETF

RFV Invesco S&P MidCap 400 Pure Value ETF

IJJ iShares S&P MidCap 400 Value ETF

MDYV SPDR S&P 400 Mid Cap Value ETF

IVOV Vanguard S&P Mid-Cap 400 Index Fund

▶ 정방향(S&P400 지수가 상승할 때 수익)

MVV ProShares Ultra MidCap400 Daily Target: 2x (정방향 2배)

MIDU Direxion Daily Mid Cap Bull 3X Shares Daily Target: 3x (정방향 3배)

UMDD ProShares UltraPro MidCap 400 Fund Daily Target: 3x (정방향 3배)

▶ 역방향(S&P400 지수가 하락할 때 수익)

MYY ProShares Short MidCap400 Daily Target: −1x (역방향 1배)

MZZ ProShares UltraShort MidCap400 Daily Target: −2x (역방향 2배)

SMDD ProShares UltraPro Short MidCap400 Daily Target: −3x (역방향 3배)

S&P600 (S&P SmallCap 600)

S&P600은 소형주로 구성하는 지수로 금융, 기술, 산업 및 헬스케어 부문에 비중을 두고 있으며 다른 부문(소재, 에너지, 유틸리티 등)은 비중이 적다. 러셀 2000(Russell 2000)과 매우 유사한 지수이다.

▶ S&P600 지수를 추종하는 ETF (운용사별)

IJR iShares Core S&P Small-Cap ETF

RWJ Invesco S&P SmallCap Revenue ETF

SLY SPDR S&P 600 Small Cap ETF

VIOO Vanguard S&P Small-Cap 600 Index Fund

▶ 매출에 따라 단순 가중치를 부여하는 ETF

RWJ Invesco S&P SmallCap Revenue ETF

▶ 성장 기업 중심의 S&P600 지수를 추종하는 ETF (운용사별)

RZG Invesco S&P SmallCap 600 Pure Growth ETF

IJT iShares S&P SmallCap 600 Growth ETF

SLYG SPDR S&P 600 Small Cap Growth ETF

VIOG Vanguard S&P Small-Cap 600 Growth Index Fund

▶ 가치 기업 중심의 S&P600 지수를 추종하는 ETF

RZV Invesco S&P SmallCap 600 Pure Value ETF

IJS iShares S&P Small-Cap 600 Value ETF

SLYV SPDR S&P 600 Small Cap Value ETF

VIOV Vanguard S&P Small-Cap 600 Value Index Fund

▶ 정방향(S&P600 지수가 상승할 때 수익)

SAA ProShares Ultra SmallCap600 Daily Target: 2x (정방향 2배)

▶ 역방향(S&P600 지수가 하락할 때 수익)

SBB ProShares Short SmallCap600 Daily Target: −1x (역방향 1배)

SDD ProShares UltraShort SmallCap600 Daily Target: −2x (역방향 2배)

NASDAQ100

QQQ Invesco QQQ Trust 나스닥100 지수를 추종하는 ETF

ONEQ Fidelity Nasdaq Composite Index ETF 나스닥 종합지수 추종 ETF(나스닥100 지수는 나스닥 종합지수에서 금융과 에너지가 제외된 지수이다.)

▶ 역방향(나스닥 100 지수가 하락할 때 수익)

PSQ ProShares Short QQQ Daily Target: −1x (역방향 1배)

QID ProShares UltraShort QQQ Daily Target: −2x (역방향 2배)

SQQQ ProShares UltraPro Short QQQ Daily Target: −3x (역방향 3배)

▶ 정방향(나스닥100 지수가 상승할 때 수익)

QLD ProShares Ultra QQQ Daily Target: 2x (정방향 2배)

TQQQ ProShares UltraPro QQQ Fund Daily Target: 3x (정방향 3배)

▶ 동일 비중 중심의 나스닥100 지수를 추종하는 ETF

QQQE Direxion NASDAQ-100 Equal Weighted Index Shares

QQEW First Trust NASDAQ-100 Equal Weighted Index Fund

▶ 기술 업종을 제외한 나스닥100 지수를 추종하는 ETF

QQXT First Trust NASDAQ-100 Ex-Technology Sector Index Fund

▶ 시가총액 기준으로 31위에서 100위까지의 나스닥 100 지수 기업들의 지수를 추종하는 ETF

QNXT iShares Nasdaq-100 ex Top 30 ETF

▶나스닥100 지수 커버드콜 ETF

QYLG Global X Nasdaq 100 Covered Call & Growth ETF

QYLD Global X NASDAQ 100 Covered Call ETF

러셀1000은 약 1000개의 미국 주요 기업(시가총액 기준)으로 구성되어 있으며 미국 주식시장의 성과를 추적하도록 설계됐다. 러셀1000에 포함된 대표적인 회사로는 애플, 엑손모빌, 마이크로소프트, 존슨 앤 드존슨, 웰스 파고, 프록터앤드갬블 등이 있다.

▶ 러셀1000 지수를 추종하는 ETF (운용사별)

DEUS Xtrackers Russell US Multifactor ETF

IWB iShares Russell 1000 ETF

VONE Vanguard Russell 1000 Index Fund

▶ Value, Momentum, Size, Low volatility, Quality 중점 선별 ETF

DEUS Xtrackers Russell US Multifactor ETF

OMFL Invesco Russell 1000 Dynamic Multifactor ETF

▶ Value, Size, Quality 그리고 배당수익률 중점 선별 ETF

ONEY SPDR Russell 1000 Yield Focus ETF

▶ 동일 비중 중심의 러셀1000 지수를 추종하는 ETF

EQAL Invesco Russell 1000 Equal Weight ETF

▶ 성장 기업 중심의 러셀1000 지수를 추종하는 ETF (운용사별)

IWF iShares Russell 1000 Growth ETF

VONG Vanguard Russell 1000 Growth Index Fund

▶ 모멘텀 기업 중심의 러셀1000 지수를 추종하는 ETF

ONEO SPDR Russell 1000 Momentum Focus ETF

▶ 가치 기업 중심의 러셀1000 지수를 추종하는 ETF(운용사별)

IWD iShares Russell 1000 Value ETF

VONV Vanguard Russell 1000 Value Index Fund

▶ 저변동성 기업 중심의 러셀1000 지수를 추종하는 ETF(운용사별)

LGLV SPDR SSGA US Large Cap Low Volatility Index Fund

ONEV SPDR Russell 1000 Low Volatility Focus ETF

Russell2000

러셀2000은 소형주를 추적하는 지수로 러셀3000 가운데서도 규모가 작은 2000개의 회사를 포함한다.

▶ 러셀2000 지수를 추종하는 ETF (운용사별)

IWM iShares Russell 2000 ETF

VTWO Vanguard Russell 2000 Index Fund

RSSL Global X Russell 2000 ETF

▶ 정방향(러셀2000 지수가 상승할 때 수익)

TNA Direxion Daily Small Cap Bull 3X Shares Daily Target: 3x (정방향 3배)

UWM ProShares Ultra Russell 2000 Daily Target: 2x (정방향 2배)

URTY ProShares UltraPro Russell 2000 Daily Target: 3x (정방향 3배)

▶ 역방향(러셀2000 지수가 하락할 때 수익)

RWM ProShares Short Russell 2000 Daily Target: −1x (역방향 1배)

TWM ProShares UltraShort Russell 2000 Daily Target: −2x (역방향 2배)

TZA Direxion Daily Small Cap Bear 3X Shares Daily Target: −3x (역방향 3배)

SRTY ProShares UltraPro Short Russell2000 Daily Target: −3x (역방향 3배)

▶ 배당 기업 중심의 러셀2000 지수를 추종하는 ETF

SMDV ProShares Russell 2000 Dividend Growers ETF

▶ 성장 기업 중심의 러셀2000 지수를 추종하는 ETF (운용사별)

IWO iShares Russell 2000 Growth ETF

VTWG Vanguard Russell 2000 Growth Index Fund

▶ 가치 기업 중심의 러셀2000 지수를 추종하는 ETF (운용사별)

IWN   iShares Russell 2000 Value ETF

VTWV Vanguard Russell 2000 Value Index Fund

Russell3000

러셀3000은 시가 총액 기준으로 3000개의 미국 최대 기업으로 구성되며 광범위한 미국 주식시장의 성
과를 추적하도록 설계됐다. 러셀3000은 미국 주식시장의 거의 98%를 차지한다.

▶ 러셀3000 지수를 추종하는 ETF (운용사별)

IWV   iShares Russell 3000 ETF

VTHR Vanguard Russell 3000 Index Fund

▶ 성장 기업 중심의 러셀3000 지수를 추종하는 ETF

IUSG iShares Core S&P U.S. Growth ETF

▶ 가치 기업 중심의 러셀3000 지수를 추종하는 ETF

IUSV iShares Core S&P U.S. Value ETF

이머징마켓 ETF

이머징마켓

EMCR Xtrackers Emerging Markets Carbon Reduction and Climate Improvers ETF 온실 가스 배출 감소를 추구하는 기업들로 구성

FEM First Trust Emerging Markets AlphaDEX Fund 중국 비중이 큰 ETF

RFEM First Trust RiverFront Dynamic Emerging Markets ETF 홍콩 비중이 큰 ETF

TLTE FlexShares Morningstar Emerging Market Factor Tilt Index Fund 중국, 대만, 한국 비중이 큰 ETF

IEMG iShares Core MSCI Emerging Markets ETF 중국, 대만, 한국 비중이 큰 ETF

EMGF iShares Emerging Markets Equity Factor ETF Value, Momentum, Smaller Size, Low volatility, Quality 중점 선별 ETF

EEM iShares MSCI Emerging Markets ETF 중국, 대만, 한국 비중이 큰 ETF

JPEM JPMorgan Diversified Return Emerging Markets Equity ETF 중국과 대만의 비중이 큰 ETF

ROAM Hartford Multifactor Emerging Markets ETF 가치, 모멘텀 및 질적 특성이 뛰어난 200개 종목에 투자

PXH Invesco FTSE RAFI Emerging Markets ETF 중국, 브라질, 대만 비중이 큰 ETF

SCHE Schwab Emerging Markets Equity ETF 중국, 브라질, 인도, 대만과 남아프리카공화국의 비중이 큰 ETF

FNDE Schwab Fundamental Emerging Markets Large Company Index 이머징마켓 국가 중 규모가 큰 기업의 비중이 큰 ETF

QEMM SPDR MSCI Emerging Markets StrategicFactors ETF 중국, 대만, 한국 비중이 큰 ETF

VWO Vanguard Emerging Markets Stock Index Fund 중국 비중이 큰 ETF

▶ 정방향 레버리지

EDC Direxion Daily Emerging Markets Bull 3x Shares (정방향 3배)

EET ProShares Ultra MSCI Emerging Markets (정방향 2배)

▶ 역방향 레버리지

EDZ Direxion Daily MSCI Emerging Markets Bear 3x Shares (역방향 3배)

EUM ProShares Short MSCI Emerging Markets (역방향 1배)

EEV ProShares UltraShort MSCI Emerging Markets (역방향 2배)

국가별 ETF

아르헨티나

ARGT Global X MSCI Argentina 20 ETF

오스트리아

EWO iShares MSCI Austria ETF

벨기에

EWK iShares MSCI Belgium ETF

브라질

FBZ First Trust Brazil AlphaDEX Fund

EWZ iShares MSCI Brazil ETF

▶ 브라질 소형주 ETF

EWZS iShares MSCI Brazil Small-Cap ETF

BRF VanEck Brazil Small-Cap ETF

▶ 브라질 레버리지 ETF

BRZU Direxion Daily Brazil Bull 2X Shares 2x daily target (정방향 2배)

UBR ProShares Ultra MSCI Brazil Capped 2x daily target (정방향 2배)

BZQ ProShares UltraShort MSCI Brazil Capped −2x daily target (역방향 2배)

EWC iShares MSCI Canada ETF

FLCA Franklin FTSE Canada ETF

▶ 캐나다 회사의 비중이 큰 ETF

COPX Global X Copper Miners ETF

ASHR X-trackers Harvest CSI 300 China A-Shares ETF A주 시장에서 가장 유동성이 큰 대기업이 편입

FCA First Trust China AlphaDEX ETF 특정한 펀더멘탈 요건에 부합하는 중국기업이 편입

FXI iShares China Large-Cap ETF 중국의 대형주 위주로 편입

MCHI iShares MSCI China ETF 중국의 내기업, 중기업이 편입

KBA KraneShares Bosera MSCI China A 50 Conner Index ETF 상해 및 심천거래소 상장된 대기업 및 중국기업이 편입

KWEB KraneShares CSI New China Internet ETF 중국의 인터넷 관련 기업이 편입

PGJ Invesco Golden Dragon Halter USX China ETF 미국 시장에 상장된 중국기업들이 편입

GXC SPDR S&P China ETF 외국인 투자자의 비중이 높은 중국기업이 편입

▶ 중국 업종별 ETF

CHIQ Global X MSCI China Consumer Discretionary ETF 음식료, 담배, 소매, 자동차 업종이 비중이 큰 ETF

CQQQ Invesco China Technology ETF 기술주 ETF

▶ 중국 소형주 ETF

ECNS iShares MSCI China Small-Cap ETF

CNXT VanEck ChiNext ETF

▶ 중국 레버리지 ETF

YINN Direxion Daily FTSE China Bull 3X Shares Daily target: 3x (정방향 3배)

XPP ProShares Ultra FTSE China 50 Daily target: 2x (정방향 2배)

YANG Direxion Daily FTSE China Bear 3X Shares Daily target: −3x (역방향 3배)

YXI ProShares Short FTSE China 50 Daily target: −1x (역방향 1배)

FXP ProShares UltraShort FTSE China 50 Daily target: −2x (역방향 2배)

콜롬비아

GXG Global X MSCI Columbia ETF

덴마크

EDEN iShares MSCI Denmark ETF

핀란드

EFNL iShares MSCI Finland ETF

프랑스

EWQ iShares MSCI France ETF

▶ 프랑스 비중이 큰 ETF

DBEZ X-trackers MSCI Eurozone Hedged Equity ETF

HEZU iShares Currency Hedged MSCI Eurozone ETF

EZU iShares MSCI Eurozone ETF

FEZ SPDR EURO STOXX 50 ETF

FEUZ First Trust Eurozone AlphaDex ETF

독일

FGM First Trust Germany AlphaDex ETF

EWG iShares MSCI Germany ETF 가장 많이 거래된 독일 ETF

DAX Global X DAX Germany ETF 독일의 블루칩 기업들이 포함되어 있는 DAX 지수에 기초

FLGR Franklin FTSE Germany ETF

▶ 독일 소형주 ETF

EWGS iShares MSCI Germany Small-Cap ETF

그리스

GREK Global X MSCI Greece ETF

홍콩

EWH iShares MSCI Hong Kong ETF

인도

FNI First Trust Chindia ETF 인도와 중국기업 편입

INDY iShares India 50 ETF 인도의 대기업 편입

INDA iShares MSCI India ETF 인도의 대기업, 중기업이 편입

PIN Invesco India ETF 인도의 대기업 편입

EPI WisdomTree India Earnings ETF 직전 회계연도 기준으로 선별된 회사 편입

SMIN iShares MSCI India Small-Cap ETF

▶ 인도 업종별 ETF

INCO Columbia India Consumer ETF 인도에 상장된 30개 소비재 기업 편입

INDF Range India Financials ETF 상위 20개 인도 금융 서비스 회사 편입

INQQ INQQ The India Internet ETF 인도의 인터넷 및 전자 상거래 기술 중심 기업 편입

▶ **인도 레버리지 ETF**

INDL Direxion Daily MSCI India Bull 2X Shares Daily Target: 2X (정방향 2배)

인도네시아

EIDO iShares MSCI Indonesia ETF

IDX VanEck Indonesia Index ETF

아일랜드

EIRL iShares MSCI Ireland ETF

이스라엘

EIS iShares MSCI Israel ETF

ISRA VanEck Israel ETF

이탈리아

EWI iShares MSCI Italy ETF

일본

GSJY Goldman Sachs ActiveBeta Japan Equity ETF

JPXN iShares JPX-Nikkei 400 ETF

FJP First Trust Japan AlphaDEX Fund

EWJ iShares MSCI Japan ETF

FLJP Franklin FTSE Japan ETF

JPAN Matthews Japan Active ETF

▶ **일본 환헷지 ETF**

DBJP X-trackers MSCI Japan Hedged Equity ETF

HEWJ iShares Currency Hedged MSCI Japan ETF

DXJ WisdomTree Japan Hedged Equity Fund 배당주 편입

▶ **일본 소형주 ETF**

SCJ iShares MSCI Japan Small-Cap ETF

DXJS WisdomTree Japan Hedged SmallCap Equity Fund

DFJ WisdomTree Japan SmallCap Dividend Fund

▶ **일본 레버리지 ETF**

EZJ ProShares Ultra MSCI Japan Daily Target: 2x (정방향 2배)

EWV ProShares UltraShort MSCI Japan Daily Target: −2x (역방향 2배)

말레이시아

EWM iShares MSCI Malaysia ETF

멕시코

EWW iShares MSCI Mexico ETF

네덜란드

EWN iShares MSCI Netherlands ETF

뉴질랜드

ENZL iShares MSCI New Zealand ETF

노르웨이

NORW Global X MSCI Norway ETF

ENOR iShares MSCI Norway ETF

페루

EPU iShares MSCI Peru ETF

필리핀

EPHE iShares MSCI Philippines ETF

폴란드

EPOL iShares MSCI Poland ETF

카타르

QAT iShares MSCI Qatar ETF

싱가포르

EWS iShares MSCI Singapore ETF

남아프리카공화국

EZA iShares MSCI South Africa ETF

한국

EWY iShares MSCI South Korea ETF

▶ 한국 레버리지 ETF

KORU Direxion Daily South Korea Bull 3X Shares (정방향 3배)

스페인

EWP iShares MSCI Spain ETF

스웨덴

EWD iShares MSCI Sweden ETF

스위스

FSZ First Trust Switzerland AlphaDEX Fund

EWL iShares MSCI Switzerland ETF

FLSW Franklin FTSE Switzerland ETF

대만

EWT iShares MSCI Taiwan ETF

태국

THD iShares MSCI Thailand ETF

아랍에미리트

UAE iShares MSCI UAE ETF

영국

EWU iShares MSCI United Kingdom ETF

▶ 영국 소형주 ETF

EWUS iShares MSCI United Kingdom Smal-Cap ETF

베트남

VNM VanEck Vietnam ETF

VNAM Global X MSCI Vietnam ETF

AFK VanEck Africa Index ETF

상품별 ETF

농산물

PDBA Invesco Agriculture Commodity Strategy No K-1 ETF 농업 부문 전반의 11개 상
품에 대한 선물 계약

DBA Invesco DB Agriculture Fund

전체 상품

FTGC First Trust Global Tactical Commodity Strategy Fund

GCC Wisdomtree Enhanced Commodity Strategy Fund

DJP iPath Bloomberg Commodity Index Total Return (SM) ETN

GSG iShares S&P GSCI Commodity-Indexed Trust

DBC Invesco DB Commodity Index Tracking Fund

PDBC Invesco DB Optimum Yield Diversified Commodity Strategy No K-1 ETF

USCI United States Commodity Index Fund 선물 계약 가중치가 동일함

BCI abrdn Bloomberg All Commodity Strategy K-1 Free ETF 농업, 에너지, 축산, 금속
섹터의 최대 25개 상품 선물 계약이 포함

구리

CPER United States Copper Index Fund

CPXR USCF Daily Target 2X Copper Index ETF (정방향 2배)

옥수수

CORN Teucrium Corn Fund

CXRN Teucrium 2x Daily Corn ETF

OILK ProShares K1 Free Crude Oil Strategy ETF

DBO Invesco DB Oil Fund 서부텍사스중질유(WTI) 선물

USL United States 12 Month Oil Fund 서부텍사스중질유(WTI) 선물

BNO United States Brent Oil Fund

USO United States Oil Fund

▶ 오일 레버리지 ETF

UCO ProShares Ultra Bloomberg Crude Oil Daily Target: 2x (정방향 2배)

SCO ProShares UltraShort Bloomberg Crude Oil -2x Shares: 2X (역방향 2배)

UGA The United States Gasoline Fund

UNL The United States 12 Month Natural Gas Fund

UNG The United States Natural Gas Fund

FCG First Trust Natural Gas ETF

▶ 천연가스 레버리지 ETF

BOIL ProShares Ultra Bloomberg Natural Gas Daily Target: 2x (정방향 2배)

KOLD ProShares UltraShort Bloomberg Natural Gas Daily Target: −2x (역방향 2배)

FMF First Trust Managed Futures Strategy Fund 원자재(50%), 통화(25%) 및 주가지수

(25%) 지수의 선물

금

GLDI Credit Suisse X-Links Gold Shares Covered Call ETN

SGOL Abrdn Physical Gold Shares ETF

IAU iShares Gold Trust

OUNZ VanEck Merk Gold Trust

GLD SPDR Gold Shares

AAAU Goldman Sachs Physical Gold ETF AAAU는 영국에 위치한 금고에 보관된 골드바
를 사용하여 비용과 부채를 제외한 금 현물 가격을 추적

▶ 금 정방향 레버리지 ETF

DGP DB Gold Double Long ETN (정방향 2배)

UGL ProShares Ultra Gold (정방향 2배)

SHNY MicroSectors Gold 3X Leveraged ETNs (정방향 3배)

▶ 금 역방향 레버리지 ETF

DGZ DB Gold Short ETN (역방향 2배)

DZZ DB Gold Double Short ETN (역방향 2배)

GLL ProShares UltraShort Gold (역방향 2배)

DULL MicroSectors Gold -3X Inverse Leveraged ETNs (역방향 3배)

콩

SOYB Teucrium Soybean Fund

밀

WEAT Teucrium Wheat Fund

비철금속

DBB Invesco DB Base Metals Fund 알루미늄, 구리, 아연

플래티늄, 팔라듐

PALL Abrdn Physical Palladium Shares ETF

은

SIVR Abrdn Physical Silver Shares ETF

SLV iShares Silver Trust

▶ **은 커버드콜 전략 ETF**

SLVO Credit Suisse X-links Silver Shares Covered Call ETN

▶ **은 정방향 레버리지 ETF**

AGQ ProShares Ultra Silver Daily Target: 2x (정방향 2배)

▶ **은 역방향 레버리지 ETF**

ZSL ProShares UltraShort Silver Daily Target: −2x (역방향 2배)

귀금속

GLTR Abrdn Physical Precious Metal Basket Shares ETF 금, 은, 팔라듐, 플래티늄

DBP Invesco DB Precious Metals Fund 금, 은

설탕

CANE Teucrium Sugar Fund 설탕 선물 계약 지수를 추적

통화 ETF

호주 달러

FXA Invesco CurrencyShares Australian Dollar Trust

영국 파운드화

FXB Invesco CurrencyShares British Pound Sterling Trust

캐나다 달러

FXC Invesco CurrencyShares Canadian Dollar Trust

일본 엔화

FXY Invesco CurrencyShares Japanese Yen Trust

▶ 일본 엔화 레버리지 ETF

YCL ProShares Ultra Yen (정방향 2배)

YCS ProShares UltraShort Yen (역방향 2배)

스위스 프랑

FXF Invesco CurrencyShares Swiss Franc Trust

유로

FXE Invesco CurrencyShares Euro Trust

367

▶ 유로화 레버리지 ETF

ULE ProShares Ultra Euro (정방향 2배)

EUO ProShares UltraShort Euro (역방향 2배)

미국 달러

UDN Invesco DB US Dollar Bearish Fund 달러 약세시

UUP Invesco DB US Dollar Index Bullish Fund 달러 강세시

USDU WisdomTree Bloomberg U.S. Dollar Bullish Fund 달러 강세시

기타 지역

CEW WisdomTree Emerging Currency Fund 브라질 헤알, 칠레 페소, 중국 위안, 콜럼비아 페소, 인도 루피, 인도네시아 루피아, 한국 원, 멕시코 페소, 필리핀 페소, 폴란드 즈워티, 러시아 루블, 남아프리카 공화국 란드, 태국 바트, 터키 리라 편입

섹터별(미국 내) ETF

방위산업체

ITA iShares U.S. Aerospace & Defense ETF

XAR SPDR S&P Aerospace & Defense ETF

은행

QABA First Trust NASDAQ ABA Community Bank Index Fund

KBWR Invesco KBW Regional Bank ETF

KBWB Invesco KBW Banks ETF

KBE SPDR S&P Bank ETF

KRE SPDR S&P Regional Banking ETF

바이오테크

SBIO ALPS Medical Breakthroughs ETF 적어도 한 제품 이상이 FDA 임상실험 2상 ,3상 후
보로 올라간 회사가 편입, 1상은 제외)

BBC Virtus Lifesci Biotech Clinical Trials ETF FDA 임상실험 1상과 2상 혹은 3상에 신약후
보를 올린 회사가 편입

BBP Virtus Lifesci Biotech Products ETF 적어도 한 제품 이상이 FDA 임상실험에서 승인을
받았거나 후보를 올린 회사가 편입

FBT First Trust NYSE Arca Biotechnology Index Fund

IBB iShares Biotechnology ETF

BBH VanEck Biotech ETF

PBE Invesco Dynamic Biotechnology & Genome ETF

XBI SPDR S&P Biotech ETF

▶ 바이오테크 레버리지 ETF

BIB ProShares Ultra Nasdaq Biotechnology (정방향 2배)

LABU Direxion Daily S&P Biotech Bull 3X Shares (정방향 3배)

LABD Direxion Daily S&P Biotech Bear 3X Shares (역방향 3배)

사업 개발 회사 (Business Development Companies)

BIZD VanEck BDC Income ETF

자본시장 (Capital Market)

IAI iShares U.S. Broker-Dealers & Securities Exchanges ETF

KCE SPDR S&P Capital Markets ETF

클린 에너지

QCLN First Trust NASDAQ Clean Edge Green Energy Index Fund

PBW Invesco WilderHill Clean Energy ETF

ICLN iShares Global Clean Energy ETF

FRNW Fidelity Clean Energy ETF

건설

ITB iShares U.S. Home Construction ETF

XHB SPDR S&P Homebuilders ETF

PKB Invesco Dynamic Building & Construction Portfolio

▶ 건설 레버리지 ETF

NAIL Direxion Daily Homebuilders & Supplies Bull 3X Shares (정방향 3배)

임의소비재(Consumer Discretionary)

XLY Consumer Discretionary Select Sector SPDR Fund

FDIS Fidelity MSCI Consumer Discretionary Index ETF

FXD First Trust Consumer Discretionary AlphaDEX Fund

IYC iShares U.S. Consumer Discretionary ETF

VCR Vanguard Consumer Discretionary Fund

RSPD Invesco S&P 500 Equal Weight Consumer Discretionary ETF 시가총액 균등
방식 임의소비재 업종 ETF

▶ 임의소비재 소형주 ETF

PSCD Invesco S&P SmallCap Consumer Discretionary ETF

▶ 임의소비재 레버리지 ETF

UCC ProShares Ultra Consumer Services (전방향 2배)

SCC ProShares UltraShort Consumer Services (역방향 2배)

필수소비재 (Consumer Staples)

XLP Consumer Staples Select Sector SPDR Fund

FSTA Fidelity MSCI Consumer Staples Index ETF

FXG First Trust Consumer Staples AlphaDEX ETF

IYK iShares U. S. Consumer Staples ETF

PSL Invesco DWA Consumer Staples Momentum ETF

VDC Invesco S&P SmallCap Consumer Staples ETF

RSPS Invesco S&P 500 Equal Weight Consumer Staples ETF 시가총액 균등방식 필
수소비재 업종 ETF

▶ 필수소비재 소형주 ETF

PSCC Invesco S&P SmallCap Consumer Staples ETF

▶ 필수소비재 레버리지 ETF

UGE ProShares Ultra Consumer Goods (정방향 2배)

SZK ProShares UltraShort Consumer Goods (역방향 2배)

에너지

FENY Fidelity MSCI Energy Index ETF

FTXN First Trust Nasdaq Oil & Gas ETF

FXN First Trust Energy AlphaDEX ETF

IYE iShares U.S. Energy ETF

PXI Invesco DWA Energy Momentum ETF

XLE Energy Select Sector SPDR Fund

VDE Vanguard Energy Index Fund

RSPG Invesco S&P 500 Equal Weight Energy ETF 시가총액 균등방식 에너지 업종 ETF

▶ 다운스트림 ETF

CRAK VanEck Oil Refiners ETF

▶ 미드스트림(파이프라인) ETF

TPYP Tortoise North American Pipeline Fund

▶ 오일, 가스 탐사 및 생산 ETF

IEO iShares U.S. Oil & Gas Exploration & Production ETF

PXE Invesco Dynamic Energy Exploration & Production ETF

XOP SPDR S&P Oil & Gas Exploration & Production ETF

▶ 오일, 가스 서비스 및 장비 ETF

IEZ iShares U.S. Oil Equipment & Services ETF

OIH VanEck Oil Services ETF

PXJ Invesco Dynamic Oil & Gas Services ETF

XES SPDR S&P Oil & Gas Equipment & Services ETF

▶ 에너지 소형주 ETF

PSCE Invesco S&P SmallCap Energy ETF

▶ 에너지 정방향 레버리지 ETF

DIG ProShares Ultra Oil & Gas Daily Target: 2x (정방향 2배)

ERX Direxion Daily Energy Bull 2x Shares Daily Target: 2x (정방향 2배)

GUSH Direxion Daily S&P Oil & Gas Exp. & Prod. Bull 2X Shares (정방향 2배)

▶ 에너지 역방향 레버리지 ETF

DUG ProShares UltraShort Oil & Gas Daily Target: −2x (역방향 2배)

ERY Direxion Daily Energy Bear 2X ETF Daily Target: −2x (역방향 2배)

DRIP Direxion Daily S&P Oil & Gas Exp. & Prod. Bear 2X Shares (역방향 2배)

환경 서비스

EVX VanEck Environmental Services ETF

EFRA iShares Environmental Infrastructure and Industrials ETF

ETEC iShares Breakthrough Environmental Solutions ETF

금융

FNCL Fidelity MSCI Financials Index ETF

XLF Financial Select Sector SPDR Fund

FXO First Trust Financials AlphaDEX Fund

IYF iShares U.S. Financials ETF

IYG iShares U.S. Financial Services ETF

PFI Invesco DWA Financial Momentum ETF 최근 강세를 보이는 회사들

VFH Vanguard Financials Index Fund

RSPF Invesco S&P 500 Equal Weight Financials ETF 시가총액 균등방식 금융 업종 ETF

▶ 금융 배당주 ETF

KBWD Invesco KBW High Dividend Yield Financial ETF

▶ 금융 소형주 ETF

PSCF Invesco S&P SmallCap Financials ETF

▶ 금융 정방향 레버리지 ETF

UYG ProShares Ultra Financials Daily Target: 2x (정방향 2배)

FAS Direxion Daily Financial Bull 3X ETF Daily Target: 3x (정방향 3배)

▶ 금융 역방향 레버리지 ETF

SEF ProShares Short Financials Daily Target: −1x (역방향 1배)

SKF ProShares UltraShort Financials Daily Target: −2x (역방향 2배)

FAZ Direxion Daily Financial Bear 3X Shares Daily Target: −3x (역방향 3배)

식음료

PBJ Invesco Dynamic Food & Beverage ETF

헬스케어

FHLC Fidelity MSCI Health Care Index ETF

FXH First Trust Health Care AlphaDEX Fund

XLV Health Care Select Sector SPDR Fund

IYH iShares U.S. Healthcare ETF

PTH Invesco DWA Healthcare Momentum ETF 강세를 보이는 기업 중심

VHT Vanguard Health Care Index Fund

PINK Simplify Health Care ETF

▶ 암 관련 기업 ETF

CNCR Loncar Cancer Immunotherapy ETF

▶ 헬스케어 중 의료장비(수술 관련 장비) ETF

IHI iShares U.S. Medical Devices ETF

MDEV First Trust Indxx Medical Devices ETF

▶ 헬스케어 소형주 ETF

PSCH Invesco S&P SmallCap Health Care ETF

XHE SPDR S&P Health Care Equipment ETF

▶ 헬스케어 서비스 ETF

IHF iShares U.S. Health Care Providers ETF

XHS SPDR S&P Health Care Services ETF

▶ 헬스케어 레버리지 ETF

RXL ProShares Ultra Health Care Daily Target: 2x (정방향 2배)

RXD ProShares UltraShort Health Care Daily Target: −2x (역방향 2배)

보험

IAK iShares U.S. Insurance ETF

KIE SPDR S&P Insurance ETF

KBWP Invesco KBW Property & Casualty Insurance ETF

산업

FIDU Fidelity MSCI Industrials Index ETF

FXR First Trust Industrials/Producer Durables AlphaDEX Fund

AIRR First Trust RBA American Industrial RenaissanceTM ETF

XLI Industrial Select Sector SPDR Fund

IYJ iShares U.S. Industrial ETF

VIS Vanguard Industrials Index Fund

RSPN Invesco S&P 500 Equal Weight Industrials ETF 시가총액 균등방식 산업재 업종

ETF

▶ 산업 업종 소형주 ETF

PSCI Invesco S&P SmallCap Industrials Portfolio

▶ 산업 업종 레버리지 ETF

UXI ProShares Ultra Industrials Daily Target: 2x (정방향 2배)

SIJ ProShares UltraShort Industrials Daily Target: −2x (역방향 2배)

DUSL Direxion Daily Industrials Bull 3X Shares (정방향 3배)

레저 및 엔터테인먼트

PEJ Invesco Dynamic Leisure & Entertainment ETF

원자재

FMAT Fidelity MSCI Materials Index ETF

FXZ First Trust Materials AlphaDEX Fund

IYM iShares U.S. Basic Materials ETF

XLB Materials Select Sector SPDR Fund

PYZ Invesco DWA Basic Materials Momentum ETF 강세를 보이는 기업 중심

VAW Vanguard Materials Index Fund

RSPM Invesco S&P 500 Equal Weight Materials ETF 시가총액 균등방식 원자재 업종

ETF

▶ 원자재 소형주 ETF

PSCM Invesco S&P SmallCap Materials ETF

▶ 원자재 레버리지 ETF

UYM ProShares Ultra Basic Materials Daily Target: 2x (정방향 2배)

SMN ProShares UltraShort Basic Materials Daily Target: −2x (역방향 2배)

마스터유한회사(MLP)

EMLP First Trust North American Energy Infrastructure Fund 캐나다와 미국의 에너지 공

급업체, 전력공급업체 중심

MLPA Global X MLP ETF

▶ 마스터유한회사 중 오일, 가스 공급 ETF

AMLP Alerian MLP ETF 캐나다와 미국 회사

ENFR Alerian Energy Infrastructure ETF

MLPX Global X MLP & Energy Infrastructure ETF

AMZA InfraCap MLP ETF

▶ 마스터유한회사 ETN

ATMP Barclays ETN+ Select MLP ETN

AMJB Alerian MLP Index ETNs

제약주

FTXH First Trust Nasdaq Pharmaceuticals ETF

IHE iShares U.S. Pharmaceuticals ETF

PPH VanEck Pharmaceutical ETF

PJP Invesco Dynamic Pharmaceuticals ETF

XPH SPDR S&P Pharmaceuticals ETF

▶ 제약주 정방향 레버리지 ETF

PILL Direxion Daily Pharmaceutical & Medical Bull 3X Shares ETF

FREL Fidelity MSCI Real Estate Index ETF

FRI First Trust S&P REIT Index Fund

ICF iShares Cohen & Steers REIT ETF 미국의 대표적인 리츠회사 편입

USRT iShares Core U.S. REIT ETF

REZ iShares Residential Real Estate ETF 레지던스, 헬스케어 및 창고 리츠회사 편입

IYR iShares U.S. Real Estate ETF

SCHH Schwab U.S. REIT ETF

RWR SPDR Dow Jones REIT ETF

VNQ Vanguard Real Estate Index Fund

XLRE Real Estate Select Sector SPDR Fund

RSPR Invesco S&P 500 Equal Weight Real Estate ETF 시가총액 균등방식 부동산 업
종 ETF

▶ 부동산 소형주 ETF

KBWP Invesco KBW Property&Casualty Insurance ETF

▶ 부동산 정방향 레버리지 ETF, ETN

DRN Direxion Daily Real Estate Bull 3x Shares Daily Target: 3x (정방향 3배)

▶ 부동산 역방향 레버리지 ETF

REK ProShares Short Real Estate Daily Target: −1x (역방향 1배)

SRS ProShares UltraShort Real Estate Daily Target: −2x (역방향 2배)

XRT SPDR S&P Retail ETF

▶ 소매 정방향 레버리지 ETF

RETL Direxion Daily Retail Bull 3X Shares Daily Target: 3x (정방향 3배)

SOXX iShares Semiconductor ETF

SMH VanEck Semiconductor ETF

PSI Invesco Dynamic Semiconductors ETF

XSD SPDR S&P Semiconductor ETF

CHPS Xtrackers Semiconductor Select Equity ETF

▶ 반도체 정방향 레버리지 ETF

USD ProShares Ultra Semiconductors 2X Shares: 2X (정방향 2배)

SOXL Direxion Daily Semiconductor Bull 3X Shares Daily Target: 3x (정방향 3배)

▶ 반도체 정방향 레버리지 ETF

SSG ProShares UltraShort Semiconductors -2x Shares: −2X (역방향 2배)

SOXS Direxion Daily Semiconductor Bear 3X Shares (Daily Target: −3x (역방향 3배))

기술

FTEC Fidelity MSCI Information Technology Index ETF

QTEC First Trust NASDAQ-100 Technology Sector Index Fund

IGM iShares Expanded Tech Sector ETF

XT iShares Exponential Technologies ETF

IYW iShares U.S. Technology ETF

PTF Invesco DWA Technology Momentum Portfolio 최근 강세를 보이는 기업 중심

XLK Technology Select Sector SPDR Fund

VGT Vanguard Information Technology Index Fund

▶ 기술주 중 배당주 ETF

TDIV First Trust NASDAQ Technology Dividend Index Fund

379

▶ 기술주 중 소형주 ETF

PSCT Invesco S&P SmallCap Information Technology ETF

▶ 클라우드 컴퓨팅 ETF

SKYY First Trust Cloud Computing ETF

▶ 인터넷 ETF

FDN First Trust Dow Jones Internet Index Fund

PNQI Invesco NASDAQ Internet ETF

▶ 인터넷 정방향 레버리지ETF

WEBL Direxion Daily Dow Jones Internet Bull 3X Shares (정방향 3배)

▶ 인터넷 역방향 레버리지ETF

WEBS Direxion Daily Dow Jones Internet Bear -3X Shares (역방향 3배)

▶ 핀테크 ETF

FINX Global X FinTech ETF

ARKF ARK Fintech Innovation ETF

BPAY iShares FinTech Active ETF

▶ 사이버보안 ETF

CIBR First Trust NASDAQ Cybersecurity ETF

BUG Global X Cybersecurity ETF

HACK Amplify Cybersecurity ETF

IHAK iShares Cybersecurity and Tech ETF

PSWD Xtrackers Cybersecurity Select Equity ETF

SPAM Themes Cybersecurity ETF

WCBR WisdomTree Cybersecurity Fund

▶ 사이버보안 레버리지ETF

UCYB ProShares Ultra Nasdaq Cybersecurity ETF 2x Shares (정방향 2배)

▶ 사물인터넷 ETF

SNSR Global X Internet of Things ETF

▶ 모바일결제 ETF

IPAY ETFMG Prime Mobile Payments ETF

▶ 소프트웨어 ETF

IGV iShares Expanded Tech-Software Sector ETF

XSW SPDR S&P Software & Services ETF

IGPT Invesco AI and Next Gen Software ETF

▶ 기술주 레버리지 ETF

ROM ProShares Ultra Technology Daily Target: 2x (정방향 2배)

TECL Direxion Daily Technology Bull 3X Shares Daily Target: 3x (정방향 3배)

REW ProShares UltraShort Technology Daily Target: −2x (역방향 2배)

TECS Direxion Daily Technology Bear 3X Shares Daily Target: −3x (역방향 3배)

통신

FCOM Fidelity MSCI Telecommunications Services Index ETF

IYZ iShares U.S. Telecommunications ETF

XTL SPDR S&P Telecom ETF

VOX Vanguard Telecommunication Services Index Fund

운송

IYT iShares Transportation Average ETF

XTN SPDR S&P Transportation ETF

▶ 운송 레버리지 ETF

TPOR Direxion Daily Transportation Bull 3X Shares (정방향3배)

FUTY Fidelity MSCI Utilities Index ETF

GRID First Trust NASDAQ Clean Edge Smart Grid Infrastructure Index Fund 전력
  회사와 관련 있는 기업 중심

FXU First Trust Utilities AlphaDEX Fund

IDU iShares U.S. Utilities ETF

PUI Invesco DWA Utilities Momentum ETF 최근 강세를 보이는 기업 중심

XLU SPDR Utilities Select Sector SPDR Fund

VPU Vanguard Utilities Index Fund

UTES Virtue Reaves Utilities ETF

RSPU Invesco S&P 500 Equal Weight Utilities ETF 시가총액 균등방식 유틸리티 업종 ETF

▶ 유틸리티 소형주 ETF

PSCU Invesco S&P SmallCap Utilities&Communication Service ETF

▶ 유틸리티 레버리지 ETF

UPW ProShares Ultra Utilities Daily Target: 2x (정방향 2배)

SDP ProShares UltraShort Utilities Daily Target: -2x (역방향 2배)

섹터별(글로벌) ETF

글로벌 농산물

FTAG First Trust Indxx Global Agriculture ETF

VEGI iShares MSCI Global Agriculture Producers ETF 미국회사가 주로 편입

MOO VanEck Agribusiness ETF 미국회사가 주로 편입

글로벌 자동차

CARZ First Trust S-Network Future Vehicles&Technology ETF 일본, 독일, 미국 자동차
회사 주로 편입

글로벌 클린 에너지

ETHO Etho Climate Leadership U.S. ETF

ICLN iShares Global Clean Energy ETF 중국과 미국 기업 위주로 편입

PBD Invesco Global Clean Energy ETF 중국과 미국 기업 위주로 편입

SPYX SPDR S&P500 Fossil Fuel Reserve Free ETF

▶ 태양열 ETF

TAN Invesco Solar ETF 중국, 홍콩, 미국 기업 위주로 편입

▶ 풍력 ETF

FAN First Trust Global Wind Energy ETF

▶ 저탄소 ETF

CRBN iShares MSCI ACWI Low Carbon Target ETF 미국 기업 위주로 편입

글로벌 임의소비재

RXI iShares Global Consumer Discretionary ETF 미국 포함

▶ **그밖의 글로벌 소비재 ETF**

ECON Columbia Emerging Markets Consumer ETF

INCO Columbia India Consumer ETF

글로벌 필수소비재

KXI iShares Global Consumer Staples ETF

글로벌 금융

IXG iShares Global Financials ETF 미국 포함

EUFN iShares MSCI Europe Financials ETF

글로벌 게임

BJK VanEck Gaming ETF 미국 기업 위주로 편입

글로벌 금광

SGDJ Sprott Junior Gold Miners ETF

GDX VanEck Gold Miners ETF

GDXJ VanEck Junior Gold Miners Fund 중, 소기업 편입

RING iShares MSCI Global Gold Miners ETF 금과 귀금속 회사

SGDM Sprott Gold Miners ETF

▶ **글로벌 금광 레버리지 ETF**

NUGT Direxion Daily Gold Miners Index Bull 2X Shares （정방향 2배）

JDST Direxion Daily Junior Gold Miners Index Bear 2X Shares （역방향 2배）

DUST Direxion Daily Gold Miners Bear 2X Shares （역방향 2배）

IXJ iShares Global Healthcare ETF 미국 기업 편입

EXI iShares Global Industrials ETF 미국 포함

NFRA FlexShares STOXX Global Broad Infrastructure Index Fund

IGF iShares Global Infrastructure ETF

TOLZ ProShares DJ Brookfield Global Infrastructure ETF

GII SPDR S&P Global Infrastructure ETF

EMIF iShares Emerging Markets Infrastructure ETF

MXI iShares Global Materials ETF 미국 기업 편입

PICK iShares MSCI Global Metals & Mining Producers ETF 금과 은 제외, 주로 호주기업 위

주로 편입

▶ 구리 ETF

COPX Global X Copper Miners ETF 캐나다 위주

▶ 구리 ETF

LIT Global X Lithium&Battery Tech ETF 미국 위주

▶ 플래티늄 ETF

PLTM Graniteshares Platinum Index 캐나다와 남아프리카공화국 위주

▶ 희토류 ETF

REMX VanEck Rare Earth/Strategic Metals ETF

▶ 철강 ETF

SLX VanEck Steel ETF

▶ 우라늄 ETF

URA Global X Uranium ETF 캐나다 위주

NLR VanEck Uranium+Nuclear Energy ETF 미국 위주

글로벌 천연자원

FTRI First Trust Indxx Global Natural Resources Income ETF

GUNR FlexShares Morningstar Global Upstream Natural Resources Index Fund
미국과 영국의 기업 위주로 편입, 공급망을 보유한 자원 생산 기업 위주

CUT Invesco MSCI Global Timber ETF 미국과 브라질 위주

WOOD iShares Global Timber & Forestry ETF 미국 기업 위주, 목재나 임업 관련회사 편입

IGE iShares North America Natural Resources ETF 미국과 캐나다

HAP VanEck Natural Resources ETF 미국 위주

PHO Invesco Water Resources ETF

GNR SPDR S&P Global Natural Resources ETF 미국 위주

NANR SPDR S&P North American Natural Resources ETF

글로벌 오일, 가스

FILL iShares MSCI Global Energy Producers ETF 미국의 오일, 가스 탐사 및 생산기업
위주

IXC iShares Global Energy ETF 미국 기업 위주

GQRE FlexShares Global Quality Real Estate Index Fund 상업용 리츠, 전문 리츠와 부
동산 개발회사중 미국 위주로 편입

SRET Global X SuperDividend REIT ETF 모기지 리츠, 다각화한 리츠의 미국 기업 위주

IFGL iShares International Developed Real Estate ETF 미국 제외

REET iShares Global REIT ETF 미국 리츠 위주로 편입

RWO SPDR Dow Jones Global Real Estate ETF 미국 기업 위주

RWX SPDR Dow Jones International Real Estate ETF 미국 제외

VNQI Vanguard Global ex-U.S. Real Estate Index Fund 미국 제외

글로벌 은광

SLVP iShares MSCI Global Silver and Metals Miners Fund

SIL Global X Silver Miners ETF

SILJ ETFMG Prime Junior Silver Miners 소기업 광산회사 위주

글로벌 기술

ARKW ARK Next Generation Internet ETF 클라우드 관련

SOCL Global X Social Media ETF 미국, 중국, 일본 위주

IXN iShares Global Tech ETF 미국 위주

HACK ETFMG Prime Cyber Security ETF

ROBO Robo Global Robotics and Automation Index ETF 로봇 관련 회사

EMQQ EMQQ The Emerging Markets Internet & Ecommerce ETF

CQQQ Invesco China Technology ETF

KWEB KraneShares CSI China Internet ETF

글로벌 통신

IXP iShares Global Comm Services ETF 미국 포함

글로벌 유틸리티

JXI iShares Global Utilities ETF 미국 포함

글로벌 물

FIW First Trust Water ETF

CGW Invesco S&P Global Water Index ETF

PIO Invesco Global Water ETF

PHO Invesco Water Resources ETF

채권(미국 내) ETF

회사채

FCOR Fidelity Corporate Bond ETF

SKOR FlexShares Credit-Scored US Corporate Bond Index Fund

QLTA iShares Aaa - A Rated Corporate Bond ETF

LQD iShares iBoxx $ Investment Grade Corporate Bond ETF

CORP PIMCO Investment Grade Corporate Bond Index Exchanged-Traded Fund

▶ 헷지형 회사채 ETF

LQDH iShares Interest Rate Hedged Corporate Bond ETF

IGHG ProShares Investment Grade-Interest Rate Hedged

▶ 단기 회사채 ETF

SLQD iShares 0-5 Year Investment Grade Corporate Bond ETF

VCSH Vanguard Short-Term Corporate Bond Index Fund

▶ 중기 회사채 ETF

IBDQ iShares iBonds Dec 2025 Corporate ETF

PFIG Invesco Fundamental Investment Grade Corporate Bond ETF

VCIT Vanguard Intermediate-Term Corporate Bond Index Fund

▶ 장기 회사채 ETF

VCLT Vanguard Long-Term Corporate Bond ETF

금리변동형 채권 (Floating Rate Bond)

FLRT Pacer Pacific Asset Floating Rate Hign Income ETF

FLOT iShares Floating Rate Bond ETF

TFLO iShares Treasury Floating Rate Bond ETF

FLTR VanEck Investment Grade Floating Rate ETF

FLRN SPDR Bloomberg Investment Grade Floating Rate ETF

USFR WisdomTree Floating Rate Treasury Fund

정부채

FTSD Franklin Short Duration U.S. Government ETF

AGZ iShares Agency Bond ETF

VGIT Vanguard Intermediate-Term Treasury Index Fund

VGLT Vanguard Long-Term Treasury Index Fund

VGSH Vanguard Short-Term Treasury Index Fund

하이일드 회사채

HYLS First Trust Tactical High Yield ETF

SHYG iShares 0-5 Year High Yield Corporate Bond ETF

HYG iShares iBoxx $ High Yield Corporate Bond Fund

ANGL VanEck Fallen Angel High Yield Bond ETF

HYS PIMCO 0-5 Year US High Yield Corporate Bond Index Exchanged-Traded
     Fund

PHB Invesco Fundamental High Yield Corporate Bond ETF

JNK SPDR Bloomeberg High Yield Bond ETF

SJNK SPDR Bloomeberg Short Term High Yield Bond ETF

HYZD WisdomTree Interest Rate Hedged High Yield Bond Fund

▶ 하이일드 회사채 헷지형 ETF

HYGH iShares Interest Rate Hedged High Yield Bond ETF

HYHG ProShares High Yield-Interest Rate Hedged

▶ 하이일드 회사채 정방향 레버리지 ETF

UJB ProShares Ultra High Yield (정방향 2배)

▶ 하이일드 회사채 레버리지 ETF

SJB ProShares Short High Yield

모기지담보증권 (Mortgage Backed Security)

LMBS First Trust Low Duration Opportunities ETF

MBSD FlexShares Disciplined Duration MBS Index Fund

MBB iShares MBS ETF

VMBS Vanguard Mortgage-Backed Securities Index Fund

▶ 주거용 모기지담보증권 ETF

GNMA iShares GNMA Bond ETF

▶ 상업용 모기지담보증권 ETF

CMBS iShares CMBS ETF

혼합형 채권 (Mixed-Bond)

FBND Fidelity Total Bond ETF

IUSB iShares Core Total USD Bond Market ETF

AGG iShares Core U.S. Aggregate Bond ETF

GBF iShares Government/Credit Bond ETF

BYLD iShares Yield Optimized Bond ETF

BOND PIMCO Active Bond Exchange-Traded Fund

SCHZ Schwab U.S. Aggregate Bond ETF

TOTL SPDR DoubleLine Total Return Tactical ETF

BND Vanguard Total Bond Market Index Fund

VBND Vident Core U.S. Bond Strategy ETF

AGZD WisdomTree Interest Rate Hedged U.S. Aggregate Bond Zero Fund

▶ 단기 혼합형 채권 ETF

FLTB Fidelity Limited Term Bond ETF

GSY Invesco Ultra Short Duration ETF

ISTB iShares Core 1-5 Year USD Bond ETF

ICSH iShares Ultra Short-Term Bond ETF

NEAR iShares Short Maturity Bond ETF

ULST SPDR SSGA Ultra Short Term Bond ETF

LDUR PIMCO Enhanced Low Duration Active Exchange-Traded Fund

BSV Vanguard Short-Term Bond Index Fund

▶ 중기 혼합형 채권 ETF

GVI iShares Intermediate Government/Credit Bond ETF

BIV Vanguard Intermediate-Term Bond Index Fund

▶ 장기 혼합형 채권 ETF

ILTB iShares Core 10+ USD Bond ETF

BLV Vanguard Long-Term Bond Fund

지방채

RVNU X-Trackers Municipal Infrastructure Revenue Bond ETF

FMB First Trust Managed Municipal ETF

MUB iShares National Muni Bond ETF

XMPT VanEck CEF Municipal Income ETF

BAB Invesco Taxable Municipal Bond Fund

PZA Invesco National AMT-Free Municipal Bond ETF

PVI Invesco VRDO Tax-Free ETF

TFI SPDR Nuveen Bloomberg Municipal Bond ETF

▶ 하이일드 지방채 ETF

SHYD VanEck Short High Yield ETF

HYD VanEck High Yield Muni ETF

HYMB SPDR Nuveen Bloomberg High Yield Municipal Bond ETF

▶ 단기 지방채 ETF

MEAR iShares Short Maturity Municipal Bond ETF

SUB iShares Short-Term National Muni ETF

SMB VanEck Short Muni ETF

SMMU PIMCO Short Term Municipal Bond Active Exchange-Traded Fund

SHM SPDR Nuveen Bloomberg Short Term Municipal Bond ETF

▶ 중기 지방채 ETF

ITM VanEck Intermediate Muni ETF

MUNI PIMCO Intermediate Municipal Bond Active Exchange-Traded Fund

▶ 장기 지방채 ETF

MLN VanEck Long Muni ETF

▶ 주 특별 지방채 ETF

NYF iShares New York Muni Bond ETF

CMF iShares California Muni Bond ETF

PWZ Invesco California AMT-Free Municipal Bond ETF

PZT Invesco New York AMT-Free Municipal Bond ETF

특수 채권 (Specialty Bond)

▶ 주전환사채(Convertibles) ETF

ICVT iShares Convertible Bond ETF

FCVT First Trust SSI Strategic Convertible Securities ETF

CWB SPDR Bloomberg Convertible Securities ETF

▶ 시니어론(Senior Loan, 신용등급이 낮은 기업의 대출) ETF

FTSL First Trust Senior Loan Fund

BKLN Invesco Senior Loan ETF

SRLN SPDR Blackstone Senior Loan ETF

미국국채

IEI iShares 3-7 Year Treasury Bond ETF

GOVT iShares U.S. Treasury Bond ETF

▶ 단기 미국국채 ETF

GBIL Goldman Sachs Treasury 0-1 Year ETF

SHY iShares 1-3 Year Treasury Bond ETF

SHV iShares Short Treasury Bond ETF

SCHO Schwab Short-Term U.S. Treasury ETF

BIL SPDR Bloomeberg 1-3 Month T-Bill ETF

▶ 중기 미국국채 ETF

IEF iShares 7-10 Year Treasury Bond ETF

SCHR Schwab Intermediate-Term U.S. Treasury ETF

▶ 장기 미국국채 ETF

TLT iShares 20+ Year Treasury Bond ETF

TLH iShares 10-20 Year Treasury Bond ETF

ZROZ PIMCO 25+ Year Zero Coupon U.S. Treasury Index Exchange-Traded Fund

EDV Vanguard Extended Duration Treasury Index Fund

▶ 미국국채 정방향 레버리지 ETF

TYD Direxion Daily 7-10 Year Treasury Bull 3x Shares (정방향 3배)

UST ProShares Ultra 7-10 Year Treasury (정방향 2배)

TMF Direxion Daily 20+ Treasury Bull 3X Shares (정방향 3배)

UBT ProShares Ultra 20+ Year Treasury ETF (정방향 2배)

▶ 미국국채 역방향 레버리지 ETF

TYO Direxion Daily 7-10 Year Treasury Bear 3x Shares (역방향 3배)

TMV Direxion Daily 20+ Treasury Bear 3X Shares (역방향 3배)

TBX ProShares Short 7-10 Year Treasury (역방향 1배)

PST ProShares UltraShort 7-10 Year Treasury (역방향 2배)

TBF ProShares Short 20 Year Treasury (역방향 1배)

TBT ProShares UltraShort 20+ Year Treasury (역방향 2배)

TTT ProShares UltraPro Short 20+ Year Treasury (역방향 2배)

물가 연동 국채 (Treasury Inflation-Protected Securities)

TDTT FlexShares iBoxx 3-Year Target Duration TIPS Index Fund

TDTF FlexShares iBoxx 5-Year Target Duration TIPS Index Fund

STIP iShares 0-5 Year TIPS Bond ETF

TIP iShares TIPS Bond ETF

LTPZ PIMCO 15+ Year U.S. TIPS Index Exchange-Traded Fund

STPZ PIMCO 1-5 Year U.S. TIPS Index Exchange-Traded Fund

TIPZ PIMCO Broad U.S. TIPS Index Exchange-Traded Fund

RINF ProShares Inflation Expectations ETF

SCHP Schwab U.S. TIPS ETF

TIPX SPDR Bloomberg 1-10 Year TIPS ETF

VTIP Vanguard Short-Term Inflation-Protected Securities Index Fund

채권(미국 외) ETF

중국 채권

CBON VanEck China Bond ETF

이머징마켓 채권

FEMB First Trust Emerging Markets Local Currency Bond ETF

EMHY iShares J.P. Morgan EM High Yield Bond ETF

LEMB iShares J.P. Morgan EM Local Currency Bond ETF

EMLC VanEck J.P. Morgan EM Local Currency Bond ETF

EBND SPDR Bloomeberg Emerging Markets Local Bond ETF

ELD WisdomTree Emerging Markets Local Debt Fund

▶ 이머징마켓 채권 ETF(정부채)

EMB iShares J.P. Morgan USD Emerging Markets Bond ETF

PCY Invesco Emerging Markets Sovereign Debt ETF

VWOB Vanguard Emerging Markets Treasury Index Fund

▶ 이머징마켓 채권 ETF(회사채)

CEMB iShares J.P. Morgan EM Corporate Bond ETF

HYEM VanEck Emerging Markets High Yield Bond ETF

EMCB WisdomTree Emerging Markets Corporate Bond ETF

RAVI FlexShares Ready Access Variable Income Fund

MINT PIMCO Enhanced Short Maturity Exchange-Traded Fund

RIGS RiverFront Strategic Income ETF

BNDX Vanguard Total International Bond Index Fund

▶ 글로벌채권 ETF (국채)

ISHG iShares 1-3 Year International Treasury Bond ETF

IGOV iShares International Treasury Bond ETF

BWZ SPDR Bloomeberg Short Term International Treasury Bond ETF

BWX SPDR Bloomeberg International Treasury Bond ETF

▶ 글로벌채권 ETF (물가연동채권)

GTIP Bloomeberg Global Sachs Access Inflation Protected USD Bond ETF

WIP SPDR FTSE International Government Inflation-Protected Bond ETF

▶ 글로벌 회사채 ETF

PICB Invesco International Corporate Bond ETF

IBND SPDR Bloomeberg International Corporate Bond ETF

▶ 글로벌 하이일드 회사채 ETF

GHYG iShares US & Intl High Yield Corporate Bond ETF

HYXU iShares International High Yield Corporate Bond ETF

IHY VanEck International High Yield Bond ETF

PGHY Invesco Global Short Term High Yield Bond ETF

멀티에셋 ETF

멀티에셋 (미국)

FPE First Trust Preferred Securities and Income ETF 우선주, 회사채, 전환사채

CVY Invesco Multi-Asset Income ETF 주식, 폐쇄형펀드, 마스터합자회사, 리츠, 우선주

HIPS GraniteShares HIPS US High Income ETF 자동이체증권

MDIV Multi-Asset Diversified Income Index Fund 주식, 리츠, 우선주, 마스터합자회사, 하이일

드 회사채

PCEF Invesco CEF Income Composite ETF 폐쇄형 펀드

멀티에셋 (글로벌)

GYLD Arrow Dow Jones Global Yield ETF 글로벌주식, 글로벌 채권, 글로벌 부동산

DWAT Arrow DWA Tactical: Macro ETF 주식, 채권, 상품, 통화, 부동산

GMOM Cambria Global Momentum ETF

GAA Cambria Global Asset Allocation ETF

QAI IQ Hedge Multi-Strategy Tracker ETF 멀티 헤지펀드 스타일

AOA iShares Core Aggressive Allocation ETF

AOR iShares Core Growth Allocation ETF 미국 주식, 글로벌 주식, 채권

AOM iShares Core Moderate Allocation ETF

IYLD iShares Morningstar Multi-Asset Income ETF

AOK iShares Core Conservative Allocation ETF 미국 주식, 글로벌 주식, 미국국채

GAL SPDR SSgA Global Allocation ETF

RLY SPDR SSgA Multi-Asset Real Return ETF

INKM SPDR SSgA Income Allocation ETF

배당 관련 ETF

배당주 ETF (미국)

CDC VictoryShares US EQ Income Enhanced Volatility Wtd ETF

FDL First Trust Morningstar Dividend Leaders Index Fund

TDIV First Trust NASDAQ Technology Dividend Index Fund

FVD First Trust Value Line Index Fund

QDEF FlexShares Quality Dividend Defensive Index Fund

QDF FlexShares Quality Dividend Index Fund

DIV Global X SuperDividend U.S. ETF

DGRO iShares Core Dividend Growth ETF

HDV iShares Core High Dividend ETF

DVY iShares Select Dividend ETF

PFM Invesco Dividend Achievers ETF

PEY Invesco High Yield Equity Dividend Achievers ETF

KBWD Invesco KBW High Dividend Yield Financial ETF

SPHD Invesco S&P500 High Dividend Low Votality ETF

NOBL ProShares S&P 500 Dividend Aristocrats ETF

REGL ProShares S&P MidCap 400 Dividend Aristocrats ETF

RDIV Invesco S&P Ultra Dividend Revenue ETF

SCHD Schwab U.S. Dividend Equity ETF

SDY SPDR S&P Dividend ETF

VIG Vanguard Dividend Appreciation Index Fund

VYM Vanguard High Dividend Yield Index Fund

DHS WisdomTree Equity U.S. High Dividend Fund

DLN WisdomTree U.S. LargeCap Dividend ETF

DGRW WisdomTree U.S. Quality Dividend Growth ETF

DTD WisdomTree Total Dividend Fund

▶ 배당 소형주 ETF

DES WisdomTree U.S. SmallCap Dividend Fund

DGRS WisdomTree U.S. SmallCap Quality Dividend Growth Fund

▶ 배당 중형주 ETF

DON WisdomTree U.S. MidCap Dividend Fund

배당주 ETF (글로벌)

IDOG ALPS International Sector Dividend Dogs ETF 10개의 글로벌 섹터로 구성된 고배당 기업

FYLD Cambria Foreign Shareholder Yield ETF 펀더멘탈 위주로 편입

FGD First Trust Dow Jones Global Select Dividend Index Fund 호주, 영국, 미국 기업 위주

IQDY FlexShares International Quality Dividend Dynamic Index Fund 미국은 제외, 영국과 일본 위주로 편입

IQDF FlexShares International Quality Dividend Index Fund 미국은 제외, 영국과 일본 위주로 편입

IQDE FLexShares International Quality Dividend Defensive Index Fund 미국은 제외, 영국과 일본 위주로 편입

SDIV Global X SuperDividend ETF 호주와 미국 위주로 편입

IDV iShares International Select Dividend ETF 미국은 제외, 영국과 호주 위주로 편입

PID Invesco International Dividend Achievers ETF 캐나다, 영국, 미국 위주로 편입

EFAD ProShares MSCI EAFE Dividend Growers ETF 영국의 배당회사 위주로 편입

WDIV SPDR S&P Global Dividend ETF 캐나다, 영국, 미국 위주로 편입

DWX SPDR S&P International Dividend ETF 미국은 제외하고 영국과 호주, 캐나다 위주로 편입

DTH WisdomTree International High Dividend Fund 영국과 호주 위주로 편입

DWM WisdomTree International Equity Fund 미국, 캐나다와 이머징마켓 국가들 편입

DEW WisdomTree Global High Dividend Fund 영국과 미국 위주

DNL WisdomTree Global ex-U.S. Quality Dividend Growth Fund 미국을 제외하고, 이
머징마켓을 대표하는 나라의 배당주로 구성

DOL WisdomTree International LargeCap Dividend Fund 영국 위주의 대형주 중심

DIM WisdomTree International MidCap Dividend Fund

DLS WisdomTree International SmallCap Dividend Fund

▶ 배당주 헷지형 ETF

IHDG WisdomTree International Hedged Quality Dividend Growth Fund

국가별 배당 ETF

▶ 아시아

DVYA iShares Asia/Pacific Dividend ETF

▶ 유럽

FDD First Trust STOXX European Select Dividend Index Fund

EUDG WisdomTree Europe Quality Dividend Growth Fund

DFE WisdomTree Europe SmallCap Dividend Fund

▶ 이머징마켓

EDOG ALPS Emerging Sector Dividend Dogs ETF

DVYE iShares Emerging Markets Dividend ETF 대만 위주

EDIV SPDR S&P Emerging Markets Dividend ETF 브라질, 대만, 중국, 태국, 남아프리카공
화국 위주로 편입

DGRE WisdomTree Emerging Markets Quality Dividend Growth Fund 브라질, 대만,
인도네시아, 태국, 남아프리카공화국 위주로 편입

DEM WisdomTree Emerging Markets High Dividend Fund 브라질, 중국, 러시아, 대만,

남아프리카 공화국 위주로 편입

DGS WisdomTree Emerging Markets SmallCap Dividend Fund 대만의 소기업 위주로

편입

▶ 일본

DFJ WisdomTree Japan SmallCap Dividend Fund

DXJ WisdomTree Japan Hedged Equity Fund

기타 ETF

자사주매입 ETF (미국 내)

PKW Invesco Buyback Achievers ETF

자사주매입 ETF (글로벌)

IPKW Invesco International BuyBack Achievers ETF

바이-라이트 ETF

바이-라이트(Buy-Write) : 주식은 사고, 옵션은 매도하는 전략

VEGA AdvisorShares STAR Global Buy-Write ETF

FTHI First Trust BuyWrite Income ETF

PBP Invesco S&P 500 BuyWrite ETF

QYLD Global XI NASDAQ-100 Covered Call ETF

동일 비중 ETF (미국 내)

BFOR   Barron's 400 ETF

QQQE Direxion NASDAQ-100 Equal Weighted Index Shares

QQEW First Trust NASDAQ-100 Equal Weighted Index Fund

RSP Invesco S&P 500 Equal Weight ETF

RSPC Invesco S&P 500 Equal Weight Communication Services ETF

RSPF Invesco S&P 500 Equal Weight Financials ETF

RSPG Invesco S&P 500 Equal Weight Energy ETF

RSPH Invesco S&P 500 Equal Weight Health Care ETF

RSPM Invesco S&P 500 Equal Weight Materials ETF

RSPN Invesco S&P 500 Equal Weight Industrials ETF

RSPR Invesco S&P 500 Equal Weight Real Estate ETF

RSPS Invesco S&P 500 Equal Weight Consumer Staples ETF

RSPT Invesco S&P 500 Equal Weight Technology ETF

RSPU Invesco S&P 500 Equal Weight Utilities ETF

EQAL Invesco Russell 1000 Equal Weight ETF

NOBL ProShares S&P 500 Dividend Aristocrats ETF

펀드 오브 펀드 ETF

VEGA AdvisorShares STAR Global Buy-Write ETF

EQL ALPS Equal Sector Weight ETF

GMOM Cambria Global Momentum ETF

FV First Trust Dorsey Wright Focus 5 ETF

AOR iShares Core Growth Allocation ETF

AOA iShares Core Aggressive Allocation ETF

AOM iShares Core Moderate Allocation ETF

IYLD iShares Morningstar Multi-Asset Income ETF

AOK iShares Core Conservative Allocation ETF

PCEF Invesco CEF Income Composite ETF

GAL SPDR Global Allocation ETF

RLY SPDR SSgA Multi-Asset Real Return ETF

INKM SPDR SSgA Income Allocation ETF

GAA The Cambria Global Asset Allocation ETF

YYY Amplify High Income ETF

FAD First Trust Multi Cap Growth AlphaDEX Fund

IUSG iShares Core S&P U.S. Growth ETF

VUG Vanguard Growth Index Fund

▶ 성장형 중형주 ETF

FNY First Trust Mid Cap Growth AlphaDEX Fund

RFG Invesco S&P MidCap 400 Pure Growth ETF

IWP iShares Russell Mid-Cap Growth ETF

IJK iShares S&P Mid-Cap 400 Growth ETF

MDYG SPDR S&P 400 Mid Cap Growth ETF

VOT Vanguard Mid-Cap Growth Index Fund

▶ 성장형 소형주 ETF

FYC First Trust Small Cap Growth AlphaDEX Fund

RZG Invesco S&P SmallCap 600 Pure Growth ETF

IWO iShares Russell 2000 Growth ETF

IJT iShares S&P SmallCap 600 Growth ETF

SLYG SPDR S&P 600 Small Cap Growth ETF

VTWG Vanguard Russell 2000 Growth Index Fund

VBK Vanguard Small-Cap Growth Index Fund

VIOG Vanguard S&P Small-Cap 600 Growth Index Fund

▶ 성장형 러셀 1000 ETF

IWF iShares Russell 1000 Growth ETF

VONG Vanguard Russell 1000 Growth Index Fund

▶ 성장형 S&P500 ETF

RPG Invesco S&P 500 Pure Growth ETF

IVW iShares S&P 500 Growth ETF

SPYG SPDR Portfolio S&P 500 Growth ETF

VOOG Vanguard S&P 500 Growth Index Fund

▶ 성장형 대형주 ETF

FTC First Trust Large Cap Growth AlphaDEX Fund

IWY iShares Russell Top 200 Growth ETF

PWB Invesco Dynamic Large Cap Growth ETF

SCHG Schwab U.S. Large-Cap Growth ETF

MGK Vanguard Mega Cap Growth Index Fund

▶ 성장형(유럽, 오스트레일리아, 극동 아시아 지역) ETF

EFG iShares MSCI EAFE Growth ETF

헤지펀드 복제와 기관투자가 ETF

QAI IQ Hedge Multi-Strategy Tracker ETF

HDG ProShares Hedge Replication ETF

IPO ETF (미국 내)

FPX First Trust US Equity Opportunity ETF

IPO Renaissance IPO ETF

▶ 스핀오프

CSD Invesco S&P Spin-Off ETF

IPO ETF (글로벌)

IPOS Renaissance International IPO ETF

FPXI First Trust International Equity Opportunities ETF

롱, 숏 ETF

HYLS First Trust Tactical High Yield ETF

MNA IQ Merger Arbitrage ETF

CSM ProShares Large Cap Core Plus

MRGR ProShares Merger ETF

BTAL AGFIQ U.S. Market Neutral Anti-Beta Fund

모멘텀 ETF (미국 내)

MTUM iShares MSCI USA Momentum Factor ETF

PYZ Invesco DWA Basic Materials Momentum ETF

PEZ Invesco DWA Consumer Cyclicals Momentum ETF

PSL Invesco DWA Consumer Staples Momentum ETF

PXI Invesco DWA Energy Momentum ETF

PFI Invesco DWA Financial Momentum ETF

PTH Invesco DWA Healthcare Momentum ETF

PRN Invesco DWA Industrials Momentum ETF

PDP Invesco DWA Momentum ETF

DWAS Invesco DWA SmallCap Momentum ETF

PTF Invesco DWA Technology Momentum ETF

PUI Invesco DWA Utilities Momentum ETF

MMTM SPDR S&P 1500 Momentum Tilt ETF

XMMO Invesco S&P MidCap Momentum ETF S&P 400 중형주 중 모멘텀별로 선정

XMVM Invesco S&P MidCap Value with Momentum ETF

XSMO Invesco S&P SmallCap Momentum ETF S&P 600 소형주 중 모멘텀별로 선정

XSVM Invesco S&P SmallCap Value with Momentum ETF

모멘텀 ETF (글로벌)

IMTM iShares MSCI Intl Developed Momentum Factor ETF

PIZ Invesco DWA Developed Markets Momentum ETF

PIE Invesco DWA Emerging Markets Momentum ETF

우선주 ETF (미국 내)

EPRF Invesco S&P Investment Grade Preferred ETF

PFF iShares Preferred and Income Securities ETF

PFXF VanEck Preferred Securities ex Financials ETF 리츠, 전자, 통신회사 위주로 편입

PGF Invesco Financial Preferred ETF 금융업만 편입

PGX Invesco Preferred ETF

VRP Invesco Variable Rate Preferred ETF

PSK SPDR ICE Preferred Securities ETF

우선주 ETF (글로벌)

SPFF Global X SuperIncome Preferred ETF 미국과 캐나다

입콩 전탁 ㄴㅏF

EQL ALPS Equal Sector Weight ETF

SDOG ALPS Sector Dividend Dogs ETF

FV First Trust Dorsey Wright Focus 5 ETF

혁신 ETF

ARKK ARK Innovation ETF

ARKG ARK Genomic Revolution ETF

ARKQ ARK Autonomous Technology&Robotics ETF

성별 다양성 ETF

SHE SPDR SSGA Gender Diversity Index ETF

인수합병 ETF

MNA IQ Merger Arbitrage ETF

MRGR ProShares Merger ETF

밀레니얼 ETF

MILN Global X Millennial Consumer ETF

해자 ETF

해자(Moat)란? 해자란 성을 보호하기 위해 성곽을 따라 파놓은 연못을 뜻하는데 워런 버핏이 투자에 이 용어를 사용하면서 유명해졌다. 해자 랩은 높은 진입장벽(해자)을 갖춰 확고한 경쟁 우위를 누리는 기업에 투자하는 ETF다.

MOAT VanEck Wide Moat ETF

사회적 의식 ETF

DSI iShares KLD 400 Social ETF

VUSE Vident Core U.S. Equity ETF

가치 ETF

VAMO Cambria Value and Momentum ETF

FAB First Trust Multi Cap Value AlphaDEX Fund

IUSV iShares Core S&P U.S. Value ETF

VLUE iShares MSCI USA Value Factor ETF

VLU SPDR S&P 1500 Value Tilt ETF

QVAL Alpha Architect U.S. Quantitative Value ETF

VTV Vanguard Value Index Fund

▶ 가치 대형주 ETF

FTA First Trust Large Cap Value AlphaDEX Fund

IWX IShares Russell Top 200 Value ETF

PWV Invesco Dynamic Large Cap Value ETF

SCHV Schwab U.S. Large-Cap Value ETF

MGV Vanguard Mega Cap Value Index Fund

WBIF WBI BullBear Value 3000 ETF

▶ 가치 중형주 ETF

FNK First Trust Mid Cap Value AlphaDEX Fund

RFV Invesco S&P MidCap 400 Pure Value ETF

IWS iShares Russell Mid-Cap Value ETF

IJJ iShares S&P Mid-Cap 400 Value ETF

MDYV SPDR S&P 400 Mid Cap Value ETF

VOE Vanguard Mid-Cap Value Index Fund

IVOV Vanguard S&P Mid-Cap 400 Value ETF

▶ 가치 소형주 ETF

FYT First Trust Small Cap Value AlphaDEX Fund

RZV Invesco S&P SmallCap 600 Pure Value ETF

IWN iShares Russell 2000 Value ETF

IJS iShares S&P SmallCap 600 Value ETF

SLYV SPDR S&P 600 Small Cap Value ETF

VTWV Vanguard Russell 2000 Value Index Fund

VIOV Vanguard S&P Small-Cap 600 Value Index Fund

VBR Vanguard SmallCap Value Index Fund

▶ 가치 러셀 1000 ETF

IWD iShares Russell 1000 Value ETF

▶ 가치 러셀 500 ETF

RPV Invesco S&P 500 Pure Value ETF

IVE iShares S&P 500 Value ETF

SPYV SPDR Portfolio S&P 500 Value ETF

VOOV Vanguard S&P 500 Value Index Fund

▶ 가치 글로벌 ETF

GVAL Cambria Global Value ETF

EFV iShares MSCI EAFE Value ETF

IVAL Alpha Architect International Quantitative Value ETF

변동성 ETF

CFA VictoryShares US 500 Volatility Wtd ETF

CFO CVictoryShares US 500 Enhanced Volatility Wtd ETF

CDC VictoryShares US EQ Income Enhanced Volatility Wtd ETF

CSF VictoryShares US Discovery Enhanced Volatility Wtd ETF

FTCS First Trust Capital Strength ETF

PHDG Invesco S&P 500 Downside Hedged ETF

BTAL AGFiQ U.S. Market Neutral Anti-Beta Fund

▶ 낮은 / 중간의 변동성 ETF

FDLO Fidelity Low Volatility Factor ETF

SMMV iShares MSCI USA Small-Cap Min Vol Factor ETF

LVHD Franklin U.S. Low Volatility High Dividend Index ETF

XRLV Invesco S&P 500 ex-Rate Sensitive Low Volatility ETF

ONEV SPDR Russell 1000 Low Volatility Focus ETF

USMV iShares MSCI USA Min Vol Factor ETF

SPLV Invesco S&P 500 Low Volatility ETF

XMLV Invesco S&P MidCap Low Volatility ETF

XSLV Invesco S&P SmallCap Low Volatility ETF

LGLV SPDR SSGA US Large Cap Low Volalillty Index ETF

SMLV SPDR SSGA US Small Cap Low Volatility Index ETF

▶ 빅스 선물 ETF

VXZ iPath Series B S&P 500 VIX Mid-Term Futures ETN

VXX iPath Series B S&P 500 VIX Short-Term Futures ETN

VIXM ProShares VIX Mid-Term Futures ETF

VIXY ProShares VIX Short-Term Futures ETF

▶ 빅스 선물 징방향 레버리지 ETF

UVXY ProShares Ultra VIX Short-Term Futures ETF (정방향 2배)

▶ 빅스 선물 역방향 ETF

SVXY ProShares Short VIX Short-Term Futures ETF -1x Shares

▶ 빅스 선물 단기 ETF

SVXY ProShares Short VIX Short-Term Futures ETF

▶ 변동성 글로벌 ETF

ACWV iShares MSCI Global Min Vol Factor ETF

EFAV iShares MSCI EAFE Min Vol Factor ETF

EEMV iShares MSCI Emerging Markets Min Vol Factor ETF

EELV Invesco S&P Emerging Markets Low Volatility ETF

IDLV Invesco S&P International Developed Low Volatility ETF

2023년 신규 상장 ETF 리스트

이름	티커	총 자산 (백만 달러)	2025년 올해 성과
JPMorgan Global Select Equity ETF Global Select Equity ETF	JGLO	$6,639	2.33%
Fidelity Enhanced Large Cap Core ETF	FELC	$4,489	-1.28%
PIMCO Multisector Bond Active Exchange-Traded Fund	PYLD	$3,893	2.43%
T. Rowe Price Capital Appreciation Equity ETF	TCAF	$3,384	0.00%
Fidelity Enhanced Large Cap Growth ETF	FELG	$3,157	-4.21%
VictoryShares Free Cash Flow ETF	VFLO	$2,992	1.59%
JPMorgan Hedged Equity Laddered Overlay ETF	HELO	$2,796	-0.45%
Xtrackers MSCI USA Climate Action Equity ETF	USCA	$2,762	0.08%
Fidelity Enhanced Mid Cap ETF	FMDE	$2,713	-1.37%
2x Bitcoin Strategy ETF	BITX	$2,358	-12.47%
iShares Climate Conscious & Transition MSCI USA ETF	USCL	$2,232	0.16%
Fidelity Enhanced Large Cap Value ETF	FELV	$2,179	2.13%
Fidelity Enhanced International ETF	FENI	$2,074	12.17%
Fidelity Enhanced Small Cap ETF	FESM	$2,068	-5.22%
Capital Group Core Balanced ETF	CGBL	$1,771	1.57%
Capital Group Dividend Growers ETF	CGDG	$1,703	6.07%
ActivePassive U.S. Equity ETF	APUE	$1,677	-0.93%

이름	티커	총 자산 (백만 달러)	2025년 올해 성과
GMO U.S. Quality ETF	QLTY	$1,625	2.85%
Roundhill Magnificent Seven ETF	MAGS	$1,612	-7.70%
ALPS | Smith Core Plus Bond ETF	SMTH	$1,560	2.21%
EA Bridgeway Omni Small-Cap Value ETF	BSVO	$1,446	-8.15%
Dimensional US Core Equity 1 ETF	DCOR	$1,340	-0.89%
YieldMax NVDA Option Income Strategy ETF	NVDY	$1,305	-13.42%
JPMorgan U.S. Tech Leaders ETF	JTEK	$1,260	-0.38%
JPMorgan Equity Focus ETF	JPEF	$1,259	-1.50%
YieldMax COIN Option Income Strategy ETF	CONY	$1,044	-9.67%
Eldridge BBB-B CLO ETF	CLOZ	$1,014	0.78%
Schwab High Yield Bond ETF	SCYB	$955	1.61%
Global X Defense Tech ETF	SHLD	$925	24.57%
JPMorgan BetaBuilders Emerging Markets Equity ETF	BBEM	$920	5.40%
ActivePassive International Equity ETF	APIE	$865	12.17%
AB Conservative Buffer ETF	BUFC	$791	-0.61%
iShares AAA CLO Active ETF	CLOA	$745	0.93%
Vanguard Short-Term Tax Exempt Bond ETF	VTES	$721	1.04%
ProShares S&P 500 High Income ETF	ISPY	$691	-0.11%
Dimensional World Equity ETF	DFAW	$635	1.17%
AB Disruptors ETF	FWD	$555	-1.20%
Franklin Income Focus ETF Income Focus ETF	INCM	$524	3.57%

이름	티커	총 자산 (백만 달러)	2025년 올해 성과
S&P 500 Core Premium Income ETF	GPIX	$516	-0.24%
T. Rowe Price Small-Mid Cap ETF	TMSL	$514	-2.19%
Direxion Daily NVDA Bull 2X Shares	NVDU	$510	-32.14%
T-Rex 2X Long NVIDIA Daily Target ETF	NVDX	$496	-32.93%
Avantis U.S. Large Cap Equity ETF	AVLC	$466	-0.87%
Goldman Sachs MarketBeta Total International Equity ETF	GXUS	$459	8.70%
Nasdaq-100 Core Premium Income ETF	GPIQ	$458	-0.90%
FT Vest U.S. Equity Moderate Buffer ETF - December	GDEC	$448	-0.02%
Vert Global Sustainable Real Estate ETF	VGSR	$446	3.95%
REX FANG & Innovation Equity Premium Income ETF	FEPI	$442	-5.71%
Direxion HCM Tactical Enhanced US ETF	HCMT	$432	-3.93%
PIMCO Commodity Strategy Active Exchange-Traded Fund	CMDT	$432	3.68%
Calvert US Large-Cap Core Responsible Index ETF	CVLC	$430	-1.08%
T. Rowe Price Growth ETF	TGRT	$413	-2.38%
Bushido Capital US Equity ETF	SMRI	$408	0.72%
Innovator U.S. Equity 10 Buffer ETF - Quarterly	ZALT	$402	0.87%
FT Vest Laddered Moderate Buffer ETF	BUFZ	$400	0.25%
Marketbeta Russell 1000 Value Equity ETF	GVUS	$400	2.93%
Dimensional US Large Cap Vector ETF	DFVX	$397	1.72%
FT Vest U.S. Equity Moderate Buffer ETF - Jan	GJAN	$378	-0.57%
Capital Group International Equity ETF	CGIE	$369	11.16%

이름	티커	총 자산 (백만 달러)	2025년 올해 성과
FT Vest SMID Rising Dividend Achievers Target Income ETF	SDVD	$342	-4.55%
AB US Large Cap Strategic Equities ETF	LRGC	$335	0.18%
Alpha Architect Tail Risk ETF	CAOS	$333	0.33%
Natixis Loomis Sayles Focused Growth ETF	LSGR	$318	-3.99%
FT Vest US Equity Moderate Buffer ETF February	GFEB	$309	0.46%
Running Oak Efficient Growth ETF	RUNN	$300	1.16%
CastleArk Large Growth ETF	CARK	$297	-4.60%
FT Vest U.S. Equity Moderate Buffer ETF - March	GMAR	$294	1.01%
T-REX 2X Long Tesla Daily Target FTF	TSLT	$205	-56.18%
FT Vest U.S. Equity Moderate Buffer ETF - July	GJUL	$279	0.18%
Marketbeta Russell 1000 Growth Equity ETF	GGUS	$274	-2.93%
FT Vest U.S. Equity Moderate Buffer ETF - June	GJUN	$274	0.33%
FT Vest U.S. Equity Moderate Buffer ETF -November	GNOV	$272	0.06%
PlanRock Alternative Growth ETF	PRAE	$266	-2.87%
YieldMax AMZN Option Income Strategy ETF	AMZY	$264	-2.63%
Roundhill Generative AI & Technology ETF	CHAT	$264	-4.18%
Congress Large Cap Growth ETF	CAML	$262	-0.44%
Return Stacked Global Stocks & Bonds ETF	RSSB	$258	4.00%
iShares Advantage Large Cap Income ETF	BALI	$247	-0.23%
FT Vest U.S. Equity Moderate Buffer Fund - Apr	GAPR	$243	0.92%
Congress SMid Growth ETF	CSMD	$243	-4.41%

이름	티커	총 자산 (백만 달러)	2025년 올해 성과
Segall Bryant & Hamill Select Equity ETF	USSE	$242	-5.00%
Putnam PanAgora ESG International Equity ETF	PPIE	$239	11.01%
DoubleLine Commercial Real Estate ETF	DCRE	$234	1.27%
Unusual Whales Subversive Democratic Trading ETF	NANC	$226	-1.09%
Brandes U.S. Value ETF	BUSA	$217	4.05%
FT Vest U.S. Equity Moderate Buffer ETF - May	GMAY	$215	0.61%
Aptus Large Cap Enhanced Yield ETF	DUBS	$214	-0.20%
VictoryShares Small Cap Free Cash Flow ETF	SFLO	$211	-6.66%
FT Vest U.S. Equity Moderate Buffer ETF - October	GOCT	$208	0.24%
Tema American Reshoring ETF	RSHO	$207	-4.61%
Sprott Junior Uranium Miners ETF	URNJ	$207	-17.98%
FT Vest U.S. Equity Moderate Buffer ETF - September	GSEP	$204	0.26%
Calvert Ultra-Short Investment Grade ETF	CVSB	$203	0.84%
Innovator Equity Defined Protection ETF - 2 Yr to July 2025	TJUL	$200	0.88%
AB High Yield ETF	HYFI	$194	2.04%
FT Vest U.S. Equity Moderate Buffer ETF - August	GAUG	$188	0.38%
AB Tax-Aware Intermediate Municipal ETF	TAFM	$181	1.52%
Brandes International ETF	BINV	$176	14.21%
Hartford Quality Value ETF	QUVU	$175	3.79%
Bahl & Gaynor Income Growth ETF	BGIG	$173	2.63%
YieldMax META Option Income Strategy ETF	FBY	$172	6.60%

이름	티커	총 자산 (백만 달러)	2025년 올해 성과
Polen Capital Global Growth ETF	PCGG	$166	1.36%
FT Vest U.S. Equity Enhance & Moderate Buffer ETF - March	XMAR	$165	1.35%
AB Coro Plus Bond ETF	CPLS	$164	2.23%
Fidelity Disruptive Technology ETF	FDTX	$163	-1.39%
MAX S&P 500 4X Leveraged ETN	SPYU	$162	-8.77%
Euclidean Fundamental Value ETF	ECML	$157	-3.62%
Avantis U.S. Mid Cap Equity ETF	AVMC	$154	-1.78%
YieldMax AMD Option Income Strategy ETF	AMDY	$152	-12.99%
Astoria US Equal Weight Quality Kings ETF	ROE	$151	0.00%
Parametric Equity Premium Income ETF	PAPI	$147	1.83%
Defiance Nasdaq 100 Enhanced Options & 0DTE Income ETF	QQQY	$142	-2.49%
Goldman Sachs Small Cap Core Equity ETF	GSC	$140	-5.06%
Natixis Gateway Quality Income ETF	GQI	$135	-0.78%
YieldMax AAPL Option Income Strategy ETF	APLY	$134	-5.13%
Avantis U.S. Mid Cap Value ETF	AVMV	$134	-3.26%
Avantis All Equity Markets Value ETF	AVGV	$129	1.20%
T. Rowe Price Value ETF	TVAL	$126	3.54%
GraniteShares 2x Long TSLA Daily ETF	TSLR	$126	-55.91%
Harbor Human Capital Factor US Small Cap ETF	HAPS	$125	-4.46%
Calvert International Responsible Index ETF	CVIE	$123	9.44%
Franklin Focused Growth ETF FOCUSED GROWTH ETF	FFOG	$123	-5.11%

이름	티커	총 자산 (백만 달러)	2025년 올해 성과
JPMorgan International Value ETF	JIVE	$122	11.99%
Innovator International Developed Power Buffer ETF - September	ISEP	$120	6.37%
YieldMax MSFT Option Income Strategy ETF	MSFO	$119	-5.94%
YieldMax GOOGL Option Income Strategy ETF	GOOY	$118	-6.19%
AllianzIM U.S. Large Cap Buffer20 Aug ETF	AUGW	$118	0.40%
Innovator U.S. Equity 5 to 15 Buffer ETF - Quarterly	EALT	$117	-0.14%
Blueprint Chesapeake Multi-Asset Trend ETF	TFPN	$117	-6.87%
TBG Dividend Focus ETF	TBG	$117	4.53%
iShares Large Cap Deep Buffer ETF	IVVB	$115	-0.15%
YieldMax NFLX Option Income Strategy ETF	NFLY	$114	8.10%
Zacks Small/Mid Cap ETF	SMIZ	$113	-5.75%
Principal Focused Blue Chip ETF	BCHP	$113	-0.44%
KraneShares KWEB Covered Call Strategy ETF	KLIP	$110	7.11%
MarketDesk Focused U.S. Dividend ETF	FDIV	$108	-0.96%
Bancreek U.S. Large Cap ETF	BCUS	$108	-2.01%
T. Rowe Price International Equity ETF	TOUS	$108	14.59%
Eldridge AAA CLO ETF	CLOX	$107	1.10%
FT Vest U.S. Small Cap Moderate Buffer ETF - November	SNOV	$106	-2.29%
Defiance R2000 Enhanced Options & 0DTE Income ETF	IWMY	$106	-0.43%
Fidelity Disruptive Automation ETF	FBOT	$105	0.28%
Xtrackers US National Critical Technologies ETF	CRTC	$104	0.65%

이름	티커	총 자산 (백만 달러)	2025년 올해 성과
Brookstone Growth Stock ETF	BAMG	$103	-0.96%
Sovereign's Capital Flourish Fund	SOVF	$101	0.00%
Avantis All International Markets Equity ETF	AVNM	$101	8.12%
Hilton Small-MidCap Opportunity ETF	SMCO	$101	-3.69%
AllianzIM U.S. Large Cap Buffer20 Feb ETF	FEBW	$97	-0.48%
SGI U.S. Large Cap Core ETF	SGLC	$94	-0.64%
Strive Emerging Markets Ex-China ETF	STXE	$94	-0.25%
AllianzIM U.S. Large Cap Buffer20 Jun ETF	JUNW	$93	0.67%
GraniteShares 2x Short NVDA Daily ETF	NVD	$92	3.96%
Brandes U.S. Small-Mid Cap Value ETF	BSMC	$92	-0.44%
Fidelity Disruptors ETF	FDIF	$91	0.44%
Brookstone Dividend Stock ETF	BAMD	$90	1.13%
Level Four Large Cap Growth Active ETF	LGRO	$89	-1.98%
Simplify Opportunistic Income ETF	CRDT	$89	4.13%
Global X Emerging Markets Great Consumer ETF	EMC	$88	2.58%
AB US Low Volatility Equity ETF	LOWV	$87	1.80%
Parametric Hedged Equity ETF	PHEQ	$87	0.45%
Brookstone Value Stock ETF	BAMV	$86	3.35%
YieldMax AI Option Income Strategy ETF	AIYY	$83	-30.93%
iShares Large Cap Moderate Buffer ETF	IVVM	$79	0.81%
FT Vest U.S. Small Cap Moderate Buffer ETF - August	SAUG	$79	-2.50%

이름	티커	총 자산 (백만 달러)	2025년 올해 성과
AllianzIM U.S. Large Cap Buffer20 Sep ETF	SEPW	$77	0.40%
YieldMax MRNA Option Income Strategy ETF	MRNY	$76	-22.15%
FT Vest Technology Dividend Target Income ETF	TDVI	$75	0.32%
Academy Veteran Impact ETF	VETZ	$75	2.31%
Simplify Propel Opportunities ETF	SURI	$73	7.60%
T-Rex 2X Inverse Tesla Daily Target ETF	TSLZ	$72	77.11%
FT Vest U.S. Small Cap Moderate Buffer ETF - May	SMAY	$71	-3.19%
Defiance S&P 500 Enhanced Options & 0DTE Income ETF	WDTE	$69	-0.36%
FT Vest U.S. Equity Buffer & Premium Income ETF - September	XISE	$68	0.78%
YieldMax SQ Option Income Strategy ETF	SQY	$68	-26.47%
SGI Dynamic Tactical ETF	DYTA	$67	1.12%
Tema Oncology ETF	CANC	$67	5.85%
AllianzIM U.S. Large Cap Buffer20 Mar ETF	MARW	$66	1.26%
Fidelity Disruptive Communications ETF	FDCF	$66	4.43%
FT Vest U.S. Equity Enhance & Moderate Buffer ETF - October	XOCT	$65	0.49%
Counterpoint Quantitative Equity ETF	CPAI	$64	0.81%
Calvert US Mid-Cap Core Responsible Index ETF	CVMC	$64	-0.93%
Tema GLP-1 Obesity & Cardiometabolic ETF	HRTS	$64	6.72%
Madison Dividend Value ETF	DIVL	$60	3.42%
Cambiar Aggressive Value ETF	CAMX	$59	5.32%
YieldMax PYPL Option Income Strategy ETF	PYPY	$55	-16.51%

이름	티커	총 자산 (백만 달러)	2025년 올해 성과
FundX Investment Conservative ETF	XRLX	$55	-1.04%
YieldMax XOM Option Income Strategy ETF	XOMO	$54	-0.86%
Unusual Whales Subversive Republican Trading ETF	KRUZ	$54	-0.74%
Touchstone Dynamic International ETF	TDI	$53	11.27%
GraniteShares 2x Short TSLA Daily ETF	TSDD	$53	80.06%
Fidelity Disruptive Medicine ETF	FMED	$53	2.04%
Matthews Pacific Tiger Active ETF	ASIA	$53	3.56%
SRH REIT Covered Call ETF	SRHR	$52	3.32%
Tema Monopolies and Oligopolies ETF	TOLL	$52	4.18%
AllianzIM U.S. Large Cap Buffer20 May ETF	MAYW	$51	1.38%
YieldMax JPM Option Income Strategy ETF	JPMO	$51	3.56%
SP Funds S&P Global Technology ETF	SPTE	$49	-2.25%
ProShares Ether ETF	EETH	$49	-34.35%
Madison Covered Call ETF	CVRD	$49	-2.26%
Hartford US Value ETF	VMAX	$48	1.06%
PGIM S&P 500 Buffer 20 ETF - January	PBJA	$48	0.32%
Fidelity Disruptive Finance ETF	FDFF	$47	-2.54%
Hartford US Quality Growth ETF	HQGO	$46	-1.58%
T-Rex 2X Inverse NVIDIA Daily Target ETF	NVDQ	$46	3.16%
Matthews Korea Active ETF	MKOR	$46	5.78%
American Beacon AHL Trend ETF	AHLT	$45	0.37%

이름	티커	총 자산 (백만 달러)	2025년 올해 성과
iShares Copper and Metals Mining ETF	ICOP	$45	5.09%
Avantis International Small Cap Equity ETF	AVDS	$45	6.04%
FT Vest U.S. Equity Enhance & Moderate Buffer ETF - July	XJUL	$43	0.70%
Brookstone Active ETF	BAMA	$40	-0.03%
Putnam PanAgora ESG Emerging Markets Equity ETF	PPEM	$40	5.48%
YieldMax DIS Option Income Strategy ETF	DISO	$40	-0.99%
First Trust Emerging Markets Human Flourishing ETF	FTHF	$40	7.20%
AllianzIM U.S. Large Cap Buffer10 Feb ETF	FEBT	$39	-0.79%
Brookstone Opportunities ETF	BAMO	$38	-0.07%
SP Funds S&P World (ex-US) ETF	SPWO	$38	5.77%
Brookstone Yield ETF	BAMY	$37	1.02%
Bridges Capital Tactical ETF	BDGS	$37	1.03%
Matthews Emerging Markets ex China Active ETF	MEMX	$36	-1.94%
Innovator Premium Income 30 Barrier ETF - April	APRJ	$34	0.89%
AB US High Dividend ETF	HIDV	$33	-1.10%
Sprott Critical Materials ETF	SETM	$31	-0.68%
AllianzIM U.S. Large Cap Buffer10 Aug ETF	AUGT	$31	0.14%
Tactical Advantage ETF	FDAT	$31	0.16%
AB Tax-Aware Long Municipal ETF	TAFL	$30	0.94%
Avantis Moderate Allocation ETF	AVMA	$30	1.56%
BondBloxx USD High Yield Bond Sector Rotation ETF	HYSA	$29	2.25%

이름	티커	총 자산 (백만 달러)	2025년 올해 성과
FT Vest U.S. Equity Enhance & Moderate Buffer ETF - August	XAUG	$29	0.69%
Texas Capital Texas Equity Index ETF	TXS	$29	-3.24%
Beacon Tactical Risk ETF	BTR	$29	1.19%
AB Corporate Bond ETF	EYEG	$28	2.41%
John Hancock Disciplined Value International Select ETF	JDVI	$28	11.99%
FT Vest DJIA Dogs 10 Target Income ETF	DOGG	$28	N/A
Direxion Daily NVDA Bear 1X Shares	NVDD	$28	6.65%
Themes Generative Artificial Intelligence ETF	WISE	$28	-9.62%
MicroSectors Gold 3X Leveraged ETNs	SHNY	$27	31.85%
iShares LifePath Target Date 2040 ETF	ITDD	$27	2.59%
Innovator Premium Income 20 Barrier ETF - April	APRH	$27	0.87%
Calvert US Select Equity ETF	CVSE	$27	0.24%
iShares LifePath Target Date 2035 ETF USD	ITDC	$26	2.52%
Avantis Emerging Markets Small Cap Equity ETF	AVEE	$26	1.43%
Matthews Emerging Markets Sustainable Future Active ETF	EMSF	$26	6.54%
Mohr Sector Nav ETF	SNAV	$25	1.72%
John Hancock Dynamic Municipal Bond ETF	JHMU	$25	1.38%
iShares LifePath Target Date 2045 ETF USD	ITDE	$24	2.58%
Strive Natural Resources and Security ETF	FTWO	$24	4.55%
iShares Large Cap Value Active ETF	BLCV	$24	3.58%
FT Vest U.S. Equity Buffer & Premium Income ETF - December	XIDE	$23	N/A

이름	티커	총 자산 (백만 달러)	2025년 올해 성과
MUSQ Global Music Industry Index ETF	MUSQ	$23	10.16%
AllianzIM U.S. Large Cap Buffer10 Mar ETF	MART	$23	1.81%
Innovator Premium Income 30 Barrier ETF - October	OCTJ	$23	0.75%
Global X India Active ETF	NDIA	$22	-7.81%
iShares LifePath Target Date 2050 ETF USD	ITDF	$22	2.62%
iShares ESG Aware MSCI USA Growth ETF	EGUS	$22	-4.45%
Innovator International Developed Power Buffer ETF December	IDEC	$22	7.26%
Innovator Premium Income 30 Barrier ETF - July	JULJ	$21	0.78%
FT Vest U.S. Equity Enhance & Moderate Buffer ETF - November	XNOV	$21	0.63%
Morgan Dempsey Large Cap Value ETF	MDLV	$21	N/A
JPMorgan BetaBuilders U.S. Treasury Bond 3-10 Year ETF	BBIB	$21	2.28%
iShares ESG Aware MSCI USA Value ETF	EVUS	$21	2.84%
Calvert US Large-Cap Diversity, Equity and Inclusion Index ETF	CDEI	$21	-1.37%
JPMorgan Active Small Cap Value ETF	JPSV	$21	-3.76%
Innovator Premium Income 20 Barrier ETF - October	OCTH	$20	0.54%
JPMorgan BetaBuilders U.S. Treasury Bond 1-3 Year ETF	BBSB	$20	1.16%
Bitwise Trendwise Bitcoin and Treasuries Rotation Strategy ETF	BITC	$20	-6.10%
Amplify Cash Flow Dividend Leaders ETF	COWS	$20	-4.55%
PGIM Jennison Better Future ETF	PJBF	$20	-1.90%
GGM Macro Alignment ETF	GGM	$20	-2.26%
Innovator Premium Income 20 Barrier ETF - July	JULH	$19	0.86%

이름	티커	총 자산 (백만 달러)	2025년 올해 성과
iShares LifePath Target Date 2030 ETF	ITDB	$19	2.56%
Innovator Premium Income 15 Buffer ETF - October	LOCT	$19	0.62%
Pacer US Small Cap Cash Cows Growth Leaders ETF	CAFG	$19	-6.62%
Kurv Yield Prem Strategy Tesla ETF	TSLP	$19	-29.41%
Innovator Premium Income 40 Barrier ETF - April	APRQ	$19	0.87%
Foundations Dynamic Growth ETF	FDGR	$18	-2.74%
AllianzIM U.S. Large Cap Buffer10 Sep ETF	SEPT	$18	0.24%
Horizon Kinetics Medical ETF	MEDX	$17	11.21%
Global X Emerging Markets ex-China ETF	EMM	$17	-1.98%
Horizon Kinetics SPAC Active ETF	SPAQ	$17	1.37%
IDX Dynamic Innovation ETF	DYNI	$17	-2.82%
MicroSectors Energy 3X Leveraged ETNs	WTIU	$16	-10.25%
First Trust Multi-Strategy Alternative ETF	LALT	$16	1.00%
Invesco Nasdaq Free Cash Flow Achievers ETF	QOWZ	$16	-2.19%
BNY Mellon Innovators ETF	BKIV	$15	-1.91%
iShares LifePath Target Date 2055 ETF	ITDG	$15	2.54%
BNY Mellon Women's Opportunities ETF	BKWO	$15	-1.15%
Gotham Short Strategies ETF	SHRT	$15	3.32%
LAFFER TENGLER Equity Income ETF	TGLR	$15	2.02%
AllianzIM U.S. Large Cap Buffer10 Jun ETF	JUNT	$14	0.40%
TCW Transform Supply Chain ETF	SUPP	$14	-2.94%

이름	티커	총 자산 (백만 달러)	2025년 올해 성과
Innovator Premium Income 9 Buffer ETF - October	HOCT	$14	0.62%
AllianzIM U.S. Large Cap Buffer10 May ETF	MAYT	$14	0.91%
ARK 21Shares Active Bitcoin Futures Strategy ETF	ARKA	$14	-4.49%
iShares LifePath Retirement ETF	IRTR	$14	2.48%
InfraCap Small Cap Income ETF	SCAP	$14	-2.22%
PGIM Jennison International Opportunities ETF	PJIO	$14	11.74%
Brendan Wood TopGun ETF	BWTG	$13	4.67%
Calamos Antetokounmpo Global Sustainable Equities ETF	SROI	$13	2.90%
Innovator Premium Income 40 Barrier ETF - October	OCTQ	$13	0.65%
Sprott Junior Copper Miners ETF	COPJ	$13	6.83%
JPMorgan Active China ETF Active China ETF	JCHI	$13	14.08%
Calamos Convertible Equity Alternative ETF	CVRT	$13	-1.54%
PGIM Jennison Focused Mid-Cap ETF	PJFM	$13	-1.49%
Innovator International Developed Power Buffer ETF November	INOV	$13	7.03%
Texas Capital Texas Small Cap Equity Index ETF	TXSS	$13	-4.22%
Kurv Yield Prem Strategy Amazon ETF	AMZP	$13	-4.57%
Sprott Lithium Miners ETF	LITP	$13	-5.09%
Matthews India Active ETF	INDE	$13	-11.32%
Vaneck Robotics ETF	IBOT	$12	3.22%
Texas Capital Texas Oil Index ETF	OILT	$12	-7.50%
ProShares Bitcoin & Ether Market Cap Weight ETF	BETH	$12	-9.51%

이름	티커	총 자산 (백만 달러)	2025년 올해 성과
Kurv Yield Prem Stratgey Netflix ETF	NFLP	$11	9.73%
Touchstone Climate Transition ETF	HEAT	$11	0.29%
Alpha Blue Capital US Small-Mid Cap Dynamic ETF	ABCS	$10	-1.26%
SPDR Portfolio S&P Sector Neutral Dividend ETF	SPDG	$10	2.99%
Community Municipal Bonds ETF	GMUN	$10	1.31%
Aztlan North America Nearshoring Stock Selection ETF	NRSH	$10	2.38%
Global X U.S. Cash Flow Kings 100 ETF	FLOW	$10	-1.62%
iShares LifePath Target Date 2060 ETF USD	ITDH	$9	2.42%
Innovator Premium Income 10 Barrier ETF - April	APRD	$9	0.99%
Amplify COWS Covered Call ETF	HCOW	$9	-5.06%
IMGP Berkshire Dividend Growth ETF	BDVG	$9	3.67%
Sprott Nickel Miners ETF	NIKL	$9	-10.05%
MKAM ETF	MKAM	$9	0.04%
Foundations Dynamic Core ETF	FDCE	$8	-2.23%
CoreValues Alpha Greater China Growth ETF	CGRO	$8	18.09%
iShares LifePath Target Date 2065 ETF	ITDI	$8	2.49%
JPMorgan Healthcare Leaders ETF	JDOC	$8	9.30%
JPMorgan BetaBuilders U.S. Treasury Bond 20+ Year ETF	BBLB	$8	4.43%
PGIM S&P 500 Buffer 12 ETF - January	JANP	$8	0.20%
Mast Global Battery Recycling & Production ETF	EV	$8	2.58%
Honeytree U.S. Equity ETF	BEEZ	$8	1.34%

이름	티커	총 자산 (백만 달러)	2025년 올해 성과
iShares Large Cap Core Active ETF	BLCR	$8	0.05%
Kurv Yield Premium Strategy Google (GOOGL) ETF	GOOP	$8	-9.67%
Innovator Premium Income 40 Barrier ETF - July	JULQ	$8	0.74%
Putnam Emerging Markets ex-China ETF	PEMX	$7	-0.72%
First Trust Bloomberg Emerging Market Democracies ETF	EMDM	$7	5.37%
Gabelli Commercial Aerospace and Defense ETF	GCAD	$7	1.43%
ProShares Bitcoin & Ether Equal Weight ETF	BETE	$7	-20.06%
Xtrackers Semiconductor Select Equity ETF	CHPS	$7	-0.28%
Xtrackers Cybersecurity Select Equity ETF	PSWD	$7	6.59%
iShares Future Metaverse Tech and Communications ETF	IVRS	$7	4.54%
National Security Emerging Markets Index ETF	NSI	$7	5.17%
Bitwise Trendwise Ether and Treasuries Rotation Strategy ETF	AETH	$6	-15.49%
Macquarie Energy Transition ETF	PWER	$6	-4.30%
Neuberger Berman China Equity ETF	NBCE	$6	9.50%
ARK 21Shares Active Ethereum Futures Strategy ETF	ARKZ	$6	-34.26%
Themes Global Systemically Important Banks ETF	GSIB	$6	16.04%
WHITEWOLF Publicly Listed Private Equity ETF	LBO	$5	-3.16%
LG QRAFT AI-Powered U.S. Large Cap Core ETF	LQAI	$5	-2.80%
NYLI CBRE Real Assets ETF	IQRA	$5	3.80%
Cyber Hornet S&P 500 and Bitcoin 75/25 Strategy ETF	ZZZ	$5	-1.12%
Innovator Premium Income 10 Barrier ETF - July	JULD	$5	0.97%

이름	티커	총 자산 (백만 달러)	2025년 올해 성과
Alger Weatherbie Enduring Growth ETF	AWEG	$5	-5.77%
Themes US Small Cap Cash Flow Champions ETF	SMCF	$5	-6.90%
Kurv Yield Premium Strategy Microsoft (MSFT) ETF	MSFY	$5	-4.42%
Macquarie Global Listed Infrastructure ETF	BILD	$5	1.38%
Innovator Premium Income 10 Barrier ETF - October	OCTD	$5	0.54%
KraneShares Dynamic Emerging Markets Strategy ETF	KEM	$5	7.62%
Harbor Multi-Asset Explorer ETF	MAPP	$5	3.53%
Kurv Yield Premium Strategy Apple (AAPL) ETF	AAPY	$4	-5.22%
Bitwise Trendwise BTC/ETH and Treasuries Rotation Strategy ETF	BTOP	$4	10.82%
Hypatia Women CEO ETF	WCEO	$4	-5.22%
Avantis All International Markets Value ETF	AVNV	$4	7.63%
John Hancock Fundamental All Cap Core ETF	JHAC	$4	-4.47%
ARK 21Shares Blockchain and Digital Economy Innovation ETF	ARKD	$4	-11.87%
iShares Lithium Miners and Producers ETF	ILIT	$4	0.45%
Matthews Japan Active ETF	JPAN	$4	2.78%
Themes Gold Miners ETF	AUMI	$4	21.54%
Horizon Kinetics Energy and Remediation ETF	NVIR	$4	-2.34%
MAX Airlines 3X Leveraged ETNs	JETU	$4	-14.17%
Intelligent Real Estate ETF	REAI	$4	-0.02%
Xtrackers US Green Infrastructure Select Equity ETF	UPGR	$4	-10.18%
MAX Auto Industry 3X Leveraged ETN	CARU	$3	-22.37%

이름	티커	총 자산 (백만 달러)	2025년 올해 성과
Columbia Research Enhanced Real Estate ETF	CRED	$3	2.55%
Simplify US Equity PLUS QIS ETF	SPQ	$3	-2.32%
Matthews Asia Dividend Active ETF	ADVE	$3	2.97%
KraneShares Global Luxury Index ETF	KLXY	$3	9.74%
MicroSectors Energy 3X Inverse Leveraged ETNs	WTID	$3	-0.26%
ARK 21Shares Active Bitcoin Ethereum Strategy ETF	ARKY	$3	-11.20%
MicroSectors Gold -3X Inverse Leveraged ETNs	DULL	$3	-27.89%
Invesco S&P 500 High Dividend Growers ETF	DIVG	$3	3.47%
iShares Breakthrough Environmental Solutions ETF	ETEC	$3	3.48%
Tema Luxury ETF	LUX	$3	8.34%
Global X Brazil Active ETF	BRAZ	$3	5.36%
USCF Energy Commodity Strategy Absolute Return Fund	USE	$3	-3.30%
KraneShares Rockefeller Ocean Engagement ETF	KSEA	$3	3.41%
MAX Airlines -3X Inverse Leveraged ETNs	JETD	$2	7.78%
VanEck Office and Commercial REIT ETF	DESK	$2	-5.16%
Vest 10 Year Interest Rate Hedge ETF	RYSE	$2	-5.49%
Foundations Dynamic Value ETF	FDVL	$2	1.71%
ProShares Short Ether ETF	SETH	$2	38.88%
Themes US Cash Flow Champions ETF	LGCF	$2	2.97%
GraniteShares 1x Short AMD Daily ETF	AMDS	$2	16.38%
Kingsbarn Dividend Opportunity ETF	DVDN	$2	1.64%

이름	티커	총 자산 (백만 달러)	2025년 올해 성과
Global X Dow 30 Covered Call & Growth ETF	DYLG	$2	1.87%
Themes Cybersecurity ETF	SPAM	$2	5.25%
Global X PropTech ETF	PTEC	$2	10.07%
Themes Cloud Computing ETF	CLOD	$2	0.81%
Themes Natural Monopoly ETF	CZAR	$1	4.73%
MAX Auto Industry -3x Inverse Leveraged ETN	CARD	$1	15.24%
USCF Sustainable Battery Metals Strategy Fund	ZSB	$1	2.16%
First Trust S&P 500 Diversified Free Cash Flow ETF	FCFY	$1	0.16%
Themes US R&D Champions ETF	U3RD	$1	-1.84%
First Trust Bloomberg Inflation Sensitive Equity ETF	FTIF	$1	-3.20%
Themes Airlines ETF	AIRL	$1	1.81%
Themes European Luxury ETF	FINE	$1	6.68%

2024년 신규 상장 ETF 리스트

이름	티커	총 자산 (백만 달러)	2025년 올해 성과
SGI Enhanced Core ETF	USDX	$305.60	0.55%
Invesco Galaxy Bitcoin ETF	BTCO	$50,367	-3.03%
Draco Evolution AI ETF	DRAI	$17,588	-3.13%
Global X Short-Term Treasury Ladder ETF	SLDR	$16,993	-3.32%
AllianzIM U.S. Equity 6 Month Floor5 Jan/Jul ETF	FLJJ	$4,329	-3.22%
Global X S&P 500 Quality Dividend Covered Call ETF	QDCC	$3,495	-4.28%
AllianzIM U.S. Equity Buffer15 Uncapped Sep ETF	SEPU	$3,411	-3.15%
Invesco MSCI EAFE Income Advantage ETF	EFAA	$2,760	-33.14%
Miller Value Partners Appreciation ETF	MVPA	$2,722	-0.15%
GMO International Quality ETF	QLTI	$2,715	-33.51%
Direxion Daily BRKB Bull 2X Shares	BRKU	$2,355	2.98%
Innovator U.S. Small Cap 10 Buffer ETF - Quarterly	RBUF	$2,300	-0.04%
YieldMax MARA Option Income Strategy ETF	MARO	$2,163	0.78%
FT Vest U.S. Equity Max Buffer ETF - August	AUGM	$1,450	-5.58%
U.S. Global Technology and Aerospace & Defense ETF	WAR	$1,243	-3.13%
Innovator Premium Income 9 Buffer ETF - July	HJUL	$1,197	3.00%
T-Rex 2X Long Apple Daily Target ETF	AAPX	$1,174	-7.89%

이름	티커	총 자산 (백만 달러)	2025년 올해 성과
Amplify CWP Growth & Income ETF	QDVO	$1,060	0.16%
Global X U.S. Electrification ETF	ZAP	$1,024	-33.25%
Morgan Stanley Pathway Large Cap Equity ETF	MSLC	$1,007	-0.58%
Direxion Daily PLTR Bull 2X Shares	PLTU	$975	N/A
Calamos Russell 2000 Structured Alt Protection ETF July	CPRJ	$949	-5.12%
Calamos CEF Income & Arbitrage ETF	CCEF	$948	3.38%
Fidelity Wise Origin Bitcoin Fund	FBTC	$928	1.58%
Polen Capital Emerging Markets ex China Growth ETF	PCEM	$913	-11.75%
FT Vest U.S. Equity Enhance & Moderate Buffer ETF - January	XJAN	$868	-3.51%
YieldMax Universe Fund of Option Income ETFs	YMAX	$768	-3.84%
Roundhill China Dragons ETF	DRAG	$753	-0.87%
Invesco QQQ Income Advantage ETF	QQA	$742	9.28%
REX AI Equity Premium Income ETF	AIPI	$712	-4.95%
TCW Artificial Intelligence ETF	AIFD	$699	2.04%
Return Stacked U.S. Stocks & Futures Yield ETF	RSSY	$660	5.29%
AllianzIM U.S. Equity Buffer15 Uncapped Jul ETF	JULU	$660	0.99%
Calamos Nasdaq - 100 Structured Alt Protection ETF -June	CPNJ	$636	-3.18%
Roundhill S&P 500 Target 20 Managed Distribution ETF	XPAY	$544	13.12%
Miller Value Partners Leverage ETF	MVPL	$535	-4.00%
Innovator Premium Income 15 Buffer ETF - July	LJUL	$530	-3.25%
Fidelity Fundamental Emerging Markets ETF	FFEM	$520	-3.19%

이름	티커	총 자산 (백만 달러)	2025년 올해 성과
NEOS Nasdaq 100 High Income ETF	QQQI	$470	0.88%
Roundhill Daily 2X Long Magnificent Seven ETF	MAGX	$425	-0.69%
Simplify Tara India Opportunities ETF	IOPP	$421	0.62%
PGIM S&P 500 Buffer 20 ETF - October	PBOC	$418	N/A
DoubleLine Fortune 500 Equal Weight ETF	DFVE	$378	-1.48%
AB International Low Volatility Equity ETF	ILOW	$344	1.21%
YieldMax Gold Miners Option Income Strategy ETF	GDXY	$319	-7.75%
American Beacon GLG Natural Resources ETF	MGNR	$310	0.93%
GammaRoad Market Navigation ETF	GMMA	$306	23.56%
SGI Enhanced Core ETF	USDX	$305.60	0.55%
Amplify Bloomberg U.S. Treasury 12% Premium Income ETF	TLTP	$304	1.10%
SEI Select International Equity ETF	SEIE	$296	1.12%
Vest 2 Year Interest Rate Hedge ETF	HYKE	$284	-2.33%
Research Affiliates Deletions ETF	NIXT	$277	-5.69%
Innovator Premium Income 15 Buffer ETF - April	LAPR	$273	-0.32%
Innovator U.S. Small Cap Power Buffer ETF - June	KJUN	$272	0.91%
Innovator Equity Defined Protection ETF - 6mo Apr/Oct	APOC	$272	-2.77%
Brinsmere Fund Conservative ETF	TBFC	$268	4.41%
NEOS Bitcoin High Income ETF	BTCI	$265	0.82%
YieldMax Ultra Option Income Strategy ETF	ULTY	$248	-4.45%
FT Vest U.S. Equity Quarterly Dynamic Buffer ETF	FHDG	$244	-32.51%

이름	티커	총 자산 (백만 달러)	2025년 올해 성과
Calamos S&P 500 Structured Alt Protection ETF - December	CPSD	$244	17.22%
Harbor PanAgora Dynamic Large Cap Core ETF	INFO	$242	0.37%
Roundhill Small Cap 0DTE Covered Call Strategy ETF	RDTE	$219	-4.91%
NEOS Russell 2000 High Income ETF	IWMI	$213	-2.45%
AllianzIM U.S. Large Cap 6 Month Buffer10 Feb/Aug ETF	SIXF	$208	-33.17%
ProShares UltraShort Ether ETF	ETHD	$206	2.59%
Roundhill S&P 500 0DTE Covered Call Strategy ETF	XDTE	$203	7.11%
Calamos Alternative Nasdaq & Bond ETF	CANQ	$190	4.40%
AllianzIM U.S. Large Cap 6 Month Buffer10 Jun/Dec ETF	SIXD	$189	3.49%
Brinsmere Fund Growth ETF	TBFG	$188	5.93%
iShares Ethereum Trust ETF	ETHA	$185	N/A
Themes US Infrastructure ETF	HWAY	$173	N/A
iShares Long Term U.S. Equity Active ETF	BELT	$167	-3.22%
SEI Select Emerging Markets Equity ETF	SEEM	$165	N/A
AllianzIM U.S. Equity Buffer15 Uncapped Oct ETF	OCTU	$162	N/A
Tremblant Global ETF	TOGA	$161	-42.33%
Leverage Shares 2X Long NVDA Daily ETF	NVDG	$161	N/A
Morgan Stanley Pathway Small-Mid Cap Equity ETF	MSSM	$160	-3.99%
Innovator U.S. Small Cap Managed Floor ETF	RFLR	$160	-1.00%
Roundhill Innovation-100 0DTE Covered Call Strategy ETF	QDTE	$160	N/A
Nuveen Sustainable Core ETF	NSCR	$156	-4.17%

이름	티커	총 자산 (백만 달러)	2025년 올해 성과
T-Rex 2X Long MSTR Daily Target ETF	MSTU	$155	-1.26%
Neuberger Berman Option Strategy ETF	NBOS	$152	4.60%
Tradr 2X Long Triple Q Monthly ETF	MQQQ	$150	2.69%
Invesco Top QQQ ETF	QBIG	$148	N/A
TappAlpha SPY Growth & Daily Income ETF	TSPY	$147	4.44%
Monarch Volume Factor Global Unconstrained Index ETF	MVFG	$145	1.52%
Dimensional Emerging Markets ex China Core Equity ETF	DEXC	$144	23.08%
Rayliant SMDAM Japan Equity ETF	RAYJ	$135	-10.54%
Cambria Tax Aware ETF	TAX	$135	-1.55%
Innovator Equity Defined Protection ETF - 2 Yr to October 2026	AOCT	$132	0.51%
Cambria Large Cap Shareholder Yield ETF	LYLD	$131	-0.86%
YieldMax MSTR Option Income Strategy ETF	MSTY	$128	8.50%
GraniteShares YieldBOOST TSLA ETF	TSYY	$128	0.36%
Invesco S&P SmallCap 600 GARP ETF	GRPZ	$123	N/A
FT Vest Nasdaq-100 Conservative Buffer ETF - July	QCJL	$122	1.10%
AAM Sawgrass US Large Cap Quality Growth ETF	SAWG	$120	0.09%
T-Rex 2X Long NFLX Daily Target ETF	NFLU	$118	0.38%
Direxion Daily AI and Big Data Bear 2X Shares	AIBD	$116	16.81%
Dimensional US Vector Equity ETF	DXUV	$116	-6.58%
AB Moderate Buffer ETF	BUFM	$116	0.33%
GraniteShares 2x Long MSFT Daily ETF	MSFL	$113	10.96%

이름	티커	총 자산 (백만 달러)	2025년 올해 성과
GraniteShares 2x Long CRWD Daily ETF	CRWL	$113	10.96%
Sparkline International Intangible Value ETF	DTAN	$112	-7.17%
SMI 3-Fourteen Full-Cycle Trend ETF	FCTE	$112	-7.17%
Range Nuclear Renaissance Index ETF	NUKZ	$109	N/A
Range Global Offshore Oil Services Index ETF	OFOS	$109	N/A
Monarch Select Subsector ETF Fund	MSSS	$108	N/A
Monarch Dividend Plus ETF	MDPL	$108	N/A
Principal International Equity ETF	PIEQ	$106	-62.92%
Polen Capital International Growth ETF	PCIG	$106	-62.92%
MFS Active Growth ETF	MFSG	$105	1.60%
Matthews Emerging Markets Discovery Active ETF	MEMS	$105	1.60%
GraniteShares 2x Long AMZN Daily ETF	AMZZ	$105	6.40%
GraniteShares 2x Long AMD Daily ETF	AMDL	$105	6.48%
Cambria Chesapeake Pure Trend ETF	MFUT	$102	-1.29%
Calamos S&P 500 Structured Alt Protection ETF July	CPSJ	$102	-1.29%
VanEck Bitcoin ETF	HODL	$101	-33.02%
Unity Wealth Partners Dynamic Capital Appreciation & Options ETF	DCAP	$101	-33.02%
Innovator Nasdaq-100 Managed Floor ETF	QFLR	$101	-2.75%
Innovator Nasdaq-100 10 Buffer ETF Quarterly	QBUF	$101	-2.75%
iShares Large Cap Max Buffer Dec ETF	DMAX	$100	9.65%
iShares Large Cap Growth Active ETF	BGRO	$100	9.65%

이름	티커	총 자산 (백만 달러)	2025년 올해 성과
Grayscale Bitcoin Trust ETF	GBTC	$100	0.37%
Grayscale Bitcoin Mini Trust ETF	BTC	$100	0.37%
PGIM S&P 500 Max Buffer ETF - January	PMJA	$99	-1.40%
PGIM S&P 500 Buffer 20 ETF - September	PBSE	$99	-1.40%
Fidelity Enhanced U.S. All-Cap Equity ETF	FEAC	$97	11.02%
Fidelity Enhanced Emerging Markets ETF	FEMR	$97	11.02%
AllianzIM U.S. Equity Buffer15 Uncapped May ETF	MAYU	$97	-4.89%
AllianzIM U.S. Equity Buffer15 Uncapped June ETF	JNEU	$97	-4.89%
YieldMax SMCI Option Income Strategy ETF	SMCY	$96	10.88%
YieldMax Short TSLA Option Income Strategy ETF	CRSH	$96	10.88%
Janus Henderson Mid Cap Growth Alpha ETF	JMID	$95	N/A
iShares U.S. Manufacturing ETF	MADE	$95	N/A
Intelligent Livermore ETF	LIVR	$95	-6.98%
Inspire 500 ETF	PTL	$95	-6.98%
Eventide US Market ETF	EUSM	$95	8.79%
Eventide High Dividend ETF	ELCV	$95	8.79%
iShares International Country Rotation Active ETF	CORO	$93	-3.16%
iShares iBonds 1-5 Year TIPS Ladder ETF	LDRI	$93	-3.16%
Innovator Premium Income 9 Buffer ETF - April	HAPR	$93	8.42%
Innovator Premium Income 30 Barrier ETF - January	JANJ	$93	8.42%
iShares Nasdaq-100 ex Top 30 ETF	QNXT	$92	1.85%

이름	티커	총 자산 (백만 달러)	2025년 올해 성과
iShares Nasdaq Top 30 Stocks ETF	QTOP	$92	1.85%
AllianzIM U.S. Large Cap 6 Month Buffer10 May/Nov ETF	SIXZ	$92	1.40%
Brown Advisory Flexible Equity ETF	BAFE	$89	11.00%
FT Vest U.S. Equity Max Buffer ETF - November	NOVM	$88	13.38%
Direxion Daily Magnificent 7 Bear 1X Shares	QQQD	$87	1.14%
Strive Mid-Cap ETF	STXM	$84	1.43%
SEI Select Small Cap ETF	SEIS	$84	6.76%
iShares U.S. Industry Rotation Active ETF	INRO	$83	2.55%
Direxion Daily Crypto Industry Bull 2X Shares	LMBO	$82	N/A
Westwood Salient Enhanced Energy Income ETF	WEEI	$81	1.01%
MFS Active Value ETF	MFSV	$81	-2.33%
Fidelity Ethereum Fund ETF	FETH	$80	1.04%
Harbor Active Small Cap ETF	SMLL	$79	0.42%
Harbor Osmosis Emerging Markets Resource Efficient ETF	EFFE	$78	0.78%
HSBC Holdings plc ADRhedged	HSBH	$72	-0.09%
GraniteShares 2x Long UBER Daily ETF	UBRL	$72	0.48%
Cambria Micro and SmallCap Shareholder Yield ETF	MYLD	$71	9.38%
Tradr 2X Long Triple Q Quarterly ETF	QQQP	$70	0.10%
First Trust Bloomberg Artificial Intelligence ETF	FAI	$70	-2.95%
Calamos Nasdaq-100 Structured Alt Protection ETF - September	CPNS	$70	-38.31%
MFS Active International ETF	MFSI	$68	1.00%

이름	티커	총 자산 (백만 달러)	2025년 올해 성과
Innovator International Developed Power Buffer ETF August	IAUG	$68	-2.59%
Defiance Daily Target 2X Long LLY ETF	LLYX	$68	-17.13%
Avantis Emerging Markets ex-China Equity ETF	AVXC	$67	0.94%
LSV Disciplined Value ETF	LSVD	$66	-6.29%
Grayscale Ethereum Trust ETF	ETHE	$66	0.45%
AllianzIM U.S. Equity Buffer15 Uncapped Jan ETF	JANU	$66	-0.43%
T. Rowe Price Technology ETF	TTEQ	$65	-9.53%
Harbor AlphaEdge Large Cap Value ETF	VLLU	$65	0.48%
FT Vest U.S. Equity Enhance & Moderate Buffer ETF - February	XFEB	$65	-3.60%
Invesco S&P 500 Equal Weight Income Advantage ETF	RSPA	$64	N/A
Harbor AlphaEdge Small Cap Earners ETF	EBIT	$64	0.37%
GraniteShares 2x Long MU Daily ETF	MULL	$63	-1.16%
Fidelity Fundamental Global ex-U.S. ETF	FFGX	$63	-0.36%
VictoryShares Hedged Equity Income ETF	HEJD	$62	2.36%
FT Vest Nasdaq-100 Conservative Buffer ETF - April	QCAP	$62	0.38%
North Shore Equity Rotation ETF	KOOL	$61	N/A
FT Vest U.S. Equity Max Buffer ETF - June	JUNM	$59	0.26%
Fidelity Fundamental Developed International ETF	FFDI	$59	3.28%
Defiance Daily Target 2X Long NVO ETF	NVOX	$59	21.75%
Anydrus Advantage ETF	NDOW	$56	N/A
AllianzIM U.S. Equity Buffer15 Uncapped Apr ETF	ARLU	$56	-2.76%

이름	티커	총 자산 (백만 달러)	2025년 올해 성과
YieldMax Dorsey Wright Hybrid 5 Income ETF	FIVY	$55	16.91%
TCW Compounders ETF	GRW	$55	-6.51%
Matthews China Discovery Active ETF	MCHS	$55	1.74%
KraneShares Hedgeye Hedged Equity Index ETF	KSPY	$55	-1.63%
First Trust New Constructs Core Earnings Leaders ETF	FTCE	$55	0.04%
TrueShares Active Yield ETF	ERNZ	$54	0.47%
Harbor Osmosis International Resource Efficient ETF	EFFI	$54	0.45%
NestYield Visionary ETF	EGGQ	$53	-1.17%
Harbor AlphaEdge Next Generation REITs ETF	AREA	$51	0.61%
Tema Electrification ETF	VOLT	$50	N/A
Direxion Daily META Bear 1X Shares	METD	$50	0.87%
Atlas America Fund	USAF	$50	-1.17%
YieldMax SNOW Option Income Strategy ETF	SNOY	$49	14.12%
ProShares Nasdaq-100 High Income ETF	IQQQ	$49	-2.03%
Leverage Shares 2X Long TSLA Daily ETF	TSLG	$49	N/A
Capital Group New Geography Equity ETF	CGNG	$49	-37.65%
Rockefeller Global Equity ETF	RGEF	$48	-17.20%
FT Vest U.S. Equity Max Buffer ETF - October	OCTM	$48	1.31%
Fidelity Fundamental Large Cap Value ETF	FFLV	$48	6.61%
FIS Bright Portfolios Focused Equity ETF	BRIF	$46	N/A
YieldMax TSM Option Income Strategy ETF	TSMY	$45	-8.51%

이름	티커	총 자산 (백만 달러)	2025년 올해 성과
Frontier Asset Global Small Cap Equity ETF	FGSM	$45	0.94%
Bahl & Gaynor Dividend ETF	BGDV	$45	0.09%
AAM Brentview Dividend Growth ETF	BDIV	$45	0.96%
YieldMax Magnificent 7 Fund of Option Income ETFs	YMAG	$44	-11.10%
Grayscale Ethereum Mini Trust ETF	ETH	$44	0.64%
YieldMax PLTR Option Income Strategy ETF	PLTY	$43	-2.04%
Federated Hermes MDT Large Cap Value ETF	FLCV	$43	3.35%
YieldMax ABNB Option Income Strategy ETF	ABNY	$42	43.42%
Neuberger Berman Growth ETF	NBGX	$42	-2.96%
iShares Large Cap Max Buffer Sep ETF	SMAX	$42	0.02%
Langar Global HealthTech ETF	LGHT	$41	N/A
First Trust WCM International Equity ETF	WCMI	$41	0.23%
WisdomTree U.S. SmallCap Quality Growth Fund	QSML	$40	0.09%
Rockefeller U.S. Small-Mid Cap ETF	RSMC	$40	6.40%
Fidelity Hedged Equity ETF	FHEQ	$40	0.13%
Bitwise Bitcoin ETF Trust	BITB	$40	0.41%
AllianzIM U.S. Equity 6 Month Floor5 Apr/Oct ETF	FLAO	$40	N/A
Innovator International Developed 10 Buffer ETF - Quarterly	IBUF	$39	-1.41%
Direxion Daily Magnificent 7 Bull 2X Shares	QQQU	$39	0.81%
Range Global LNG Ecosystem Index ETF	LNGZ	$38	-4.41%
Innovator Equity Defined Protection ETF - 2 Yr to July 2026	AJUL	$38	6.90%

이름	티커	총 자산 (백만 달러)	2025년 올해 성과
FT Vest Laddered International Moderate Buffer ETF	BUFY	$38	N/A
Alger Concentrated Equity ETF	CNEQ	$38	2.47%
REX Crypto Equity Premium Income ETF	CEPI	$37	N/A
Parnassus Core Select ETF	PRCS	$37	0.44%
Macquarie Focused Large Growth ETF	LRGG	$37	N/A
Frontier Asset US Large Cap Equity ETF	FLCE	$37	N/A
VanEck Ethereum ETF	ETHV	$36	-12.20%
Parametric Equity Plus ETF	PEPS	$36	0.57%
Innovator Equity Defined Protection ETF - 1 Yr December	ZDEK	$36	0.16%
ARK 21Shares Bitcoin ETF	ARKB	$36	0.33%
FT Vest U.S. Equity Quarterly Max Buffer ETF	SQMX	$35	-12.12%
Frontier Asset Total International Equity ETF	FINT	$35	-0.06%
AllianzIM U.S. Equity Buffer15 Uncapped Nov ETF	NVBU	$35	8.64%
Xtrackers US 0-1 Year Treasury ETF	TRSY	$34	5.61%
Themes Uranium & Nuclear ETF	URAN	$34	N/A
FT Vest Nasdaq-100 Moderate Buffer ETF - November	QMNV	$34	-9.14%
FT Energy Income Partners Enhanced Income ETF	EIPI	$34	0.88%
First Trust S&P 500 Economic Moat ETF	EMOT	$34	N/A
Bitwise Ethereum ETF	ETHW	$34	0.41%
Range Global Coal Index ETF	COAL	$33	0.58%
Defiance S&P 500 Target Income ETF	SPYT	$33	-26.01%

이름	티커	총 자산 (백만 달러)	2025년 올해 성과
Genter Capital Dividend Income ETF	GEND	$32	14.69%
FT Vest Nasdaq-100 Moderate Buffer ETF - August	QMAG	$31	N/A
Aptus Large Cap Upside ETF	UPSD	$31	0.53%
Select STOXX Europe Aerospace & Defense ETF	EUAD	$30	-1.66%
Franklin Bitcoin ETF	EZBC	$30	0.86%
AB Short Duration Income ETF	SDFI	$30	-1.48%
VictoryShares Free Cash Flow Growth ETF	GFLW	$29	1.61%
Astoria US Quality Growth Kings ETF	GQQQ	$29	0.45%
AAM Sawgrass US Small Cap Quality Growth ETF	SAWS	$29	0.72%
3EDGE Dynamic International Equity ETF	EDGI	$29	N/A
Xtrackers Artificial Intelligence and Big Data ETF	XAIX	$28	5.30%
StockSnips AI-Powered Sentiment US All Cap ETF	NEWZ	$28	2.20%
PGIM S&P 500 Buffer 20 ETF - November	PBNV	$28	7.45%
First Trust Bloomberg R&D Leaders ETF	RND	$28	0.92%
BondBloxx BBB Rated 5-10 Year Corporate Bond ETF	BBBI	$28	-2.08%
AstraZeneca PLC ADRhedged	AZNH	$28	-0.78%
Swan Enhanced Dividend Income ETF	SCLZ	$27	-1.69%
Simplify Next Intangible Value Index ETF	NXTV	$27	-5.15%
Innovator U.S. Small Cap Power Buffer ETF - September	KSEP	$27	-9.10%
FT Vest Dow Jones Internet & Target Income ETF	FDND	$27	1.12%
First Trust WCM Developing World Equity ETF	WCME	$27	N/A

이름	티커	총 자산 (백만 달러)	2025년 올해 성과
Calamos S&P 500 Structured Alt Protection ETF - October	CPSO	$27	-43.29%
BondBloxx BBB Rated 1-5 Year Corporate Bond ETF	BBBS	$27	-7.35%
Innovator Equity Defined Protection ETF - 2 Yr to January 2026	AJAN	$26	6.81%
FT Vest U.S. Small Cap Moderate Buffer ETF - February	SFEB	$26	-11.36%
FT Vest Emerging Market Buffer ETF - September	TSEP	$26	0.86%
Direxion Daily MU Bear 1X Shares	MUD	$26	2.97%
Calamos S&P 500 Structured Alt Protection ETF - September	CPST	$26	N/A
Beehive ETF	BEEX	$26	0.37%
YieldMax Short NVDA Option Income Strategy ETF	DIPS	$25	31.23%
Stance Sustainable Beta ETF	STSB	$25	-1.37%
Innovator Equity Defined Protection ETF - 2 Yr to April 2026	AAPR	$25	7.74%
Global X MLP & Energy Infrastructure Covered Call ETF	MLPD	$25	52.77%
Sprott Copper Miners ETF	COPP	$24	5.35%
Return Stacked Bonds & Futures Yield ETF	RSBY	$24	-3.60%
iShares Large Cap Max Buffer Jun ETF	MAXJ	$24	-2.52%
Innovator Equity Defined Protection ETF - 1 Yr August	ZAUG	$24	0.07%
Innovator Emerging Markets 10 Buffer ETF - Quarterly Trust Units	EBUF	$24	0.36%
Direxion Daily AVGO Bear 1X Shares	AVS	$24	2.37%
Neuberger Berman Core Equity ETF	NBCR	$23	-4.49%
JPMorgan Dividend Leaders ETF	JDIV	$23	-2.53%
FT Vest Nasdaq-100 Conservative Buffer ETF - October	QCOC	$23	N/A

이름	티커	총 자산 (백만 달러)	2025년 올해 성과
SPDR S&P Emerging Markets ex-China ETF	XCNY	$22	0.93%
iShares MSCI Emerging Markets Quality Factor ETF	EQLT	$22	-1.65%
FT Vest Nasdaq-100 Moderate Buffer ETF - May	QMMY	$22	N/A
BNY Mellon Dynamic Value ETF	BKDV	$22	-5.04%
3EDGE Dynamic US Equity ETF	EDGU	$22	N/A
SWP Growth & Income ETF	SWP	$21	-1.28%
Pacer Developed Markets Cash Cows Growth Leaders ETF	EAFG	$21	-0.23%
Defiance Nasdaq 100 Income Target ETF	QQQT	$21	19.35%
AB International Buffer ETF Intl Buffer ETF	BUFI	$21	0.46%
VictoryShares WestEnd Global Equity ETF	GLOW	$20	0.08%
Roundhill GLP-1 & Weight Loss ETF	OZEM	$20	-0.65%
Pacer Nasdaq 100 Top 50 Cash Cows Growth Leaders ETF	QQQG	$20	1.17%
NEOS Enhanced Income Credit Select ETF	HYBI	$20	3.58%
FT Vest Emerging Markets Buffer ETF - December	TDEC	$20	N/A
F/M Emerald Life Sciences Innovation ETF	LFSC	$20	13.01%
Calamos S&P 500 Structured Alt Protection ETF August	CPSA	$20	-2.23%
Bancreek International Large Cap ETF	BCIL	$20	0.47%
Bahl & Gaynor Small Cap Dividend ETF	SCDV	$20	0.59%
3EDGE Dynamic Hard Assets ETF	EDGH	$20	N/A
TradersAI Large Cap Equity & Cash ETF	HFSP	$19	-5.12%
Keating Active ETF	KEAT	$19	-6.39%

이름	티커	총 자산 (백만 달러)	2025년 올해 성과
iShares MSCI Global Quality Factor ETF	AQLT	$19	-3.09%
Innovator International Developed Power Buffer ETF-June	IJUN	$19	-2.42%
Innovator Growth-100 Power Buffer ETF - November	NNOV	$19	0.36%
Innovator Equity Defined Protection ETF - 1 Yr November	ZNOV	$19	2.66%
Coastal Compass 100 ETF	ROPE	$19	17.82%
Amplify Weight Loss Drug & Treatment ETF	THNR	$19	2.62%
Nightview Fund NITE	NITE	$18	-5.02%
iShares LifePath Target Date 2070 ETF	ITDJ	$18	-4.12%
Direxion Daily META Bull 2X Shares	METU	$18	0.39%
Defiance Daily Target 2x Short MSTR ETF	SMST	$18	15.22%
YieldMax BABA Option Income Strategy ETF	BABO	$17	-5.67%
Strategas Macro Momentum ETF	SAMM	$17	9.50%
STKd 100% Bitcoin & 100% Gold ETF	BTGD	$17	-2.35%
Kurv Technology Titans Select ETF	KQQQ	$17	0.45%
KraneShares China Alpha Index ETF	KCAI	$17	8.54%
JPMorgan Fundamental Data Science Mid Core ETF	MCDS	$17	0.38%
Innovator Premium Income 15 Buffer ETF - January	LJAN	$17	1.96%
Hartford Multifactor International Small Company ETF	ROIS	$17	-0.05%
FT Vest U.S. Equity Max Buffer ETF - March	MARM	$17	10.67%
FT Vest Laddered Small Cap Moderate Buffer ETF	BUFS	$17	N/A
FT Raymond James Multicap Growth Equity ETF	RJMG	$17	1.10%

이름	티커	총 자산 (백만 달러)	2025년 올해 성과
WEBs Defined Volatility SPY ETF	DVSP	$16	0.16%
Tuttle Capital Self Defense Index ETF	GUNZ	$16	4.33%
SPDR SSGA US Equity Premium Income ETF	SPIN	$16	1.16%
Pacer Metaurus Nasdaq 100 Dividend Multiplier 600 ETF	QSIX	$16	N/A
Innovator Premium Income 20 Barrier ETF - January	JANH	$16	-33.30%
Calamos Russell 2000 Structured Alt Protection ETF - October	CPRO	$16	39.50%
Stratified LargeCap Hedged ETF	SHUS	$15	-2.24%
PGIM S&P 500 Buffer 12 ETF - May	MAYP	$15	0.28%
Innovator International Developed Power Buffer ETF - May	IMAY	$15	-4.12%
Innovator Equity Defined Protection ETF - 1 Yr September	ZSEP	$15	6.85%
GMO International Value ETF	GMOI	$15	0.46%
AllianzIM U.S. Equity Buffer15 Uncapped Dec ETF	DECU	$15	1.99%
2x Ether ETF	ETHU	$15	-0.75%
21Shares Core Ethereum ETF	CETH	$15	-0.68%
Zacks Focus Growth ETF	GROZ	$14	N/A
iShares Paris-Aligned Climate MSCI World ex USA ETF	PABD	$14	5.35%
iShares International Dividend Active ETF	BIDD	$14	3.06%
Innovator International Developed Power Buffer ETF March	IMAR	$14	-2.48%
First Eagle Overseas Equity ETF	FEOE	$14	N/A
Direxion Daily AVGO Bull 2X Shares	AVL	$14	0.58%
Calamos Nasdaq-100 Structured Alt Protection ETF - December	CPNQ	$14	4.21%

이름	티커	총 자산 (백만 달러)	2025년 올해 성과
YieldMax Short N100 Option Income Strategy ETF	YQQQ	$13	7.69%
YieldMax Dorsey Wright Featured 5 Income ETF	FEAT	$13	-5.60%
Tradr 2X Long SPY Quarterly ETF	SPYQ	$13	-4.94%
ProShares Russell 2000 High Income ETF	ITWO	$13	81.71%
PGIM S&P 500 Buffer 12 ETF - November	NOVP	$13	-0.34%
Neuberger Berman Small-Mid Cap ETF	NBSM	$13	-1.49%
Ned Davis Research 360 Dynamic Allocation ETF	NDAA	$13	-3.20%
iShares S&P 500 BuyWrite ETF	IVVW	$13	-0.75%
iShares MSCI Emerging Markets Value Factor ETF	EVLU	$13	-3.19%
Innovator Growth-100 Power Buffer ETF - August	NAUG	$13	0.68%
FT Vest U.S. Equity Uncapped Accelerator ETF - October	UXOC	$13	6.81%
Fidelity Yield Enhanced Equity ETF	FYEE	$13	-2.88%
BondBloxx BBB Rated 10+ Year Corporate Bond ETF	BBBL	$13	1.79%
ALPS | CoreCommodity Natural Resources ETF	CCNR	$13	2.33%
T-Rex 2X Long Alphabet Daily Target ETF	GOOX	$12	-12.17%
SPDR Galaxy Transformative Tech Accelerators ETF	TEKX	$12	N/A
ProShares Ultra Bitcoin ETF	BITU	$12	-14.42%
Innovator Growth-100 Power Buffer ETF - June	NJUN	$12	0.51%
Direxion Daily MU Bull 2X Shares	MUU	$12	-5.08%
Direxion Daily MSCI Emerging Markets ex China Bull 2X Shares	XXCH	$12	-2.47%
Direxion Daily BRKB Bear 1X Shares	BRKD	$12	-1.11%

이름	티커	총 자산 (백만 달러)	2025년 올해 성과
Capital Group Global Equity ETF	CGGE	$12	-7.84%
Trenchless Fund ETF	RVER	$11	-18.32%
TCW Flexible Income ETF	FLXR	$11	1.03%
Strive International Developed Markets ETF	STXI	$11	1.99%
PGIM S&P 500 Buffer 12 ETF - October	OCTP	$11	0.39%
PGIM Nasdaq-100 Buffer 12 ETF - October	PQOC	$11	0.60%
Pacer Nasdaq International Patent Leaders ETF	PATN	$11	1.13%
JPMorgan Fundamental Data Science Small Core ETF	SCDS	$11	-4.50%
JPMorgan Fundamental Data Science Large Core ETF	LCDS	$11	0.90%
iShares A.I. Innovation and Tech Active ETF	BAI	$11	-0.36%
Eagle Capital Select Equity ETF	EAGL	$11	-0.46%
Direxion Daily TSM Bear 1X Shares	TSMZ	$11	N/A
Direxion Daily NFLX Bear 1X Shares	NFXS	$11	-0.79%
VictoryShares WestEnd Economic Cycle Bond ETF	BMDL	$10	3.47%
NEOS Enhanced Income 20+ Year Treasury Bond ETF	TLTI	$10	-1.32%
KraneShares 90% KWEB Defined Outcome January 2027 ETF	KBUF	$10	-55.96%
Innovator International Developed Power Buffer ETF February	IFEB	$10	-2.93%
Innovator Equity Defined Protection ETF - 1 Yr October	ZOCT	$10	8.72%
FT Vest U.S. Equity Equal Weight Buffer ETF - September	RSSE	$10	-1.73%
Direxion Daily Uranium Industry Bull 2X Shares	URAA	$10	N/A
Direxion Daily TSM Bull 2X Shares	TSMX	$10	N/A

이름	티커	총 자산 (백만 달러)	2025년 올해 성과
Direxion Daily NFLX Bull 2X Shares	NFXL	$10	6.73%
AllianzIM U.S. Large Cap 6 Month Buffer10 Mar/Sep ETF	SIXP	$10	3.08%
YieldMax Short COIN Option Income Strategy ETF	FIAT	$9	2.00%
PGIM S&P 500 Buffer 20 ETF - April	PBAP	$9	1.31%
PGIM S&P 500 Buffer 12 ETF - September	SEPP	$9	0.73%
PGIM S&P 500 Buffer 12 ETF - June	JUNP	$9	0.54%
PGIM Nasdaq-100 Buffer 12 ETF - July	PQJL	$9	0.38%
Oakmark U.S. Large Cap ETF	OAKM	$9	-5.71%
Innovator Equity Defined Protection ETF - 1 Yr July	ZJUL	$9	-0.84%
GraniteShares 1x Short COIN Daily ETF	CONI	$9	-5.62%
FT Vest U.S. Equity Max Buffer ETF - July	JULM	$9	0.72%
FT Vest U.S. Equity Enhance & Moderate Buffer ETF - April	XAPR	$0	N/A
FM Compounders Equity ETF	FMCE	$9	0.94%
YieldMax Target 12 Big 50 Option Income ETF	BIGY	$8	-2.41%
WisdomTree U.S. MidCap Quality Growth Fund	QMID	$8	-7.39%
Tortoise Power and Energy Infrastructure Fund	TPZ	$8	-2.41%
Simplify US Small Cap PLUS Income ETF	SCY	$8	13.03%
Shell plc ADRhedged	SHEH	$8	-11.75%
PGIM S&P 500 Buffer 20 ETF - December	PBDE	$8	0.51%
iShares Energy Storage & Materials ETF	IBAT	$8	N/A
iShares Bitcoin Trust ETF	IBIT	$8	14.30%

이름	티커	총 자산 (백만 달러)	2025년 올해 성과
FT Vest U.S. Equity Buffer & Premium Income FTF - June	XIJN	$8	N/A
Direxion Daily Crypto Industry Bear 1X Shares	REKT	$8	2.69%
Direxion Daily AI and Big Data Bull 2X Shares	AIBU	$8	-23.28%
Defiance Daily Target 2x Long MSTR ETF	MSTX	$8	-10.75%
Defiance Daily Target 2X Long AVGO ETF	AVGX	$8	8.66%
AB Short Duration High Yield ETF	SYFI	$8	N/A
Westwood Salient Enhanced Midstream Income ETF	MDST	$7	-5.16%
T-Rex 2X Long Microsoft Daily Target ETF	MSFX	$7	18.89%
T-Rex 2X Inverse MSTR Daily Target ETF	MSTZ	$7	-14.16%
Simplify Wolfe US Equity 150/50 ETF	WUSA	$7	-7.94%
PGIM S&P 500 Buffer 20 ETF - February	PBFB	$7	0.41%
PGIM S&P 500 Buffer 20 ETF - August	PBAU	$7	0.97%
PGIM S&P 500 Buffer 12 ETF - April	APRP	$7	1.83%
PGIM Nasdaq-100 Buffer 12 ETF - January	PQJA	$7	-0.60%
PGIM Nasdaq-100 Buffer 12 ETF - April	PQAP	$7	0.05%
Pacer Solactive Whitney Future of Warfare ETF	FOWF	$7	N/A
KraneShares 100% KWEB Defined Outcome January 2027 ETF	KPRO	$7	-32.58%
iShares Top 20 U.S. Stocks ETF	TOPT	$7	-3.82%
iShares Technology Opportunities Active ETF	TEK	$7	-1.77%
iShares Russell 2000 BuyWrite ETF	IWMW	$7	5.27%
Federated Hermes MDT Large Cap Core ETF	FLCC	$7	-3.33%

이름	티커	총 자산 (백만 달러)	2025년 올해 성과
DoubleLine Commodity Strategy ETF	DCMT	$7	1.70%
Defiance Large Cap ex-Mag 7 ETF	XMAG	$7	10.43%
PGIM S&P 500 Buffer 12 ETF - March	MRCP	$6	0.65%
PGIM S&P 500 Buffer 12 ETF - July	JULP	$6	0.51%
PGIM S&P 500 Buffer 12 ETF - February	FEBP	$6	0.24%
PGIM Laddered S&P 500 Buffer 12 ETF	BUFP	$6	0.45%
Pacer MSCI World Industry Advantage ETF	GLBL	$6	N/A
Ocean Park International ETF	DUKX	$6	-1.67%
Neuberger Berman Japan Equity ETF	NBJP	$6	-1.94%
Macquarie Focused Emerging Markets Equity ETF	EMEQ	$6	-2.49%
Invesco QQQ Low Volatility ETF	QQLV	$6	-4.22%
Invesco MSCI North America Climate ETF	KLMN	$6	9.23%
Invesco Galaxy Ethereum ETF	QETH	$6	2.02%
Global X Infrastructure Development ex-U.S. ETF	IPAV	$6	-19.83%
Amplify Small-Mid Cap Equity ETF	SMAP	$6	0.35%
YieldMax Target 12 Semiconductor Option Income ETF	SOXY	$5	-5.27%
Virtus KAR Mid-Cap ETF	KMID	$5	0.42%
VanEck Fabless Semiconductor ETF	SMHX	$5	-3.13%
TrueShares Quarterly Bear Hedge ETF	QBER	$5	4.44%
Themes Silver Miners ETF	AGMI	$5	N/A
Themes Robotics & Automation ETF	BOTT	$5	15.02%

이름	티커	총 자산 (백만 달러)	2025년 올해 성과
SPDR Galaxy Hedged Digital Asset Ecosystem ETF	HECO	$5	-2.08%
ProShares Ultra Ether ETF	ETHT	$5	-1.40%
PGIM S&P 500 Buffer 20 ETF - July	PBJL	$5	0.50%
PGIM S&P 500 Buffer 12 ETF - December	DECP	$5	0.31%
PGIM S&P 500 Buffer 12 ETF - August	AUGP	$5	1.08%
PGIM Laddered S&P 500 Buffer 20 ETF	PBFR	$5	0.35%
Innovator US Small Cap Power Buffer ETF - August	KAUG	$5	2.72%
GraniteShares 2x Long TSM Daily ETF	TSMU	$5	2.13%
GraniteShares 2x Long PLTR Daily ETF	PTIR	$5	4.57%
FT Vest U.S. Equity Max Buffer ETF - September	SEPM	$5	N/A
First Eagle Global Equity ETF	FEGE	$5	N/A
Dimensional International Vector Equity ETF	DXIV	$5	3.73%
Capital Group International Core Equity ETF	CGIC	$5	15.32%
Xtrackers RREEF Global Natural Resources ETF	NRES	$4	0.82%
Tweedy Browne Insider + Value ETF Trust Units	COPY	$4	N/A
JPMorgan Active Developing Markets Equity ETF	JADE	$4	9.20%
Innovator Equity Defined Protection ETF - 6mo Jan/Jul	JAJL	$4	0.75%
Fundstrat Granny Shots US Large Cap ETF	GRNY	$4	14.17%
FT Vest U.S. Equity Quarterly 2.5 to 15 Buffer ETF	DHDG	$4	4.66%
FT Vest U.S. Equity Enhance & Moderate Buffer ETF - May	XMAY	$4	2.73%
Federated Hermes MDT Small Cap Core ETF	FSCC	$4	4.59%

이름	티커	총 자산 (백만 달러)	2025년 올해 성과
Direxion Daily PLTR Bear 1X Shares	PLTD	$4	-0.88%
Cullen Enhanced Equity Income ETF	DIVP	$4	-15.80%
Calamos S&P 500 Structured Alt Protection ETF - November	CPSN	$4	-20.21%
Alger AI Enablers & Adopters ETF	ALAI	$4	4.68%
Simplify Next Intangible Core Index ETF	NXTI	$3	-7.51%
ProShares UltraShort Bitcoin ETF	SBIT	$3	-7.62%
PGIM S&P 500 Buffer 20 ETF - June	PBJN	$3	N/A
Peakshares Sector Rotation ETF	PSTR	$3	N/A
Mohr Company Nav ETF	CNAV	$3	1.47%
Kensington Hedged Premium Income ETF	KHPI	$3	3.55%
Jensen Quality Growth ETF	JGRW	$3	4.36%
Invesco MSCI Global Climate 500 ETF	KI MT	$3	1.98%
Innovator Growth-100 Power Buffer ETF - September	NSEP	$3	0.84%
FT Vest U.S. Equity Buffer & Premium Income ETF - March	XIMR	$3	N/A
FIRE Funds Income Target ETF	FIRI	$3	0.97%
Fidelity Dynamic Buffered Equity ETF	FBUF	$3	8.22%
Defiance Daily Target 2x Long Uranium ETF	URAX	$3	-15.53%
Coinshares Valkyrie Bitcoin Fund	BRRR	$3	5.55%
CCM Global Equity ETF	CCMG	$3	-8.63%
Calamos S&P 500 Structured Alt Protection ETF	CPSM	$3	5.47%
WEBs Defined Volatility QQQ ETF	DVQQ	$2	-3.85%

이름	티커	총 자산 (백만 달러)	2025년 올해 성과
VistaShares Artificial Intelligence Supercycle ETF	AIS	$2	-4.90%
Tuttle Capital Shareholders First Index ETF	ESGX	$2	2.29%
THOR Index Rotation ETF	THIR	$2	-1.70%
PGIM S&P 500 Buffer 20 ETF - May	PBMY	$2	0.15%
PGIM Laddered Nasdaq-100 Buffer 12 ETF	PBQQ	$2	N/A
Peerless Option Income Wheel ETF	WEEL	$2	N/A
Parnassus Value Select ETF	PRVS	$2	N/A
Opal International Dividend Income ETF	IDVZ	$2	-1.26%
Nicholas Global Equity and Income ETF	GIAX	$2	-0.69%
KraneShares Man Buyout Beta Index ETF	BUYO	$2	12.15%
KraneShares Artificial Intelligence & Technology ETF	AGIX	$2	-0.87%
iREIT - MarketVector Quality REIT Index ETF	IRET	$2	2.51%
Innovator U.S. Small Cap Power Buffer ETF - November	KNOV	$2	-9.23%
Innovator U.S. Small Cap Power Buffer ETF - December	KDEC	$2	6.81%
Innovator Growth-100 Power Buffer ETF - December	NDEC	$2	0.75%
Goldman Sachs U.S. Large Cap Buffer 1 ETF	GBXA	$2	3.15%
GMO US Value ETF	GMOV	$2	0.50%
Global X Russell 2000 ETF	RSSL	$2	-12.70%
FT Vest U.S. Equity Equal Weight Buffer ETF - June	RSJN	$2	N/A
FIRE Funds Wealth Builder ETF	FIRS	$2	N/A
Federated Hermes MDT Large Cap Growth ETF	FLCG	$2	-2.20%

이름	티커	총 자산 (백만 달러)	2025년 올해 성과
Defiance Daily Target 2X Long SMCI ETF	SMCX	$2	-0.42%
Capital Group Conservative Equity ETF	CGCV	$2	3.51%
Calamos Laddered S&P 500 Structured Alt Protection ETF	CPSL	$2	4.88%
WisdomTree India Hedged Equity Fund	INDH	$1	-4.95%
VanEck Morningstar Wide Moat Value ETF	MVAL	$1	-4.12%
VanEck Morningstar Wide Moat Growth ETF	MGRO	$1	0.19%
TrueShares Quarterly Bull Hedge ETF	QBUL	$1	N/A
Themes Transatlantic Defense ETF	NATO	$1	-2.33%
Themes Lithium & Battery Metal Miners ETF	LIMI	$1	17.04%
Themes Copper Miners ETF	COPA	$1	0.02%
SPDR Galaxy Digital Asset Ecosystem ETF	DECO	$1	-7.69%
SGI Enhanced Nasdaq 100 ETF	QXQ	$1	2.09%
SGI Enhanced Global Income ETF	GINX	$1	2.82%
PGIM S&P 500 Buffer 20 ETF - March	PBMR	$1	13.58%
Otter Creek Focus Strategy ETF	OCFS	$1	N/A
Optimize Strategy Index ETF	OPTZ	$1	10.78%
OneAscent Small Cap Core ETF	OASC	$1	N/A
Ocean Park Domestic ETF	DUKQ	$1	8.67%
Monarch Volume Factor Dividend Tree ETF	MVFD	$1	N/A
Innovator Hedged Nasdaq-100 ETF	QHDG	$1	0.78%
FT Vest U.S. Equity Max Buffer ETF - December	DECM	$1	1.50%

이름	티커	총 자산 (백만 달러)	2025년 올해 성과
FT Vest U.S. Equity Equal Weight Buffer ETF - December	RSDE	$1	N/A
Essential 40 Stock ETF	ESN	$1	1.11%
Efficient Market Portfolio Plus ETF Trust Units	EMPB	$1	1.39%
Alerian MLP Index ETNs due January 28, 2044	AMJB	$1	-1.02%
Tuttle Capital Daily 2X Inverse Regional Banks ETF	SKRE	$0	N/A
Texas Capital Government Money Market ETF	MMKT	$0	N/A
Tema Neuroscience and Mental Health ETF	MNTL	$0	N/A
Polen Capital China Growth ETF	PCCE	$0	N/A

미국 주식이 답이다 2026

개정 6판 1쇄 발행 2025년 4월 25일

지은이 장우석, 이항영
펴낸이 김선준, 김동환

편집이사 서선행
책임편집 최한솔
편집3팀 오시정, 최구영
마케팅팀 권두리, 이진규, 신동빈
홍보팀 조아란, 장태수, 이은정, 권희, 박미정, 조문정, 이건희, 박지훈, 송수연
디자인 정란 **조판** 이세영
경영관리 송현주, 윤이경, 정수연

펴낸곳 페이지2북스 **출판등록** 2019년 4월 25일 제 2019-000129호
주소 서울시 영등포구 여의대로 108 파크원타워, 28층
전화 070) 4203-7755 **팩스** 070) 4170-4865
이메일 page2books@naver.com
종이 (주)월드페이퍼 **인쇄·제본** 한영문화사

ISBN 979-11-6985-133-6 (03320)

★ 매년 배당금을 인상한 알짜 미국 기업 대공개 ★

미국 배당주 리스트 540

P page2

매년 꾸준히 배당금을 인상한 지표만큼 투자에 좋은 시그널은 없을 것이다. 국내 주식과 다르게 주주환원정책이 일반적인 미국의 경우 60년 이상 배당금을 늘려온 기업들이 시장에 존재하고, 꾸준히 사람들에게 사랑받고 있다. 단기가 아닌 장기 수익을 노리는 투자자라면 꾸준히 배당금을 인상한 기업에 주목할 필요가 있다. 540개의 기업 중 한번쯤 들어봤거나, 지금 내 생활에 중요한 역할을 하고 있는 기업이 있다면 주식 포트폴리오에 추가해봐도 좋을 듯하다. 이 책에서 소개하는 기업들의 수치 기준일은 2024년 12월 31일이다.

순위	기업명	티커	배당인상연수(년)	배당수익률(%)	배당증가율(%)		
					1년	3년	10년
1	아메리칸 스테이츠 워터 컴퍼니 American States Water Company	AWR	70	2.4	8.2	8.6	8
2	도버 코퍼레이션 Dover Corporation	DOV	69	1.1	1	1	2.8
3	노스웨스트 내츄럴 홀딩 컴퍼니 Northwest Natural Holding Company	NWN	69	4.95	0.5	0.5	0.6
4	에머슨 일렉트릭 Emerson Electric Co.	EMR	68	1.7	0.8	1.2	1.8
5	제뉴인 파츠 컴퍼니 Genuine Parts Company	GPC	68	3.43	5.5	6.9	5.6
6	P&G The Procter & Gamble Company	PG	68	2.4	6	5.2	4.6
7	파커 하니핀 Parker-Hannifin Corporation	PH	68	1.03	10.4	17.1	11.9
8	신시내티 파이낸셜 Cincinnati Financial Corporation	CINF	64	2.25	8.2	8.5	6.2
9	파머스 & 머천츠 뱅코프 Farmers & Merchants Bancorp	FMCB	62	1.76	6	5.5	3.4
10	존슨 앤 존슨 Johnson & Johnson	JNJ	62	3.43	4.5	5.4	5.9
11	코카콜라 The Coca-Cola Company	KO	62	3.12	5.4	4.9	4.7
12	랭커스터 콜로니 Lancaster Colony Corporation	LANC	62	2.19	5.8	6.2	7.4

순위	기업명	티커	배당인상연수(년)	배당수익률(%)	배당증가율(%) 1년	배당증가율(%) 3년	배당증가율(%) 10년
13	로우스 컴퍼니즈 Lowe's Companies, Inc.	LOW	62	1.86	4.7	17.1	18.6
14	콜게이트-팜올리브 컴퍼니 Colgate-Palmolive Company	CL	61	2.2	3.7	3.4	3.4
15	노드슨 코퍼레이션 Nordson Corporation	NDSN	61	1.49	7.2	18.8	14
16	호멜 푸드 코퍼레이션 Hormel Foods Corporation	HRL	59	3.7	2.7	4.9	10.9
17	ABM 인더스트리즈 ABM Industries Incorporated	ABM	58	2.07	2.3	5.8	3.8
18	투시톨 인더스트리즈 Tootsie Roll Industries, Inc.	TR	58	1.11	3	3	4.5
19	캘리포니아 워터 서비스 California Water Service Group	CWT	57	2.47	7.7	6.8	5.6
20	페더럴 리얼티 인베스트먼트 Federal Realty Investment Trust	FRT	57	3.93	0.9	0.9	3.1
21	스테판 컴퍼니 Stepan Company	SCL	57	2.38	2.7	6.5	8.1
22	SJW 그룹 SJW Group	SJW	57	3.25	5.3	5.6	7.9
23	스탠리 블랙 앤 데커 Stanley Black & Decker, Inc.	SWK	57	4.09	1.2	3	4.8
24	타겟 코퍼레이션 Target Corporation	TGT	57	3.31	1.8	12	8.9

순위	기업명	티커	배당인상연수(년)	배당수익률(%)	배당증가율(%)		
					1년	3년	10년
25	커머스 뱅크쉐어즈 Commerce Bancshares, Inc.	CBSH	56	1.73	5	6	8.5
26	H.B. 풀러 컴퍼니 H.B. Fuller Company	FUL	55	1.32	8.4	9.5	6.6
27	알트리아 그룹 Altria Group, Inc.	MO	55	7.8	4.2	4.4	7.3
28	블랙 힐스 코퍼레이션 Black Hills Corporation	BKH	54	4.44	4	4.3	5.2
29	내셔널 퓨얼 가스 컴퍼니 National Fuel Gas Company	NFG	54	3.39	4.1	3.9	2.9
30	시스코 코퍼레이션 Sysco Corporation	SYY	54	2.67	2	3.2	5.7
31	뉴니버설 코퍼레이션 Universal Corporation	UVV	54	5.91	1.3	1.3	4.7
32	벡톤, 디킨슨 앤드 컴퍼니 Becton, Dickinson and Company	BDX	53	1.83	5.7	5	5.7
33	W.W 그레인저 W.W. Grainger, Inc.	GWW	53	0.78	9.7	7.8	6.7
34	MSA 세이프티 인코퍼레이티드 MSA Safety Incorporated	MSA	53	1.23	7	4.6	5
35	PPG 인더스트리즈 PPG Industries, Inc.	PPG	53	2.28	4.7	5.6	7.3
36	테넌트 컴퍼니 Tennant Company	TNC	53	1.45	5.6	6.5	3.8

순위	기업명	티커	배당 인상 연수 (년)	배당 수익률 (%)	배당증가율(%)		
					1년	3년	10년
37	고어먼-럽 컴퍼니 The Gorman-Rupp Company	GRC	52	1.95	2.8	4.5	7
38	킴벌리-클라크 코퍼레이션 Kimberly-Clark Corporation	KMB	52	3.72	3	2.5	4
39	미들섹스 워터 컴퍼니 Middlesex Water Company	MSEX	52	2.58	4.2	5.9	5.6
40	뉴코어 코퍼레이션 Nucor Corporation	NUE	52	1.89	5.9	10.1	3.9
41	펩시코 PepsiCo, Inc.	PEP	52	3.56	8.5	7.7	7.9
42	RPM 인터내셔널 RPM International Inc.	RPM	51	1.66	9.9	7.1	6.8
43	S&P 글로벌 S&P Global Inc.	SPGI	51	0.73	1.1	5.7	11.7
44	월마트 Walmart Inc.	WMT	51	0.92	7.4	3.6	2.5
45	컨솔리데이티드 에디슨 Consolidated Edison, Inc.	ED	50	3.72	2.5	2.3	2.8
46	일리노이즈 툴 웍스 Illinois Tool Works Inc.	ITW	50	2.37	6.9	7.1	12.6
47	아처-다니엘스-미들랜드 컴퍼니 Archer-Daniels-Midland Company	ADM	49	3.96	11.1	10.6	7.6
48	오토매틱 데이터 프로세싱 Automatic Data Processing, Inc.	ADP	49	2.1	12	14.6	12.8

순위	기업명	티커	배당인상연수(년)	배당수익률(%)	배당증가율(%)		
					1년	3년	10년
49	맥도날드 McDonald's Corporation	MCD	49	2.44	8.8	8.9	7.5
50	MGE 에너지 MGE Energy, Inc.	MGEE	49	1.92	5.1	5	4.7
51	펜테어 Pentair plc	PNR	49	0.99	4.5	4.8	2.2
52	RLI 코퍼레이션 RLI Corp.	RLI	49	0.7	6.5	4.8	4.8
53	유나이티드 뱅크쉐어즈 United Bankshares Inc.	UBSI	49	3.94	2.8	1.9	1.5
54	칼라일 컴퍼니즈 인코퍼레이티드 Carlisle Companies Incorporated	CSL	48	1.08	15.6	20.2	14.7
55	클로락스 컴퍼니 The Clorox Company	CLX	47	3	1.7	2.2	5.3
56	메드트로닉 Medtronic plc	MDT	47	3.51	1.5	4.7	9
57	셔윈-윌리엄스 컴퍼니 The Sherwin-Williams Company	SHW	46	0.84	18.2	9.1	14.6
58	프랭클린 리소시스 Franklin Resources, Inc.	BEN	45	6.31	3.3	3.5	10
59	커뮤니티 트러스트 뱅코프 Community Trust Bancorp, Inc.	CTBI	44	3.55	3.9	6	4.7
60	애플랙 Aflac Incorporated	AFL	43	2.24	19	14.9	10.5

순위	기업명	티커	배당인상연수 (년)	배당수익률 (%)	배당증가율(%) 1년	배당증가율(%) 3년	배당증가율(%) 10년
61	올드 리퍼블릭 인터내셔널 Old Republic International Corporation	ORI	43	2.93	8.2	6.4	3.8
62	에어 프로덕츠 앤 케미컬스 Air Products and Chemicals, Inc.	APD	42	2.44	2.8	6.5	8.9
63	킨타스 코퍼레이션 Cintas Corporation	CTAS	42	0.85	16.4	19.6	21.2
64	소노코 프로덕츠 컴퍼니 Sonoco Products Company	SON	42	4.26	2.5	4.8	5
65	엑손모빌 Exxon Mobil Corporation	XOM	42	3.68	4.3	3.2	3.6
66	아트모스 에너지 코퍼레이션 Atmos Energy Corporation	ATO	41	2.5	8.6	8.7	8.2
67	브라운-포먼 코퍼레이션 Brown-Forman Corporation	BF-B	40	2.39	6	6.7	6.3
68	브레이디 코퍼레이션 Brady Corporation	BRC	39	1.3	2.2	2.2	1.9
69	낵코 인더스트리즈 NACCO Industries, Inc.	NC	39	3.05	4.7	4.7	10.8
70	유니버설 헬스 리얼티 인컴 트러스트 Universal Health Realty Income Trust	UHT	39	7.9	1.4	1.4	1.5
71	도널드슨 컴퍼니 Donaldson Company, Inc.	DCI	38	1.6	8.2	6.8	5.3
72	이글 파이낸셜 서비스 Eagle Financial Services, Inc.	EFSI	38	3.41	0.8	3.2	4.6

순위	기업명	티커	배당인상연수(년)	배당수익률(%)	배당증가율(%)		
					1년	3년	10년
73	맥코믹 앤 컴퍼니 인코퍼레이티드 McCormick & Company, Incorporated	MKC	38	2.36	7.7	7.3	8.5
74	톰프킨스 파이낸셜 코퍼레이션 Tompkins Financial Corporation	TMP	38	3.66	1.7	3.7	4.2
75	티 로우 프라이스 그룹 T. Rowe Price Group, Inc.	TROW	38	4.39	1.6	4.7	10.9
76	쉐브론 Chevron Corporation	CVX	37	4.5	7.9	7.1	4.5
77	퍼스트 소스 코퍼레이션 1st Source Corporation	SRCE	37	2.47	7.7	5	8.1
78	UGI 코퍼레이션 UGI Corporation	UGI	37	5.31	2	3.6	6.4
79	이리 인뎀니티 컴퍼니 Erie Indemnity Company	ERIE	35	1.32	7.1	7.2	7.2
80	퍼스트 파머스 파이낸셜 코퍼레이션 First Farmers Financial Corporation	FFMR	35	2.93	3.2	12.2	14.6
81	NNN NNN REIT, Inc.	NNN	35	5.68	2.7	2.9	3.3
82	퍼스트 파이낸셜 코퍼레이션 First Financial Corporation	THFF	35	4.42	66.7	19.3	6.4
83	캘빈 B. 테일러 뱅크쉐어즈 Calvin B. Taylor Bankshares, Inc.	TYCB	35	3	4.5	6.5	4
84	잭 헨리 앤드 어소시에이츠 Jack Henry & Associates, Inc.	JKHY	34	1.25	5.8	6.1	9.6

순위	기업명	티커	배당 인상 연수 (년)	배당 수익률 (%)	배당증가율(%)		
					1년	3년	10년
85	SEI 인베스트먼츠 컴퍼니 SEI Investments Company	SEIC	34	1.19	7	7.5	7.7
86	커뮤니티 뱅크 시스템 Community Bank System, Inc.	CBU	33	2.98	2.3	2.3	4.7
87	체서피크 파이낸셜 쉐어즈 Chesapeake Financial Shares, Inc.	CPKF	33	3.32	3.3	5.6	5.2
88	에콜랩 Ecolab Inc.	ECL	33	1.11	7.5	5.9	7.6
89	제너럴 다이내믹스 코퍼레이션 General Dynamics Corporation	GD	33	2.16	6.9	6.1	8.7
90	웨스타메리카 뱅코퍼레이션 Westamerica Bancorporation	WABC	33	3.35	2.3	2.2	1.5
91	아테시안 리소시스 코퍼레이션 Artesian Resources Corporation	ARTNA	32	3.81	4	4.1	3.4
92	배저 미터 Badger Meter, Inc.	BMI	32	0.64	23.2	17.1	12.7
93	엔터프라이즈 뱅코프 Enterprise Bancorp, Inc.	EBTC	32	2.43	4.3	9.1	7.2
94	프랭클린 일렉트릭 Franklin Electric Co., Inc.	FELE	32	1.03	11.1	12.6	11.1
95	맥그래스 렌트코프 McGrath RentCorp	MGRC	32	1.7	2.2	3.1	6.8
96	리얼티 인컴 코퍼레이션 Realty Income Corporation	O	32	5.93	2.4	3.3	3.6

순위	기업명	티커	배당 인상 연수 (년)	배당 수익률 (%)	배당증가율(%)		
					1년	3년	10년
97	로퍼 테크놀로지스 Roper Technologies, Inc.	ROP	32	0.63	9.9	10.1	14.1
98	스트라이커 코퍼레이션 Stryker Corporation	SYK	32	0.93	6.7	8.3	10.1
99	UMB 파이낸셜 코퍼레이션 UMB Financial Corporation	UMBF	32	1.42	2.6	5.5	5.7
100	웨스트 파마슈티컬 서비스 West Pharmaceutical Services, Inc.	WST	32	0.26	5.2	5.5	7
101	에센셜 유틸리티즈 Essential Utilities, Inc.	WTRG	32	3.58	6.5	6.8	7.2
102	A. O. 스미스 코퍼레이션 A. O. Smith Corporation	AOS	31	1.99	6.6	7	15.8
103	애로우 파이낸셜 코퍼레이션 Arrow Financial Corporation	AROW	31	3.9	3.2	4.4	3.6
104	앱타그룹 AptarGroup, Inc.	ATR	31	1.15	8.9	4.7	4.7
105	뱅크퍼스트 코퍼레이션 BancFirst Corporation	BANF	31	1.57	7.4	8.2	10.7
106	브라운 앤 브라운 Brown & Brown, Inc.	BRO	31	0.59	13.7	12.4	10.2
107	캐터필러 Caterpillar Inc.	CAT	31	1.55	8.4	8.2	7.6
108	처브 리미티드 Chubb Limited	CB	31	1.32	4.7	3.9	3.3

순위	기업명	티커	배당인상연수(년)	배당수익률(%)	배당증가율(%)		
					1년	3년	10년
109	쿨렌/프로스트 뱅커스 Cullen/Frost Bankers, Inc.	CFR	31	2.83	4.5	8.4	6.3
110	린데 Linde plc	LIN	31	1.33	9	9.5	7.9
111	PSB 홀딩스 PSB Holdings, Inc.	PSBQ	31	2.42	12.7	12.1	8.9
112	톰슨 로이터스 코퍼레이션 Thomson Reuters Corporation	TRI	31	1.35	10.2	10.1	5
113	존 와일리 앤드 선즈 John Wiley & Sons, Inc.	WLY	31	3.23	0.7	0.7	2.7
114	알베마를 코퍼레이션 Albemarle Corporation	ALB	30	1.88	0.6	1.1	4.2
115	에섹스 프로퍼티 트러스트 Essex Property Trust, Inc.	ESS	30	3.43	5.8	5	6.8
116	익스페디터스 인터내셔널 오브 워싱턴 Expeditors International of Washington, Inc.	EXPD	30	1.32	5.8	8	8.6
117	링컨 일렉트릭 홀딩스 Lincoln Electric Holdings, Inc.	LECO	30	1.6	10.9	11.7	11.9
118	매튜스 인터내셔널 코퍼레이션 Matthews International Corporation	MATW	30	3.61	4.3	3.9	7.7
119	넥스트에라 에너지 NextEra Energy, Inc.	NEE	30	2.87	10.2	10.2	11
120	노스이스트 인디애나 뱅코프 Northeast Indiana Bancorp, Inc.	NIDB	30	4.17	6.2	6.6	5.8

순위	기업명	티커	배당인상연수(년)	배당수익률(%)	배당증가율(%)		
					1년	3년	10년
121	사우스사이드 뱅크쉐어즈 Southside Bancshares, Inc.	SBSI	30	4.53	2.9	3.2	6.6
122	캐나디언 내셔널 레일웨이 컴퍼니 Canadian National Railway Company	CNI	29	2.36	6.4	8	10.6
123	인터내셔널 비즈니스 머신즈 코퍼레이션 International Business Machines Corporation	IBM	29	3.04	0.6	0.6	4.6
124	뉴저지 리소시스 코퍼레이션 New Jersey Resources Corporation	NJR	29	3.86	7.5	7.9	7.2
125	폴라리스 Polaris Inc.	PII	29	4.58	1.5	1.6	3.2
126	르네상스Re 홀딩스 RenaissanceRe Holdings Ltd.	RNR	29	0.63	2.6	2.7	3
127	카디널 헬스 Cardinal Health, Inc.	CAH	28	1.71	1	1	4.5
128	처치 & 드와이트 Co. Church & Dwight Co., Inc.	CHD	28	1.08	4.1	4	6.2
129	그레이코 Graco Inc.	GGG	28	1.31	8.5	10.8	10.8
130	뱅크 OZK Bank OZK	OZK	28	3.68	11.3	11.7	12.9
131	CCFNB 뱅코프 CCFNB Bancorp, Inc.	CCFN	27	4.2	2.9	2.6	2.5
132	엔터프라이즈 프로덕츠 파트너스 L.P. Enterprise Products Partners L.P.	EPD	27	6.7	5.1	4.9	3.8

순위	기업명	티커	배당인상연수(년)	배당수익률(%)	배당증가율(%)		
					1년	3년	10년
133	노우드 파이낸셜 코프 Norwood Financial Corp.	NWFL	27	4.56	3.4	4.9	4.1
134	프로스퍼리티 뱅크쉐어즈 Prosperity Bancshares, Inc.	PB	27	3.08	1.8	4.6	8.8
135	J. M. 스머커 컴퍼니 The J. M. Smucker Company	SJM	27	3.92	2.9	4.2	5.8
136	요크 워터 컴퍼니 The York Water Company	YORW	27	2.68	4	4	3.9
137	알러스 파이낸셜 코퍼레이션 Alerus Financial Corporation	ALRS	26	4.16	5.4	8	7.7
138	C.H. 로빈슨 월드와이드 C.H. Robinson Worldwide, Inc.	CHRW	26	2.4	0.4	6.3	5.5
139	시티즌스 파이낸셜 서비스 Citizens Financial Services, Inc.	CZFS	26	3.1	1.5	2.1	2.4
140	에버소스 에너지 Eversource Energy	ES	26	4.98	5.9	5.9	6.2
141	팩트셋 리서치 시스템즈 Inc. FactSet Research Systems Inc.	FDS	26	0.87	7	8.3	10.4
142	리퍼블릭 뱅코프 Republic Bancorp, Inc.	RBCAA	26	2.33	9	9.6	8.2
143	뱅크 오브 유티카 Bank of Utica	BKUTK	25	3.8	2.8	3.9	4.8
144	이글 뱅코프 몬태나 Eagle Bancorp Montana, Inc.	EBMT	25	3.72	1.8	8.3	6.7

순위	기업명	티커	배당인상연수(년)	배당수익률(%)	배당증가율(%)		
					1년	3년	10년
145	패스테널 컴퍼니 Fastenal Company	FAST	25	2.17	11.4	11.7	12.1
146	케이시스 제너럴 스토어즈 Casey's General Stores, Inc.	CASY	24	0.5	14.8	10.7	9.4
147	로열 골드 Royal Gold, Inc.	RGLD	24	1.37	6.7	10.1	6.7
148	사던 컴퍼니 The Southern Company	SO	24	3.5	2.9	3	3.2
149	캐스 인포메이션 시스템즈 Cass Information Systems, Inc.	CASS	23	3.03	3.4	3.5	7
150	플라워스 푸드 Flowers Foods, Inc.	FLO	23	4.65	4.4	4.6	7
151	L3해리스 테크놀로지스 L3Harris Technologies, Inc.	LHX	23	2.21	1.8	4.4	10.1
152	마이크로칩 테크놀로지 인코퍼레이티드 Microchip Technology Incorporated	MCHP	23	3.17	13.9	28.6	9.8
153	마이크로소프트 코퍼레이션 Microsoft Corporation	MSFT	23	0.79	10.4	10.2	10.4
154	W. R. 버클리 코퍼레이션 W. R. Berkley Corporation	WRB	23	0.55	9.3	11.4	9.4
155	아날로그 디바이스 Analog Devices, Inc.	ADI	22	1.73	7	10.1	9.5
156	아비스타 코퍼레이션 Avista Corporation	AVA	22	5.19	3.3	4	4.1

순위	기업명	티커	배당 인상 연수 (년)	배당 수익률 (%)	배당증가율(%)		
					1년	3년	10년
157	도네갈 그룹 Inc. A Donegal Group Inc. A	DGICA	22	4.46	1.9	3	2.8
158	도네갈 그룹 Inc. B Donegal Group Inc. B	DGICB	22	4.39	2.1	3.3	2.9
159	에디슨 인터내셔널 Edison International	EIX	22	4.15	5.8	5.6	8.2
160	린드세이 코퍼레이션 Lindsay Corporation	LNN	22	1.22	2.9	2.7	3
161	나이키 NIKE, Inc.	NKE	22	2.11	8.8	9.4	11.9
162	오일-드라이 코퍼레이션 오브 아메리카 Oil-Dri Corporation of America	ODC	22	0.71	5.3	4.2	4.4
163	페리고 컴퍼니 Perrigo Company plc	PRGO	22	4.29	1.1	4.8	10.1
164	퀄컴 QUALCOMM Incorporated	QCOM	22	2.21	6.3	7.2	7.6
165	리퍼블릭 서비스즈 Republic Services, Inc.	RBA	22	1.29	3.7	6	7.6
166	리퍼블릭 서비스즈 Republic Services, Inc.	RSG	22	1.15	8.2	8	7.5
167	스파이어 Spire Inc.	SR	22	4.63	4.9	5.1	5.5
168	유타 메디컬 프로덕츠 Utah Medical Products, Inc.	UTMD	22	1.98	1.7	1.7	1.8

순위	기업명	티커	배당 인상 연수 (년)	배당 수익률 (%)	배당증가율(%)		
					1년	3년	10년
169	WEC 에너지 그룹 WEC Energy Group, Inc.	WEC	22	3.8	7.1	7.2	7.9
170	어슈런트 Assurant, Inc.	AIZ	21	1.5	5	3.6	10.8
171	베스트 바이 Best Buy Co., Inc.	BBY	21	4.38	2.7	12.2	17.9
172	바 하버 뱅크쉐어즈 Bar Harbor Bankshares	BHB	21	3.93	7.3	7.9	6.9
173	코스트코 Costco Wholesale Corporation	COST	21	0.51	13.6	13.6	12.6
174	체서피크 유틸리티스 코퍼레이션 Chesapeake Utilities Corporation	CPK	21	2.11	9.3	10.2	8.9
175	J.B.헌트 트랜스포트 서비스 J.B. Hunt Transport Services, Inc.	JBHT	21	1.01	2.4	13.4	8
176	켈라노바 Kellanova	K	21	2.82	-3.4	-0.7	1.8
177	록히드 마틴 코퍼레이션 Lockheed Martin Corporation	LMT	21	2.72	4.9	6.3	8.8
178	알리언트 에너지 코퍼레이션 Alliant Energy Corporation	LNT	21	3.25	6.1	6	6.5
179	노스롭 그러먼 코퍼레이션 Northrop Grumman Corporation	NOC	21	1.76	9.7	9.3	11.5
180	RGC 리소시스 RGC Resources, Inc.	RGCO	21	4.14	1.3	2.6	5

순위	기업명	티커	배당 인상 연수 (년)	배당 수익률 (%)	배당증가율(%)		
					1년	3년	10년
181	로버트 하프 인터내셔널 Robert Half International Inc.	RHI	21	3.01	10.4	11.7	11.4
182	실간 홀딩스 Silgan Holdings Inc.	SLGN	21	1.46	5.6	10.7	9.7
183	셈프라 Sempra	SRE	21	2.83	4.1	4.2	6.5
184	텍사스 인스트루먼츠 인코퍼레이티드 Texas Instruments Incorporated	TXN	21	2.9	4.8	7.7	15.5
185	웨스트레이크 케미컬 코퍼레이션 Westlake Chemical Corporation	WLK	21	1.83	19.6	21.8	13.4
186	웨이스트 매니지먼트 Waste Management, Inc.	WM	21	1.49	7.1	9.3	7.2
187	엑셀 에너지 Xcel Energy Inc.	XEL	21	3.24	5.6	6.3	6.2
188	액센츄어 Accenture plc	ACN	20	1.68	15.1	14	10.6
189	아메리프라이즈 파이낸셜 Ameriprise Financial, Inc.	AMP	20	1.11	9.2	9.3	9.9
190	BOK 파이낸셜 코퍼레이션 BOK Financial Corporation	BOKF	20	2.14	2.3	2	3.2
191	센코라 Cencora, Inc.	COR	20	0.98	5.9	5.3	7.7
192	CSX 코퍼레이션 CSX Corporation	CSX	20	1.49	9.1	8.8	8.6

순위	기업명	티커	배당 인상 연수 (년)	배당 수익률 (%)	배당증가율(%)		
					1년	3년	10년
193	듀크 에너지 코퍼레이션 Duke Energy Corporation	DUK	20	3.88	2	2	2.8
194	에퀴티 라이프스타일 프로퍼티즈 Equity LifeStyle Properties, Inc.	ELS	20	2.87	7.3	9.5	11.9
195	에버지 Evergy, Inc.	EVRG	20	4.34	4.6	6	6.4
196	호넷 뱅코프 Honat Bancorp, Inc.	HONT	20	2.37	4.6	10.1	10.2
197	호킨스 Hawkins, Inc.	HWKN	20	0.59	9.7	10.4	6.3
198	J&J 스낵 푸드 J & J Snack Foods Corp.	JJSF	20	2.01	5.3	7.3	8.8
199	랜드마크 뱅코프 Landmark Bancorp, Inc.	LARK	20	3.33	5	6.7	6.1
200	랜드스타 시스템 Landstar System, Inc.	LSTR	20	0.84	9.5	14.5	18.2
201	노스웨스턴 코퍼레이션 NorthWestern Corporation	NWE	20	4.86	1.6	1.6	5
202	라이더 시스템 Ryder System, Inc.	R	20	2.07	14.3	10.1	7.9
203	스테리스 STERIS plc	STE	20	1.11	10.1	9.5	9.5
204	더 하노버 인슈어런스 그룹 The Hanover Insurance Group, Inc.	THG	20	2.33	5.2	6.6	8.5

순위	기업명	티커	배당 인상 연수 (년)	배당 수익률 (%)	배당증가율(%)		
					1년	3년	10년
205	더 트래블러스 컴퍼니즈 The Travelers Companies, Inc.	TRV	20	1.74	5.6	5.9	6.8
206	버라이즌 커뮤니케이션즈 Verizon Communications Inc.	VZ	20	6.78	1.9	1.9	2.2
207	아메리칸 파이낸셜 그룹 American Financial Group, Inc.	AFG	19	2.34	12.7	12.5	12.4
208	커민스 Cummins Inc.	CMI	19	2.09	7.7	7.7	9.6
209	파머스 앤 머천츠 뱅코프 Farmers & Merchants Bancorp, Inc.	FMAO	19	3.01	4.9	8.5	7.7
210	글로브 라이프 Globe Life Inc.	GL	19	0.86	7.1	6.6	6.7
211	크로거 The Kroger Co.	KR	19	2.09	10.9	16.1	13.6
212	뉴마켓 코퍼레이션 NewMarket Corporation	NEU	19	1.89	12.1	7.7	8.3
213	포틀랜드 제너럴 일렉트릭 컴퍼니 Portland General Electric Company	POR	19	4.59	5.1	5.2	5.8
214	텍사스 패시픽 랜드 코퍼레이션 Texas Pacific Land Corporation	TPL	19	0.58	17.8	11.7	49.8
215	윌리엄스-소노마 Williams-Sonoma, Inc.	WSM	19	1.23	23.9	21.2	12.7
216	브로드리지 파이낸셜 솔루션즈 Broadridge Financial Solutions, Inc.	BR	18	1.56	10.3	11.5	13.8

순위	기업명	티커	배당 인상 연수 (년)	배당 수익률 (%)	배당증가율(%)		
					1년	3년	10년
217	CMS 에너지 코퍼레이션 CMS Energy Corporation	CMS	18	3.09	5.6	5.8	6.7
218	더 엔사인 그룹 The Ensign Group, Inc.	ENSG	18	0.19	4.3	4.6	8.3
219	에버코어 Evercore Inc.	EVR	18	1.15	5.3	6	11.9
220	힐렌브랜드 Hillenbrand, Inc.	HI	18	2.92	1.1	1.1	1.2
221	OGE 에너지 코프 OGE Energy Corp.	OGE	18	4.08	0.9	1.2	6.1
222	유니온 퍼시픽 코퍼레이션 Union Pacific Corporation	UNP	18	2.35	1.5	7.2	11.3
223	아메리칸 워터 웍스 컴퍼니 American Water Works Company, Inc.	AWK	17	2.46	8.1	8.4	9.5
224	브룩필드 인프라스트럭처 파트너스 L.P. Brookfield Infrastructure Partners L.P.	BIP	17	5.1	5.9	6	7.7
225	컴캐스트 코퍼레이션 Comcast Corporation	CMCSA	17	3.3	7	7.6	10.9
226	프랑코-네바다 코퍼레이션 Franco-Nevada Corporation	FNV	17	1.22	5.9	7.5	6.3
227	HEICO 코퍼레이션 HEICO Corporation	HEI	17	0.09	5	7.3	13.1
228	허벨 인코퍼레이티드 Hubbell Incorporated	HUBB	17	1.26	8.7	7.7	9.2

순위	기업명	티커	배당인상연수(년)	배당수익률(%)	배당증가율(%)		
					1년	3년	10년
229	퀘이커 케미컬 코퍼레이션 Quaker Chemical Corporation	KWR	17	1.38	5.1	5	5.3
230	맥케슨 코퍼레이션 McKesson Corporation	MCK	17	0.5	14.7	14.1	10.3
231	필립 모리스 인터내셔널 Philip Morris International Inc.	PM	17	4.49	2.7	2.7	3.1
232	비자 Visa Inc.	V	17	0.75	15	17.2	17.7
233	밸켐 코퍼레이션 Balchem Corporation	BCPC	16	0.53	11.3	10.8	11.8
234	브리스톨-마이어스 스퀴브 컴퍼니 Bristol-Myers Squibb Company	BMY	16	4.38	5.3	7	5.2
235	케메드 코퍼레이션 Chemed Corporation	CHE	16	0.38	15.4	8.7	7.9
236	DTE 에너지 컴퍼니 DTE Energy Company	DTE	16	3.61	7.1	7.3	7.3
237	마켓액세스 홀딩스 MarketAxess Holdings Inc.	MKTX	16	1.31	2.8	3.9	16.5
238	오라클 코퍼레이션 Oracle Corporation	ORCL	16	0.96	5.3	10.1	12.8
239	프린시펄 파이낸셜 그룹 Principal Financial Group, Inc.	PFG	16	3.77	9.6	5.3	8
240	프루덴셜 파이낸셜 Prudential Financial, Inc.	PRU	16	4.39	4	4.2	9.1

순위	기업명	티커	배당인상연수(년)	배당수익률(%)	배당증가율(%)		
					1년	3년	10년
241	리인슈어런스 그룹 오브 아메리카 Reinsurance Group of America, Incorporated	RGA	16	1.67	5.5	6.8	10.7
242	토로 컴퍼니 The Toro Company	TTC	16	1.9	5.9	11.1	13.7
243	유넘 그룹 Unum Group	UNM	16	2.3	12.9	10.3	9.7
244	WD-40 컴퍼니 WD-40 Company	WDFC	16	1.55	6	7.5	10
245	아메리칸 일렉트릭 파워 컴퍼니 American Electric Power Company, Inc.	AEP	15	4.03	5.9	6	5.8
246	어플라이드 인더스트리얼 테크놀로지스 Applied Industrial Technologies, Inc.	AIT	15	0.62	5.7	3.9	4
247	암젠 Amgen Inc.	AMGN	15	3.65	5.6	8.5	13.9
248	알렉산드리아 릴 에스테이트 에퀴티즈 Alexandria Real Estate Equities, Inc.	ARE	15	5.41	4.9	5.2	6.2
249	애슐랜드 글로벌 홀딩스 Ashland Global Holdings Inc.	ASH	15	2.27	7.4	10.8	9.2
250	브로드컴 Broadcom Inc.	AVGO	15	1.02	13.9	13.4	33.2
251	에비언트 코퍼레이션 Avient Corporation	AVNT	15	2.64	4	6.6	12.4
252	브룩필드 리뉴어블 파트너스 L.P. Brookfield Renewable Partners L.P.	BEP	15	6.23	5.2	5.3	5.7

순위	기업명	티커	배당 인상 연수 (년)	배당 수익률 (%)	배당증가율(%)		
					1년	3년	10년
253	블랙록 BlackRock, Inc.	BLK	15	1.99	2	7.3	10.2
254	시보이 글로벌 마켓츠 Cboe Global Markets, Inc.	CBOE	15	1.29	12.4	9.4	11.7
255	코헨 앤 스티어스 Cohen & Steers, Inc.	CNS	15	2.56	3.5	9.4	10.6
256	큐브스마트 CubeSmart	CUBE	15	4.85	4.1	14.5	14.6
257	이스트만 케미컬 컴퍼니 Eastman Chemical Company	EMN	15	3.64	2.5	5.5	8.8
258	이튼 코퍼레이션 Eaton Corporation plc	ETN	15	1.13	9.3	7.3	6.7
259	퍼스트 아메리칸 파이낸셜 코퍼레이션 First American Financial Corporation	FAF	15	3.46	1.9	3.3	9.8
260	홈디포 The Home Depot, Inc.	HD	15	2.31	7.7	10.9	17
261	더 하트퍼드 파이낸셜 서비스 그룹 The Hartford Financial Services Group, Inc.	HIG	15	1.9	10.6	11	11.6
262	호레이스 만 에듀케이터스 코퍼레이션 Horace Mann Educators Corporation	HMN	15	3.47	3	3.1	4
263	HP HP Inc.	HPQ	15	3.55	5	12.5	14.4
264	허쉬 컴퍼니 The Hershey Company	HSY	15	3.24	23	17.1	10.4

순위	기업명	티커	배당 인상 연수 (년)	배당 수익률 (%)	배당증가율(%)		
					1년	3년	10년
265	인터내셔널 뱅크쉐어즈 코퍼레이션 International Bancshares Corporation	IBOC	15	2.09	4.8	4.7	9.8
266	아이덱스 코퍼레이션 IDEX Corporation	IEX	15	1.32	7.5	8.5	9.7
267	KLA 코퍼레이션 KLA Corporation	KLAC	15	1.08	13.1	15.8	12.3
268	리시아 모터스 Lithia Motors, Inc.	LAD	15	0.59	8.9	15.4	13.1
269	리틀퓨즈 Littelfuse, Inc.	LFUS	15	1.19	8	10.2	11.1
270	레녹스 인터내셔널 Lennox International Inc.	LII	15	0.75	4.2	10	15.3
271	미드-아메리카 아파트먼트 커뮤니티즈 Mid-America Apartment Communities, Inc.	MAA	15	3.92	5	12.8	7.3
272	메인 스트리트 캐피탈 Main Street Capital	MAIN	15	5.12	6	5.5	3.8
273	무디스 코퍼레이션 Moody's Corporation	MCO	15	0.72	10.4	11.1	11.7
274	마그나 인터내셔널 Magna International Inc.	MGA	15	4.55	3.3	3.4	9.6
275	마쉬 앤 맥레넌 컴퍼니즈 Marsh & McLennan Companies, Inc.	MMC	15	1.53	17.3	15.1	11.1
276	모닝스타 Morningstar, Inc.	MORN	15	0.54	12.3	13	10.3

순위	기업명	티커	배당인상연수(년)	배당수익률(%)	배당증가율(%)		
					1년	3년	10년
277	모토로라 솔루션즈 Motorola Solutions, Inc.	MSI	15	0.94	11.4	11.3	11.9
278	노스림 뱅코프 Northrim BanCorp, Inc.	NRIM	15	3.18	2.5	17.9	13.4
279	화이자 Pfizer Inc.	PFE	15	6.48	2.4	2.5	4.9
280	프라이메리카 Primerica, Inc.	PRI	15	1.33	26.9	20.6	21.3
281	록웰 오토메이션 Rockwell Automation, Inc.	ROK	15	1.83	5.6	5.3	7.8
282	스타벅스 Starbucks Corporation	SBUX	15	2.67	7.4	8	15.5
283	스냅온 Snap-on Incorporated	SNA	15	2.52	14.9	14.7	15.4
284	스톡 야드스 뱅코프 Stock Yards Bancorp, Inc.	SYBT	15	1.73	3.4	3.5	7.6
285	토르 인더스트리즈 Thor Industries, Inc.	THO	15	2.09	6	5.3	7.3
286	트리니티 인더스트리즈 Trinity Industries, Inc.	TRN	15	3.42	7.7	10.1	12.3
287	트랙터 서플라이 컴퍼니 Tractor Supply Company	TSCO	15	1.66	6.8	28.4	21.8
288	유나이티드헬스 그룹 UnitedHealth Group Incorporated	UNH	15	1.66	12.2	13.5	19.3

순위	기업명	티커	배당인상연수(년)	배당수익률(%)	배당증가율(%) 1년	배당증가율(%) 3년	배당증가율(%) 10년
289	유나이티드 파셀 서비스 United Parcel Service, Inc.	UPS	15	5.17	0.6	16.9	9.3
290	웨이스트 커넥션즈 Waste Connections, Inc.	WCN	15	0.73	11.4	11.5	14
291	웨스뱅코 WesBanco, Inc.	WSBC	15	4.55	2.9	3.2	5.3
292	아길런드 테크놀로지스 Agilent Technologies, Inc.	A	14	0.74	4.9	6.8	9.6
293	더 AES 코퍼레이션 The AES Corporation	AES	14	5.47	4	4.7	13.2
294	아서 J. 갤러거 앤드 Co. Arthur J. Gallagher & Co.	AJG	14	0.85	9.1	7.7	5.2
295	ALLETE ALLETE, Inc.	ALE	14	4.35	4.1	3.8	3.7
296	더 올스테이트 코퍼레이션 The Allstate Corporation	ALL	14	1.91	3.7	7.1	12.5
297	아메리칸 타워 코퍼레이션 American Tower Corporation (REIT)	AMT	14	3.53	4	9.3	16.7
298	아폴로 뱅코프 Apollo Bancorp, Inc.	APLO	14	6.71	1.8	2	2
299	애틀랜틱 유니온 뱅크쉐어즈 코퍼레이션 Atlantic Union Bankshares Corporation	AUB	14	3.59	6.6	6	8.4
300	에이버리 데니슨 코퍼레이션 Avery Dennison Corporation	AVY	14	1.88	8.5	9.1	9.9

순위	기업명	티커	배당 인상 연수 (년)	배당 수익률 (%)	배당증가율(%)		
					1년	3년	10년
301	뉴욕 멜론 은행 The Bank of New York Mellon Corporation	BK	14	2.45	12.7	11	10.4
302	처칠 다운스 주식회사 Churchill Downs Incorporated	CHDN	14	0.31	7.1	7	9.4
303	시비스타 뱅크쉐어스 Civista Bancshares, Inc.	CIVB	14	3.04	4.9	7.2	12.9
304	CME 그룹 CME Group Inc.	CME	14	1.98	4.5	8.5	9.4
305	캠든 부동산 신탁 Camden Property Trust	CPT	14	3.55	3.8	7.2	4.6
306	시스코 시스템즈 Cisco Systems, Inc.	CSCO	14	2.7	2.6	2.7	7.9
307	딜라드 Dillard's, Inc.	DDS	14	0.23	17.6	15.4	15.3
308	디스커버 금융 서비스 Discover Financial Services	DFS	14	1.62	3.7	14.2	11.8
309	엘리반스 헬스 Elevance Health Inc.	ELV	14	1.77	10.1	13	14.1
310	퍼스트 파이낸셜 뱅크쉐어스 First Financial Bankshares, Inc.	FFIN	14	2	2.9	8.7	10.3
311	파이낸셜 인스티튜션 Financial Institutions, Inc.	FISI	14	4.4	0.8	3.9	4.5
312	피프스 서드 은행 Fifth Third Bancorp	FITB	14	3.5	6	8.6	10.8

순위	기업명	티커	배당 인상 연수 (년)	배당 수익률 (%)	배당증가율(%)		
					1년	3년	10년
313	퍼스트 미드 뱅크쉐어스 First Mid Bancshares, Inc.	FMBH	14	2.61	2.2	3.4	5.7
314	GATX 코퍼레이션 GATX Corporation	GATX	14	1.5	5.5	5.1	5.8
315	그리폰 코퍼레이션 Griffon Corporation	GFF	14	1.01	26	24.1	17.1
316	골드만삭스 The Goldman Sachs Group, Inc.	GS	14	2.1	9.5	20.9	17.7
317	헤리티지 파이낸셜 코퍼레이션 Heritage Financial Corporation	HFWA	14	3.76	4.5	4.3	10.5
318	HNI 코퍼레이션 HNI Corporation	HNI	14	2.62	2.3	2	2.8
319	홈 뱅크쉐어스 Home Bancshares, Inc. (Conway, AR)	HOMB	14	2.76	4.2	10.2	15.7
320	하니웰 인터내셔널 Honeywell International Inc.	HON	14	2	4.8	5	8.9
321	휴마나 Humana Inc.	HUM	14	1.4	2.8	9.1	12.4
322	인디펜던트 뱅크 코퍼레이션 Independent Bank Corp.	INDB	14	3.55	2.7	6	9.2
323	잉그리디언 주식회사 Ingredion Incorporated	INGR	14	2.33	7.9	6.9	6.5
324	인튜이트 Intuit Inc.	INTU	14	0.66	15.4	15.1	16.4

순위	기업명	티커	배당 인상 연수 (년)	배당 수익률 (%)	배당증가율(%)		
					1년	3년	10년
325	JP모건 JPMorgan Chase & Co.	JPM	14	2.09	13.6	7.5	11.4
326	르메이트리 바스큘라 LeMaitre Vascular, Inc.	LMAT	14	0.69	14.3	13.3	16.8
327	라이온델바젤 LyondellBasell Industries N.V.	LYB	14	7.22	6.7	5.9	6.9
328	마스터카드 Mastercard Incorporated	MA	14	0.58	15.8	14.5	19.6
329	맨파워그룹 ManpowerGroup Inc	MAN	14	5.34	4.8	6.9	12.1
330	머크앤코 Merck & Co., Inc.	MRK	14	3.26	5.5	5.8	5.8
331	인스퍼리티 Insperity, Inc.	NSP	14	3.1	6.3	10.6	20.4
332	페이첵스 Paychex, Inc.	PAYX	14	2.8	10.7	13.8	10.1
333	PNC 금융 서비스 그룹 The PNC Financial Services Group, Inc.	PNC	14	3.32	3.3	9.5	12.9
334	풀 코퍼레이션 Pool Corporation	POOL	14	1.41	9.3	16.4	18.7
335	릴라이언스 스틸 & 알루미늄 주식회사 Reliance Steel & Aluminum Co.	RS	14	1.63	10	17	12.1
336	서비스 코퍼레이션 인터내셔널 Service Corporation International	SCI	14	1.5	7.1	10.9	13.4

순위	기업명	티커	배당 인상 연수 (년)	배당 수익률 (%)	배당증가율(%)		
					1년	3년	10년
337	스파드란내쉬 컴퍼니 SpartanNash Company	SPTN	14	4.75	1.2	2.8	6.1
338	STAG 인더스트리얼 STAG Industrial, Inc.	STAG	14	4.38	0.7	0.7	1.5
339	스틸 다이나믹스 Steel Dynamics, Inc.	STLD	14	1.61	11.8	20.6	14.8
340	스테이드 스트리트 코퍼레이션 State Street Corporation	STT	14	3.1	9.7	9.9	9.7
341	스탠덱스 인터내셔널 코퍼레이션 Standex International Corporation	SXI	14	0.68	7	7.6	11.3
342	테레노 리얼티 코퍼레이션 Terreno Realty Corporation	TRNO	14	3.31	11.5	15	13
343	TXNM 에너시 TXNM Energy, Inc.	TXNM	14	3.32	5.4	5.8	7.7
344	UDR UDR, Inc.	UDR	14	3.92	3.4	5.4	5.3
345	워싱턴 연방 Washington Federal, Inc.	WAFD	14	3.23	4	4.2	9.5
346	워딩턴 산업 Worthington Industries, Inc.	WOR	14	1.7	4.8	6.6	7.2
347	자일렘 Xylem Inc.	XYL	14	1.24	9.1	8.7	10.9
348	애플 Apple Inc.	AAPL	13	0.4	4.2	4.6	7.9

순위	기업명	티커	배당 인상 연수 (년)	배당 수익률 (%)	배당증가율(%)		
					1년	3년	10년
349	애브비 AbbVie Inc.	ABBV	13	3.69	4.7	6	14.1
350	아보르 리얼티 트러스트 Arbor Realty Trust, Inc.	ABR	13	12.42	2.4	7.6	12.7
351	연방 농업 담보 대출 공사 Federal Agricultural Mortgage Corporation	AGM	13	2.84	27.3	16.7	25.9
352	어슈어드 개런티 Assured Guaranty Ltd.	AGO	13	1.38	10.7	12.1	10.9
353	에어 리스 코퍼레이션 Air Lease Corporation	AL	13	1.83	5	9.5	21.5
354	아온 Aon plc	AON	13	0.75	9.8	9.9	11.1
355	아포지 엔터프라이즈 Apogee Enterprises, Inc.	APOG	13	1.4	4.2	7.7	9.6
356	어소시에이티드 뱅크-코프 Associated Banc-Corp	ASB	13	3.85	4.7	5.4	9.2
357	부즈 앨런 해밀턴 홀딩 코퍼레이션 Booz Allen Hamilton Holding Corporation	BAH	13	1.59	8.5	11.3	16.8
358	브룩필드 코퍼레이션 Brookfield Corporation	BN	13	0.56	14.3	-14.9	1.2
359	카봇 코퍼레이션 Cabot Corporation	CBT	13	1.88	7.6	6	7
360	코젠트 커뮤니케이션스 홀딩스 Cogent Communications Holdings, Inc.	CCOI	13	5.16	4.3	7.3	12.9

순위	기업명	티커	배당인상연수(년)	배당수익률(%)	배당증가율(%)		
					1년	3년	10년
361	C&F 금융 코퍼레이션 C&F Financial Corporation	CFFI	13	2.47	1.1	4.1	4.1
362	CNO 금융 그룹 CNO Financial Group, Inc.	CNO	13	1.72	6.8	7.3	10.1
363	초이스원 금융 서비스 ChoiceOne Financial Services, Inc.	COFS	13	3.14	3.8	5.1	7.4
364	퀘스트 진단 주식회사 Quest Diagnostics Incorporated	DGX	13	1.99	6.1	6.9	8.7
365	임독스 리미티드 Amdocs Limited	DOX	13	2.25	10.1	10	12.1
366	이스트그룹 프로퍼티스 EastGroup Properties, Inc.	EGP	13	3.49	3.8	16.8	8.9
367	퍼스트 키뮤니티 뱅크쉐어스 First Community Bankshares, Inc.	FCBC	13	2.98	3.4	4.9	9.1
368	피델리티 내셔널 파이낸셜 Fidelity National Financial, Inc.	FNF	13	3.56	6	7.5	14
369	퍼스트 머천트 코퍼레이션 First Merchants Corporation	FRME	13	3.51	3.7	7.1	17
370	게티 리얼티 Getty Realty Corp.	GTY	13	6.24	4.7	4.9	8.4
371	헌팅턴 잉갈스 인더스트리 Huntington Ingalls Industries, Inc.	HII	13	2.86	4.6	4.5	18
372	헤버티 가구 회사 Haverty Furniture Companies, Inc.	HVT	13	5.75	6.8	9.1	14.7

순위	기업명	티커	배당 인상 연수 (년)	배당 수익률 (%)	배당증가율(%)		
					1년	3년	10년
373	하이스터-예일 재료 취급 Hyster-Yale Materials Handling, Inc.	HY	13	2.75	6	2.3	2.5
374	아이닥코프 IDACORP, Inc.	IDA	13	3.15	4.7	5.2	6.6
375	레이클랜드 금융 코퍼레이션 Lakeland Financial Corporation	LKFN	13	2.79	4.3	12.2	13.4
376	멧슨 Matson, Inc.	MATX	13	1.01	4.8	7.6	7.2
377	머컨타일 은행 코퍼레이션 Mercantile Bank Corporation	MBWM	13	3.24	6	6.4	11.5
378	몬델레즈 인터내셔널 Mondelez International, Inc.	MDLZ	13	3.15	10.4	10.5	11.6
379	나스닥 Nasdaq, Inc.	NDAQ	13	1.24	9.3	10.2	17.1
380	나이소스 NiSource Inc.	NI	13	2.88	6	6.4	10.2
381	공공 서비스 기업 그룹 주식회사 Public Service Enterprise Group Incorporated	PEG	13	2.84	5.3	5.6	5
382	피나클 웨스트 캐피탈 코퍼레이션 Pinnacle West Capital Corporation	PNW	13	4.22	1.7	1.9	4.4
383	피플즈 Peoples Ltd.	PPLL	13	3.58	7.6	6.2	9.5
384	필립스 66 Phillips 66	PSX	13	4.04	7.1	7.5	9.1

순위	기업명	티커	배당 인상 연수 (년)	배당 수익률 (%)	배당증가율(%)		
					1년	3년	10년
385	레이먼드 제임스 파이낸셜 Raymond James Financial, Inc.	RJF	13	1.29	7.1	20.1	15.5
386	레스메드 ResMed Inc.	RMD	13	0.93	9.8	7.6	6.7
387	슈 카니발 Shoe Carnival, Inc.	SCVL	13	1.63	28	27.2	15.9
388	시몬스 퍼스트 내셔널 코퍼레이션 Simmons First National Corporation	SFNC	13	3.79	5.1	5.3	6.7
389	서던 미주리 뱅콥 Southern Missouri Bancorp, Inc.	SMBC	13	1.6	4.8	6.9	10.3
390	서던 미시간 뱅콥 Southern Michigan Bancorp, Inc.	SOMC	13	3.12	7.3	7.5	7.7
391	사우스스테이트 코퍼레이션 SouthState Corporation	SSB	13	2.17	3.9	3.4	10
392	타운뱅크 TowneBank	TOWN	13	2.94	4.2	9.6	9.1
393	트리니티 은행 Trinity Bank, N.A.	TYBT	13	2.04	9	8.4	10.8
394	U.S. 뱅코프 U.S. Bancorp	USB	13	4.18	2.6	4.6	7.6
395	덴츠플라이 시로나 DENTSPLY SIRONA Inc.	XRAY	13	3.37	13.8	13.9	9
396	조에티스 Zoetis Inc.	ZTS	13	1.23	15.2	20	19.6

순위	기업명	티커	배당인상연수(년)	배당수익률(%)	배당증가율(%)		
					1년	3년	10년
397	애보트 래버러토리 Abbott Laboratories	ABT	12	2.09	7.8	6.9	9.6
398	어그리 리얼티 코퍼레이션 Agree Realty Corporation	ADC	12	4.31	2.8	5	5.8
399	AGCO 코퍼레이션 AGCO Corporation	AGCO	12	1.24	4.5	15.1	10.2
400	아메리세이프 AMERISAFE, Inc.	AMSF	12	2.87	8.8	8.5	11.9
401	암페놀 코퍼레이션 Amphenol Corporation	APH	12	0.95	17.9	19.5	16.6
402	애브넷 Avnet, Inc.	AVT	12	2.52	6.7	12	7.5
403	브런즈윅 코퍼레이션 Brunswick Corporation	BC	12	2.6	5	9.6	14.1
404	보툴 은행 Bank of Botetourt	BORT	12	2.5	3.9	6.9	16
405	CDW 코퍼레이션 CDW Corporation	CDW	12	1.44	4	13.5	29
406	시티 홀딩 컴퍼니 City Holding Company	CHCO	12	2.67	10.1	8.2	6.5
407	CSG 시스템즈 인터내셔널 CSG Systems International, Inc.	CSGS	12	2.35	5.4	5.7	6.6
408	딜렉 물류 파트너스 Delek Logistics Partners, LP	DKL	12	10.41	4.6	5.1	9.1

순위	기업명	티커	배당 인상 연수 (년)	배당 수익률 (%)	배당증가율(%)		
					1년	3년	10년
409	도미노 피자 Domino's Pizza, Inc.	DPZ	12	1.44	24.8	17.1	19.7
410	엑스포넌트 Exponent, Inc.	EXPO	12	1.26	7.7	11.9	16.2
411	퍼스트 리버티 금융 서비스 First Business Financial Services, Inc.	FBIZ	12	2.17	9.9	11.6	9.1
412	컴포트 시스템즈 USA Comfort Systems USA, Inc.	FIX	12	0.33	41.2	35.7	18.2
413	퍼스트 인터스테이트 뱅크 시스템 First Industrial Realty Trust, Inc.	FR	12	2.95	13.9	10.5	13.8
414	FS 뱅코프 FS Bancorp, Inc.	FSBW	12	2.63	6	24.1	24.9
415	저먼 아메리칸 뱅코프 German American Bancorp, Inc.	GABC	12	2.69	8	8.7	9.7
416	하트랜드 뱅코프 Heartland BancCorp	HLAN	12	2.02	2.3	7.4	7.9
417	호선 뱅크쉐어즈 Hawthorn Bancshares, Inc.	HWBK	12	2.68	9	8.7	14.9
418	인터컨티넨탈 익스체인지 Intercontinental Exchange, Inc.	ICE	12	1.21	7.1	10.9	13.2
419	더 인터퍼블릭 그룹 컴퍼니 The Interpublic Group of Companies, Inc.	IPG	12	4.71	6.5	6.9	13.3
420	ITT ITT Inc	ITT	12	0.89	10	13.2	11.2

순위	기업명	티커	배당인상연수(년)	배당수익률(%)	배당증가율(%)		
					1년	3년	10년
421	존슨 아웃도어 Johnson Outdoors Inc.	JOUT	12	4	4.8	12.4	16
422	카단트 Kadant Inc.	KAI	12	0.37	10.6	8.1	8.1
423	메트라이프 MetLife, Inc.	MET	12	2.66	4.6	4.3	6.2
424	MPLX MPLX LP	MPLX	12	7.99	10.4	8.2	10.1
425	마테리온 코퍼레이션 Materion Corporation	MTRN	12	0.55	3.9	4	4.8
426	NBT 뱅코프 NBT Bancorp Inc.	NBTB	12	2.85	6.5	6.3	4.6
427	넥스타 미디어 그룹 Nexstar Media Group, Inc.	NXST	12	4.28	25.2	34.2	27.4
428	오웬스 코닝 Owens Corning	OC	12	1.62	15.4	32.1	17.5
429	오슈코쉬 코퍼레이션 Oshkosh Corporation	OSK	12	1.94	12.2	10.6	11.5
430	오픈 텍스트 코퍼레이션 Open Text Corporation	OTEX	12	3.71	4	6.7	11.8
431	파워 인터크레이션 Power Integrations, Inc.	POWI	12	1.36	5.2	14.5	13.9
432	리전스 금융 코퍼레이션 Regions Financial Corporation	RF	12	4.25	15.5	15.2	19.7

순위	기업명	티커	배당 인상 연수 (년)	배당 수익률 (%)	배당증가율(%)		
					1년	3년	10년
433	SB 금융 그룹 SB Financial Group, Inc.	SBFG	12	2.77	7.7	8.4	13.3
434	서비스퍼스트 뱅크쉐어스 ServisFirst Bancshares, Inc.	SFBS	12	1.58	7.1	14.5	37.4
435	스타 그룹 Star Group, L.P.	SGU	12	5.98	6.3	6.7	7
436	S&T 뱅코프 S&T Bancorp, Inc.	STBA	12	3.56	3.1	5.6	6.9
437	트라이코 뱅크쉐어스 TriCo Bancshares	TCBK	12	3.02	10	9.7	11.6
438	트럭스톤 코퍼레이션 Truxton Corporation	TRUX	12	2.36	13.2	12.7	15.7
439	팀버랜드 뱅코프 Timberland Bancorp, Inc.	TSBK	12	3.28	5.4	4.9	18.3
440	타이슨 푸드 Tyson Foods, Inc.	TSN	12	3.48	2.1	3.1	19.7
441	UFP 산업 UFP Industries, Inc.	UFPI	12	1.17	20	26.6	20.6
442	유니티 뱅크 Unity Bancorp, Inc.	UNTY	12	1.2	8.3	13	17.9
443	와츠 워터 테크놀로지 Watts Water Technologies, Inc.	WTS	12	0.85	19.6	17.8	11
444	지온스 뱅코퍼레이션 Zions Bancorporation, National Association	ZION	12	3.17	1.2	4.9	26.4

순위	기업명	티커	배당 인상 연수 (년)	배당 수익률 (%)	배당증가율(%)		
					1년	3년	10년
445	아메렌 코퍼레이션 Ameren Corporation	AEE	11	3.01	6.3	6.8	5.2
446	알레지온 Allegion plc	ALLE	11	1.47	6.7	10.1	19.6
447	뱅크 오브 아메리카 Bank of America Corporation	BAC	11	2.37	8.7	8.6	23.6
448	케이던스 은행 Cadence Bank	CADE	11	2.9	6.5	8.6	15.9
449	캐피탈 시티 뱅크 그룹 Capital City Bank Group, Inc.	CCBG	11	2.51	15.8	12.4	25.6
450	케어트러스트 리츠 CareTrust REIT, Inc.	CTRE	11	4.29	3.1	3.2	24.8
451	D.R. 호튼 D.R. Horton, Inc.	DHI	11	1.14	23.8	16.4	20.6
452	다나허 코퍼레이션 Danaher Corporation	DHR	11	0.47	12.1	13.6	20.3
453	돌비 연구소 Dolby Laboratories, Inc.	DLB	11	1.69	10.8	10.6	28.5
454	퍼스트 뱅코프 The First Bancorp, Inc.	FNLC	11	5.27	2.9	4.1	5.7
455	퍼스트 세이빙스 금융 그룹 First Savings Financial Group, Inc.	FSFG	11	2.26	7.1	12.6	15.1
456	풀턴 금융 코퍼레이션 Fulton Financial Corporation	FULT	11	3.73	9.7	7.3	7.8

순위	기업명	티커	배당인상연수(년)	배당수익률(%)	배당증가율(%)		
					1년	3년	10년
457	퍼스트 내셔널 코퍼레이션 First National Corporation	FXNC	11	2.69	0.8	8	23.2
458	그린 카운티 뱅코프 Greene County Bancorp, Inc.	GCBC	11	1.3	13.3	10.8	6.7
459	글로벌 수자원 Global Water Resources, Inc.	GWRS	11	2.64	1	1	5.2
460	홈 뱅코프 Home Bancorp, Inc.	HBCP	11	2.25	1	3.5	30.6
461	홈 연방 뱅코프 Home Federal Bancorp, Inc. of Louisiana	HFBL	11	4	4.1	11.8	14.6
462	인디펜던트 뱅크 코퍼레이션 Independent Bank Corporation	IBCP	11	2.76	4.3	4.6	18.2
463	이노스펙 Innospec Inc.	IOSP	11	1.44	9.9	10.1	10.9
464	이베스타 홀딩스 코퍼레이션 Investar Holding Corporation	ISTR	11	1.91	3.8	11.1	50.5
465	일라이 릴리 Eli Lilly and Company	LLY	11	0.78	15	15.2	10.2
466	로지텍 인터내셔널 Logitech International S.A.	LOGI	11	1.67	18	13.3	17.8
467	램 리서치 코퍼레이션 Lam Research Corporation	LRCX	11	1.27	15.7	15.4	36.9
468	마스코 코퍼레이션 Masco Corporation	MAS	11	1.6	1.8	11.1	13.4

순위	기업명	티커	배당인상연수(년)	배당수익률(%)	배당증가율(%)		
					1년	3년	10년
469	매뉴라이프 파이낸셜 코퍼레이션 Manulife Financial Corporation	MFC	11	3.72	8.7	7.8	8.5
470	모건 스탠리 Morgan Stanley	MS	11	2.94	9.2	19.1	26.1
471	MSCI MSCI Inc.	MSCI	11	1.07	15.9	20.7	42.9
472	넥스트에라 에너지 파트너스 NextEra Energy Partners, LP	NEP	11	20.62	6.5	11.4	34.4
473	ONE 가스 ONE Gas, Inc.	OGS	11	3.81	1.5	4.4	12.1
474	오터 테일 코퍼레이션 Otter Tail Corporation	OTTR	11	2.53	6.9	6.2	4.4
475	오크 밸리 뱅코프 Oak Valley Bancorp	OVLY	11	1.54	40.6	15.8	10.6
476	프로로지스 Prologis, Inc.	PLD	11	3.63	10.3	15.1	11.3
477	레젠시 센터스 코퍼레이션 Regency Centers Corporation	REG	11	3.81	3.1	3.6	3.6
478	렉스포더 인더스트리얼 리얼티 Rexford Industrial Realty, Inc.	REXR	11	4.32	12.2	20.4	13
479	셀렉티브 보험 그룹 Selective Insurance Group, Inc.	SIGI	11	1.63	14.4	11.6	10.4
480	시노버스 금융 Synovus Financial Corp.	SNV	11	2.97	2.7	4.8	25.2

순위	기업명	티커	배당 인상 연수 (년)	배당 수익률 (%)	배당증가율(%)		
					1년	3년	10년
481	심프슨 제조 공사 Simpson Manufacturing Co., Inc.	SSD	11	0.68	3.8	4.6	7.6
482	스카이웍스 솔루션즈 Skyworks Solutions, Inc.	SWKS	11	3.16	6.2	9.2	22.9
483	토론토-도미니언 은행 The Toronto-Dominion Bank	TD	11	5.62	5.7	6.2	7.3
484	TE 커넥티비티 TE Connectivity Ltd.	TEL	11	1.82	9	8.7	8.5
485	팀켄 컴퍼니 The Timken Company	TKR	11	1.91	3.8	4.3	3
486	테트라 테크 Tetra Tech, Inc.	TTEK	11	0.58	11.9	13.6	18.3
487	유나이티드 뱅코프 United Bancorp, Inc.	UBCP	11	5.55	6	6.4	7.9
488	유나이티드 커뮤니티 뱅크스 United Community Banks, Inc.	UCB	11	2.97	2.2	7	31.5
489	벌컨 재료 회사 Vulcan Materials Company	VMC	11	0.72	7	7.5	23.7
490	우드랜즈 금융 서비스 회사 Woodlands Financial Services Company	WDFN	11	5.8	1.8	3.1	4.3
491	어드밴스드 드레인 시스템즈 Advanced Drainage Systems, Inc.	WMS	11	0.55	14.8	13.9	31.5
492	왓스코 Watsco, Inc.	WSO	11	2.28	7.7	11.4	18.1

순위	기업명	티커	배당인상연수(년)	배당수익률(%)	배당증가율(%)		
					1년	3년	10년
493	윈트러스트 금융 코퍼레이션 Wintrust Financial Corporation	WTFC	11	1.44	12.5	13.2	16.2
494	알라모 그룹 Alamo Group Inc.	ALG	10	0.56	18.2	22.9	14
495	몬트리올 은행 Bank of Montreal	BMO	10	4.67	3.8	9.5	4.8
496	퍼퓰러 Popular, Inc.	BPOP	10	2.98	12.7	13.4	n/a
497	케이블 원 Cable One, Inc.	CABO	10	3.26	1.7	4	n/a
498	코그넥스 코퍼레이션 Cognex Corporation	CGNX	10	0.89	7	7.6	n/a
499	커뮤니티 헬스케어 트러스트 주식회사 Community Healthcare Trust Incorporated	CHCT	10	9.68	2.2	2.3	n/a
500	캐나다 제국 상업 은행 Canadian Imperial Bank of Commerce	CM	10	4.26	3.1	4.8	4
501	달러 제너럴 코퍼레이션 Dollar General Corporation	DG	10	3.11	1.7	13.4	n/a
502	딕의 스포츠 상품 DICK'S Sporting Goods, Inc.	DKS	10	1.92	10	40.1	24.3
503	엔터프라이즈 금융 서비스 Enterprise Financial Services Corp	EFSC	10	1.99	6	12.2	17.6
504	에퀴닉스 Equinix, Inc.	EQIX	10	1.81	17.6	14.1	n/a

순위	기업명	티커	배당인상연수(년)	배당수익률(%)	배당증가율(%)		
					1년	3년	10년
505	엔터지 코퍼레이션 Entergy Corporation	ETR	10	3.17	5.8	5.9	3.3
506	포 코너스 프라퍼티 트러스트 Four Corners Property Trust, Inc.	FCPT	10	5.23	1.5	2.8	n/a
507	피델리티 D & D 뱅코프 Fidelity D & D Bancorp, Inc.	FDBC	10	3.28	5.5	7.8	8.7
508	퍼스트서비스 브랜드 FirstService Corporation	FSV	10	0.55	11.1	11	n/a
509	길리드 사이언스 Gilead Sciences, Inc.	GILD	10	3.33	2.7	2.7	n/a
510	훌리한 로키 Houlihan Lokey, Inc.	HLI	10	1.31	3.7	11.7	n/a
511	글래드스톤 랜드 코퍼레이션 Gladstone Land Corporation	LAND	10	5.16	1.1	1.2	4.5
512	뮬러 워터 제품 Mueller Water Products, Inc	MWA	10	1.19	4.9	5.1	14
513	네이넷 Nelnet, Inc.	NNI	10	1.05	5.7	7.6	10.8
514	엔프로 인더스트리 EnPro Industries, Inc.	NPO	10	0.7	3.4	3.6	n/a
515	내셔널 스토리지 어필리에이츠 National Storage Affiliates Trust	NSA	10	6.01	0.9	12.3	n/a
516	넥스트포인트 주거 신탁 NexPoint Residential Trust, Inc.	NXRT	10	4.89	10.1	10.6	n/a

순위	기업명	티커	배당인상연수(년)	배당수익률(%)	배당증가율(%)		
					1년	3년	10년
517	오스타운 파이낸셜 서비스 Orrstown Financial Services, Inc.	ORRF	10	2.51	7.5	5.1	n/a
518	레스토랑 브랜드 인터내셔널 Restaurant Brands International Inc.	QSR	10	3.56	4.6	2.8	n/a
519	캐나다 왕립 은행 Royal Bank of Canada	RY	10	3.49	3	5.8	4.7
520	소닉 오토모티브 Sonic Automotive, Inc.	SAH	10	2.21	5.3	39.7	28.2
521	콘스텔레이션 브랜드 Constellation Brands, Inc.	STZ	10	1.83	13	9	n/a
522	유니틸 코퍼레이션 Unitil Corporation	UTL	10	3.14	4.9	3.8	2.1
523	밸류라인 Value Line, Inc.	VALU	10	2.27	8.3	10.7	7
524	BWX 기술 BWX Technologies, Inc.	BWXT	9	0.86	4.3	4.6	9.1
525	CRA 인터내셔널 CRA International, Inc.	CRAI	9	1.05	16.7	17.1	n/a
526	캐피털 사우스웨스트 Capital Southwest	CSWC	9	10.63	4.5	9.3	27.7
527	퍼스트캐쉬 FirstCash, Inc.	FCFS	9	1.47	7.4	7.7	n/a
528	글로벌 인더스트리얼 컴퍼니 Global Industrial Company	GIC	9	4.03	25	16	n/a

순위	기업명	티커	배당인상연수(년)	배당수익률(%)	배당증가율(%)		
					1년	3년	10년
529	H&R 블록 H&R Block, Inc.	HRB	9	2.84	12.2	8	5.3
530	힐탑 홀딩스 Hilltop Holdings Inc.	HTH	9	2.38	6.3	12.3	n/a
531	인비테이션 홈즈 Invitation Homes Inc.	INVH	9	3.63	7.7	18.1	n/a
532	킨세일 캐피털 그룹 Kinsale Capital Group, Inc.	KNSL	9	0.13	7.1	10.9	n/a
533	LCI 인더스트리 LCI Industries	LCII	9	4.45	2.4	7.6	n/a
534	램 웨스턴 홀딩스 Lamb Weston Holdings, Inc.	LW	9	2.21	28.6	15.3	n/a
535	마틴 마리에타 소재 Martin Marietta Materials, Inc.	MLM	9	0.61	9.3	9	6.7
536	미드랜드 스테이츠 뱅코프 Midland States Bancorp, Inc.	MSBI	9	5.08	3.3	3.5	n/a
537	내셔널 뱅크 홀딩스 코퍼레이션 National Bank Holdings Corporation	NBHC	9	2.69	7.7	8.8	18.8
538	피플스 뱅코프 Peoples Bancorp Inc.	PEBO	9	5.05	2.6	3.6	10.2
539	시리우스 XM 홀딩스 Sirius XM Holdings Inc.	SIRI	9	4.74	7.7	17.5	n/a
540	TFI 인터내셔널 TFI International Inc.	TFII	9	1.33	14.3	20.4	11.6